浙江省软科学研究计划重点项目（2018C25029）
浙江理工大学学术著作出版资金资助（2021年度）

网络空间综合治理中的在线纠纷解决体系研究

于志强　郑旭江　著

浙江理工大学法学文库

法律出版社
LAW PRESS · CHINA
北京

图书在版编目(CIP)数据

网络空间综合治理中的在线纠纷解决体系研究 / 于志强，郑旭江著. -- 北京：法律出版社，2022
(浙江理工大学法学文库)
ISBN 978 -7 -5197 -6419 -7

Ⅰ. ①网… Ⅱ. ①于…②郑… Ⅲ. ①计算机网络管理－科学技术管理法规－研究－中国 Ⅳ. ①D922.174

中国版本图书馆 CIP 数据核字(2022)第 017094 号

网络空间综合治理中的在线纠纷解决体系研究
WANGLUO KONGJIAN ZONGHE ZHILI ZHONG DE ZAIXIAN JIUFEN JIEJUE TIXI YANJIU

于志强
郑旭江 著

策划编辑 周丽君
责任编辑 周丽君 张 颖
装帧设计 贾丹丹

出版发行 法律出版社
编辑统筹 法律应用出版分社
责任校对 王 丰
责任印制 刘晓伟
经　　销 新华书店

开本 A5
印张 9.25　**字数** 302 千
版本 2022 年 4 月第 1 版
印次 2022 年 4 月第 1 次印刷
印刷 北京建宏印刷有限公司

地址:北京市丰台区莲花池西里 7 号(100073)
网址:www.lawpress.com.cn
投稿邮箱:info@lawpress.com.cn
举报盗版邮箱:jbwq@lawpress.com.cn
销售电话:010 -83938349
客服电话:010 -83938350
咨询电话:010 -63939796

书号:ISBN 978 -7 -5197 -6419 -7　**定价**:48.00 元
凡购买本社图书,如有印装错误,我社负责退换。电话:010 -83938349

序　言

随着信息技术飞速发展，网络空间治理作为国家治理在互联网空间的自然延伸，是国家治理体系的重要组成部分，在当前国家治理议程中占据重要位置。党的十七大提出“加强网络文化建设和管理，营造良好网络环境”，党的十八大提出“加强网络社会管理，推进网络依法规范有序运行”，党的十九大首次提出“网络综合治理”，并于全国网络安全和信息工作会议上提出“网络综合治理能力”概念。中共中央《关于坚持和完善中国特色社会主义制度　推进国家治理体系和治理能力现代化若干重大问题的决定》提出“全面提高网络治理能力，营造清朗的网络空间”，对网络治理能力的提高作出了明确要求和规划。

党的十九届五中全会通过的中共中央《关于制定国民经济和社会发展第十四个五年规划和二〇三五年远景目标的建议》提出，要基本实现国家治理体系和治理能力现代化。新时代下，推进国家治理现代化是当前治国理政的重要课题，中国共产党作为我国社会主义事业的领导核心，其领导地位和执政能力是实现国家治理体系和治理能力现代化的关键所在。

网络治理领导能力是中国共产党新媒体领导力的重要向度之一。以习近平同志为核心的党中央高度重视网络空间治理，部署重大决策，实施重大举措，经过多年的实践，中国共产党领导的网络治理能力不断提升，治理成效不断凸显，治理内涵不断丰富，推动了国家治理体系和治理能力现代化目标的全面实现。在线纠纷解决体系是网络空间治理能力的集中体现，也是新时代解决人民群众矛盾的重要方式。

多元化纠纷解决机制继承和发扬了我国注重调解的法律文化传统，也符合当今世界替代性纠纷解决机制（Alternative Dispute Resolution，ADR）迅速发展的潮流和趋势，对提升社会治理水平，减少矛盾纠纷的发生及缓解司法资源紧缺等方面均具有积极作用，是全面深化改革和建设法治国家的重大举措和重要保障。随着互联网的高速发展,信息技术作为纠纷解决机制的第四方使在线替代性纠纷解决机制应运而生。在大数据、云计算等新技术的强有力支持下,如何运用互联网思维在司法机关信息化进程中实现对在线争议解决机制(Online Dispute Resolution,ODR)跨界融合与深度应用,是司法在多元化纠纷解决机制建设中的主要目标。

由于互联网和信息技术的快速发展,传统的线下解决纠纷方式已经不能满足新时代的需求,大众对于更加方便快捷的解纷模式的需求不断增加。尤其是面对新型冠状病毒肺炎疫情的突袭,抗击疫情的同时也要注重维护群众基本的司法需求,畅通司法为民渠道。为避免人员出行聚集,切实保障诉讼群众生命安全和身体健康,应用在线解决纠纷方式是疫情防控期间最为有效可行的司法服务方式。各地及时出台相应政策来应对疫情期间的司法新挑战,浙江省也为此做出积极探索,先后发布《关于疫情防控期间诉讼服务相关事项的通告》《关于进一步加强在线诉讼的若干意见》等。

在当前的疫情环境下,通过在线解决纠纷的方式处理案件正在不断的常态化。在线解决纠纷的目的并不是从根本上改变和重组司法服务,而是通过在解决争端方面引入数字司法以提供民众诉诸司法的机会。当前的司法改革不断推动流程的自动化。数字化转型提供了一个真正的机会,可以改善民众诉诸司法的困境,尤其是在简化流程与争议价值更相称的低价值索赔方面。

迈向数字社会,面对与日俱增的纠纷种类与数量,我们缺乏的从来不是法律供给,而是纠纷解决供给。换句话说,我们现在迫切需要纠纷解决升级换代。2017 年习近平总书记在党的十九大报告中提出"加强互联网内容建设,建立网络综合治理体系""善于运用互联网技术和信息化手段开展工作"。我国在线解纷的发展与目前国内互联网应用情况及人们对建立在线解纷相应机制的要求是不相适应的。现阶段拥有远超 8 亿网民的网络大国正在向着建设网络强国的目标加速前进。

因此,探索并优化我国的在线纠纷解决体系亟待提上日程。我国在线解决纠纷机制发展相对滞后,与我国发展网络强国的战略不相符,国家有必要加大对在线纠纷解决体系的引导、规范、监管、投入,实现其与我国矛盾纠纷多元化解机制的有效衔接,重点实现观念、制度、机制、保障的衔接。同时,要按照“互联网 +”要求推动我国矛盾纠纷多元化解机制的完善,着重建立健全在线调解、在线仲裁、在线复议、在线诉讼、在线信访等多种解纷模式统一的在线纠纷解决体系,推动矛盾纠纷多元化解机制主动适应“互联网 + 司法”新时代的挑战和要求。如何完善和实现在线解决纠纷并促进这些措施长效化,需要我们进一步探索。

本书的出版,是浙江理工大学网络法学科建设和专业建设的重要组成部分。依托于浙江理工大学网络法研究创新团队,在浙江理工大学和浙江省科技厅的支持下,本书得以顺利成稿。本书具体分工如下,第一章:于志强、郑旭江,第二章:高子磊,第三章:金婉怡,第四章:蒋铭,第五章:李向鹏,第六章:何怡,第七章:曹阳华,第八章:叶子薇,第九章:胡志恒,第十章:董培雯。

当前,我国正处于实践网络强国战略的征程中。信息化时代抢占网络空间的战略制高点,既需要取之不尽、用之不竭的人才资源,也需要网络法律规则创新与技术能力同步蓄力、同频共振。而这两点,均是国内网络法学研究人员的共同责任。

谨以此前言,与诸君共勉!

目 录

CHAPTER 01 >>

第一章

网络空间综合治理的理论与实践

一、大数据背景下信息网络传播权的现实困境与解决思路

(一)大数据背景下的新媒体传播机制

大数据是随着云计算、移动互联网和物联网的不断发展应用而产生的一种网络产物。网络突破带宽、费用等发展瓶颈进入到高速发展阶段就会爆炸式地产生海量数据,这种数据的产生速度之快、产生数量之大,与以往的数据有着天壤之别,因此称为大数据。

国际数据中心(IDC)在2011年的报告中定义了大数据:“大数据技术描述了一个技术和体系的新时代,被设计于从大规模多样化的数据中通过高速捕获、发现和分析技术提取数据的价值。”这个定义刻画了大数据的4个显著特点,即容量(volume)、多样性(variety)、速度(velocity)和价值(value)。[①] McKinsey公司的研究报告将大数据定义为“超过了典型数据库软件工具捕获、存储、管理和分析数据能力的数据集”。[②]

---

① Gantz J. & Reinsel D., *Extracting Value from Chaos*, 1 IDC iView 12(2011).

② Manyika J., Chui M., Brown B. et al., *Big data: The Next Frontier for Innovation, Competition, and Productivity*, McKinsey Global Institute, 2011.

大数据自产生起就不断引起人们的注意，人们逐渐认识到大数据当中所存在的无穷无尽的商业价值和其他可以利用的价值。

新媒体(New Media)是指当下万物皆媒的环境，简单地说，新媒体是一种环境。新媒体涵盖了所有数字化的媒体形式，包括所有数字化的传统媒体、网络媒体、移动端媒体、数字电视、数字报纸杂志等。新媒体也是一个宽泛的概念，它是一种利用数字技术、网络技术，通过互联网、宽带局域网、无线通信网、卫星等渠道，以及电脑、手机、数字电视机等终端，向用户提供信息和娱乐服务的传播形态。严格地说，新媒体应该称为数字化新媒体。①

在互联网行业，对大数据的分析可以为商家制定更加精准有效的营销策略提供决策支持。互联网行业主要特征之一是各种类型的信息和数据都呈现爆炸式增长，同时用户行为和网络中的社会群体变得更加多样化、复杂化。② 因此，新媒体的传播机制也随着大数据的不断发展而发生根本性的变化。比如，新媒体可以根据社会公众的浏览习惯，依据大数据运算，有针对性地进行个性化的新闻推送，以达到增加用户黏度的目的。

(二)新媒体传播过程中的著作权争议

网络传播过程中特别是移动互联网的传播过程最常见的就是新闻转载问题。根据《著作权法》的规定，除了某些情况下，使用他人作品必须取得著作权人许可并支付报酬，并且不得侵犯著作权人的署名权、保护作品完整权等其他权利。但是通过报纸、期刊、广播电台、电视台、信息网络等媒体报道的单纯性的事实消息等时事新闻不适用于《著作权法》保护。这就意味着，对于此类单纯时事新闻，可以不经著作权人许可，也不用支付报酬，只需尊重其署名权等人身权利，就可以进行转载。

但现实中纯粹的时事新闻比较少见，更多地加入作者自己对此类事件的评论，这样对新闻进行加工之后就变成了一种新闻作品。如果新媒体在转载的时候没有对时事新闻和新闻作品进行区分，那么就会

---

① 参见百度百科 2019 年 8 月 10 日，http://baike.baidu.com/item/%E6%96%B0%E5%AA%92%E4%BD%93/6206。

② 参见韩耀强：《大数据引领产业变革》，载赛迪网 2013 年 3 月 27 日，http://www.thebigdata.cn/html/c3/3330.html。

很容易引发著作权纠纷。

公开资料显示，自 2013 年年底起，"今日头条"等新媒体就屡屡陷入侵权风波，新京报网、搜狐网、享有《广州日报》网络传播权的广州市交互式信息网络有限公司、《长沙晚报》旗下星辰在线等都和"今日头条"有过侵权纠纷。[①]

1. 新媒体传播过程中的深度链接

"今日头条"等一些新媒体其本身并不进行新闻的创作，而是利用大数据运算，对用户的浏览喜好进行大数据分析，然后对收集在网络中的不同来源的新闻进行筛选并排序，最后对每一个用户进行有针对性的推送。这种利用网络大数据进行的新闻推送精准度极高，这样就使用户对此类新闻客户端的黏度很高。在以互联网用户流量为王的时代，用户的高黏度直接带来了融资或者利润的可能性。在这个过程中，深度链接的问题就不可避免地产生了。

深度链接（Deep Linking），即绕过被链网站首页直接链接到分页的链接方式。[②] 这种链接方式是指设链网站所提供的链接服务使用户在未脱离设链网站页面的情况下，即可获得被链接网站上的内容，此时页面地址栏里显示的是设链网站的网址，而非被链接网站的网址。但该内容并非储存于设链网站，而是储存于被链接网站。[③]

深度链接的这种特点，使得其在现实中有较大的争议，争议的焦点就在于是否对信息网络传播权构成了一种侵犯行为。

2. 深度链接与信息网络传播权的冲突

信息网络传播权属于著作权的一种类型，我国《著作权法》第 10 条明确规定："……信息网络传播权，即以有线或者无线方式向公众提供，使公众可以在其个人选定的时间和地点获得作品的权利……"从这个规定可以明确，信息网络传播权的侵权行为必须是一种关于作品的提供行为。那么，深度链接是一种"提供"行为吗？

---

① 参见平影影：《今日头条：为何屡陷侵权风波》，载法治周末网 2019 年 8 月 10 日，http://www.legalweekly.cn/index.php/Index/article/id/8321。

② 参见百度百科 2019 年 8 月 10 日，http://baike.baidu.com/view/4699139.htm。

③ 参见芮松艳：《深层链接行为直接侵权的认定——以用户标准为原则，以技术标准为例外》，载《中国专利商标》2009 年第 4 期。

2020年修正的最高人民法院《关于审理侵害信息网络传播权民事纠纷案件适用法律若干问题的规定》第3条第2款明确规定"通过上传到网络服务器、设置共享文件或者利用文件分享软件等方式,将作品、表演、录音录像制品置于信息网络中,使公众能够在个人选定的时间和地点以下载、浏览或者其他方式获得的,人民法院应当认定其实施了前款规定的提供行为"。根据此《规定》,提供应当是用"上传""设置共享"或者"利用文件分享软件"等方式把受保护的作品置于信息网络中,使公众可以浏览、下载等方式获得的,才可以认定为"提供"行为。

根据此《规定》,我们可以把分析深度链接看作是为公众获得作品提供了某种便利条件。普通受众可以通过这处链接接受某些信息,这些信息原本要通过浏览不同的网站才能获得,而深度链接通过大数据计算,将这些信息根据普通受众的浏览喜好进行精确分类推送,使用户可以大大节约浏览各个网站的时间。然而,这种深度链接的行为并没有将受保护的作品置于信息网络中,因此,我们并不能认定深度链接是一种侵犯信息网络传播权的"提供"行为。至此,我们可以这样理解,深度链接就是一种并不改变网页内容,而只是以自己的方式提供给用户信息的传播形式,这种传播方式应当不构成对信息网络传播权的直接侵犯。

3. 深度链接可能构成共同侵权

深度链接行为或许不构成对网络信息传播权的直接侵犯,但有可能因共同侵权行为构成间接侵权。根据《民法典》规定,共同侵权主要分为教唆和帮助他人实施侵权的行为。根据此司法解释,深度链接行为完全有可能在符合共同侵权的构成要件。例如,A公司设置深度链接到第三方网站,用户可以通过这些深度链接将第三方网站的一些内容下载到自己的电脑里,而第三方网站上的内容是一些并没有获得原权利主体的正式授权而非法上传的内容。这种情形下,A公司的深度链接行为本身可能并不构成直接侵犯信息网络传播权的行为,但是其主观可能存在放任侵权行为的发生,事实上形成了帮助侵权行为,构成共同侵权。

(三)大数据背景下信息网络传播权的现实困境

近年来,随着大数据的不断发展,传统媒体与网络新媒体之间的侵权纠纷变得越来越频繁和普遍,比较著名的有百度文库、今日头条等著作权纠纷。在大数据背景下,信息网络传播权由于其自身特殊性面临更加严重的现实困境。

1. 信息网络传播权涵盖范围的不足

在网络技术高度发达的今天,特别是在大数据的背景下,作品的传播方式发生了很大的变化,与以往相比其最主要的不同就是由传播方式的单向性变成了一种交互式的传播方式。这种传播形式最大的优势就是普通受众可以从过去的被动接受变为一种主动地选择信息和获取信息。换言之,社会公众在信息获取的时间和地点上有着较大的主动性,可以自己选择获取信息的时间、地点。

但是,在此过程中,由于现阶段我国法律对于信息网络传播权的规定并未包含版式设计权,因此,信息网络提供者设置深度链接只要不改变原网页的内容就并不直接构成对信息网络传播权的侵犯。这会造成一种较为严重的情形,信息网络提供者设置深度链接可以根据自己网站的特点来显示被链接网页的内容,这样就会使社会公众认为网页所显示的内容就是设链网站自己的内容,并不会和原内容网页产生联系。这种情形应当是一种对于原版式设计的改变,但由于版式设计权并没有被纳入信息网络传播权的保护范围内,因此,只能以其他间接的方式对其进行保护。

另外,由于移动互联网的高速发展,为了适应手机屏幕浏览 PC 端网页的需要,转码技术也成为一项必需的手段。这种转码是否也可以看成是一种对版式设计的改变也值得探讨。

2. 法律对信息网络传播权的间接侵权行为规定较为模糊

我国法律中没有关于间接侵权的直接规定,在人民法院的审判实践中,认定行为人构成间接侵权并判决其承担侵权责任适用的法律依据为:《民法典》第 1168 条规定,“二人以上共同实施侵权行为,造成他人损害的,应当承担连带责任。”以及《民法典》第 1169 条第 1 款规定,“教唆、帮助他人实施侵权行为的人,为共同侵权人,应当承担连带民事责任。”在信息网络传播权的司法实践中也是按照共同侵权的规定适用于间接侵权行为。这种立法上对间接侵权规定的模糊在司法实践中会造成一种较为严重的后果,即造成法官拥有较大的司法裁量权,以致在不同地区、不同案件中对信息网络传播权适用间接侵权责任的时候可能造成责任认定的标准不统一,影响司法的一致性和权威性。

3. 管辖权争议

对于信息网络传播权案件的管辖权,法律规定由被告住所地、侵权设备所在地等法院履行。但在司法实践过程中,经常存在管辖权争议。主要分为两种情形:一是级别管辖的规定并不明确,现实中的初审法院各级法院都有出现,并不统一,有必要给予明确。二是地域管辖方面的混乱。司法实践中,由于没有明确规定被告住所地、侵权设备所在地等各地法院的管辖优先权,因此,容易造成管辖权混乱,引起争议。

(四)大数据背景下信息网络传播权保护的解决思路

大数据背景下,信息网络传播权保护在现阶段还存在着相当难以确定的问题,这些问题在司法实践中往往会导致司法成本的浪费等现象,因此,有必要从立法层面和司法层面对这些问题进行可行性思考。

1. 完善著作权许可机制

网络著作权许可机制在我国还存在着许多不足的地方,实践中往往会导致很多问题。例如,网络服务提供商如果想要获得授权却面对着海量的作品,其作者往往也是分散存在的,而在网络环境下,特别是新闻类网络服务提供商又要保证新闻的即时性,因此,这就会导致网络服务提供者在较为合理的时间范围内获得授权成为一种奢望。

在此种情形下,著作权集体管理制度也许是一种可以借鉴的途径,特别是针对新闻类的著作权管理。在这种思路下,建立一种类似于中国音像著作权集体管理协会的新闻作品集体管理协会不失为一种好的方法,在这种框架下,广大新闻工作者可以将自己的新闻作品统一交由集体管理协会进行管理,这样,网络服务提供者就可以很方便地得到授权,而且这种授权也是符合时间成本和交易成本的,这样的成本要求也符合网络时代的数据发展要求。

2. 对网络服务提供者的间接侵权行为进行明确

如果说网络服务提供者在诸如深度链接等方面不承担信息网络传播权的直接侵权责任,那么在法律层面应当明确网络服务提供者可能承担的间接侵权责任。根据现有的法律规定,大致可以从以下几个方面的思路考虑:一是主观方面应当"明知+放任"的过错,即网络服务提供者明知可能会对信息网络传播权造成侵犯却存在放任的态度，任凭损害结果的发生。二是客观方面符合间接侵权的构成要件，也即服务提供者有教唆或者帮助侵权的行为，比如提供直接侵权得以进行的设备和工具等。值得注意的是，间接侵权是以直接侵权为前提的，没有直接侵权行为的发生，也就没有间接侵权的存在基础。

3. 对网络服务提供者侵权损害赔偿标准进行明确

在网络时代，对网络侵权损害的赔偿标准进行确定一直存在着较大的难度。一方面是因为网络服务提供者一般并不直接从侵权行为当中获利。例如，普通用户进行新闻等作品浏览一般都是免费的，网络服务提供者在这个过程中并没有直接获取利益，获得的只是点击量，是通过点击量间接获取收益，此时，就造成了收益与侵权行为之间并没有一一对应，使得侵权损害赔偿的数额难以确定。因此，网络服务提供者间接获取的广告费、会员费等收益有多少是通过侵权行为获取的在现实中难以计算。

因此，法定损害赔偿标准是一个可以考虑的思路。例如，以许可使用费为计算标准就是一个很好的切入点。实际侵权损害赔偿数额实在难以计算的时候，可以计算著作权人的实际损失。这个实际损失确定可以以作品的许可费作为一种参考标准。

4. 对管辖法院进行明确

在我国，知识产权案件由于其专业性及复杂性，其初审一般由中级人民法院进行管辖，随着知识产权法院的实践，相信越来越多的城市会设立专门的知识产权法院对知识产权案件进行管辖。因此，在现阶段，侵犯信息网络传播权的案件在没有设立知识产权法院的地方应当统一由中级人民法院进行管辖。

但是对于地域管辖而言，确定信息网络传播权侵权案件管辖法院的复杂性就无限增大。因为信息网络传播权侵权案件存在着许多普通民事案件没有的特殊情形，比如，被告住所地、侵权行为发生地、网络服务器架设地等使更多的法院可以享有管辖权。如何确定此类案件初审法院的优先权的确是有一定难度的，在司法实践中也容易引起管辖权争议。对此，可以考虑采取方便管辖原则确定管辖，比如以方便当事人参加诉讼、尽可能少的诉讼费用等方面为标准来进行管辖法院的确定。

二、大数据背景下知识产权侵权行为的网络异化与解决思路

(一)大数据与知识产权

大数据是随着云计算、移动互联网和物联网的不断发展应用而产生的一种网络产物。网络在突破带宽、费用等发展瓶颈进入到高速发展阶段就会爆炸式地产生海量数据,这种数据的产生速度实在太快,产生数量实在是太大了,与以往的数据有着天壤之别,因此称之为大数据。大数据自产生起就不断引起人们的注意,人们逐渐认识到时大数据当中所存在无穷无尽的商业价值和其他可以利用的价值。

1. 大数据的产生

大数据的产生有着特定的技术背景。网络技术、计算机技术等软件与硬件水平的不断发展为大数据的产生及其应用提供了最为直接的条件。

(1)数据生成

数据产生的速度是随着技术的不断发展而发展着的,也就是说,人类技术发展水平越高,数据产生的速度也越快。根据 IBM 公司的结论可知,现在世界上存在着的数据其中有 90% 是近两年产生的。[①] 这种爆发式的数据增长一般认为是基于移动网络设备的普及。在现代社会基于移动互联网的智能手机、平板电脑、各种传感器等终端设备在运行的过程中会自动地产生大量的以个人为中心的位置信息、社交信息等相关的数据。根据人类技术发展过程来看,数据的生成模式可分为 3 个阶段:一是计算机时代的数据被动记录阶段。二是网络时代的数据主动生成阶段。三是大数据时代的数据自动生成阶段。在第一个阶段,计算机技术的发展使得电子数据库广泛使用。这个时代由于计算机基本上是以独立的个体运行,因此,数据是由人们主动输入计算机的,这种数据的产生过程是被动的过程,仅仅起到一种数据记录的作用。在第二个阶段,网络时代的技术进步使得信息传输变得非常容易,搜索引擎、电子商务等信息技术得到了广泛的应用。这个过程中,诸如搜索信

---

① See IBM. What is big data. ,http://www - 01. ibm. com/software/data/bigdata/.

息、购物信息、在线社交信息等数据就会主动生成。第三个阶段，在大数据阶段，基于移动互联网的数据呈现爆发式的增长，数据的生成模式是一种数据的主动生成模式，这种主动生成模式一般是基于三个领域的数据来源。一是科学研究数据。现代社会的一些特定领域内的科学研究往往是在大量数据的基础上进行的。比如，天文学研究需要大量观测数据，高能物理学的研究需要大量实验数据的支撑等。这些实验数据的产生也是随着人类技术水平的发展而发展。比如，大型的电子望远镜在观测的时候会自动产生海量的观测数据，这些海量数据的分析也在推动现代天文学不断发展。二是商业数据。在网络时代特别是高速互联网时代，商业数据的海量产生是大数据生成的一个重要源头。特别是电子商务等基于网络商业活动而自动生成的数据对一个国家乃至全球的商业活动的繁荣发展都起到了积极作用。三是网络数据。包括互联网、物联网。移动互联网产生的海量数据是大数据生成的一个主要源头。这类数据是如此的复杂多样，搜索数据、社交数据、各种社会服务部门传感器自动记录的诸如交通数据、零售数据等海量的数据都将影响大数据的生成以至于影响我们的生活。

(2)数据获取

数据获取和数据生成是两种不同的概念，有着本质的不同。数据获取是将生成的数据以数字的形式进行一定程度的聚合，为将来的数据存储和数据分析做好准备。因此，数据获取的过程通常分为三个方面，一是数据采集；二是数据传输；三是数据预处理。数据传输和数据预处理没有严格的次序，预处理可以在数据传输之前或之后。① 大数据时代的数据采集主要通过网络爬虫、网络日志、传感器等方法进行，网络爬虫可以在短时间内采集大量的数据内容。数据采集完成后将会被传输到数据存储设施，这个过程就是数据传输，这也是数据等待下一步处理的一个必需的过程。第三个方面的内容就是数据的预处理过程。这个过程的任务就是把采集的数据进行初步的加工，以满足数据存储和数据分析对于数据的质量要求，通常包括数据集成、数据清洗和冗余消除三个步骤。数据集成的作用是把不同来源的数据集中。数据清洗

① 参见李学龙、龚海刚：《大数据系统综述》，载《中国科学：信息科学》2015 年第 1 期。

的作用是把数据集中过程中发现的数据缺失、数据错误等情况进行修补。冗余消除的作用是对重复或过剩的数据进行去除,最常用的技术就是冗余检测和数据压缩。数据集中、数据清洗和冗余消除能够大幅度提高数据的质量和缩小数据的体量,这对于数据传输和数据分析显得尤为重要,因为它可以减少数据传输的时间、可以减少数据存储的空间、可以提高数据分析的准确性。这些过程对于减少不必要的额外开销非常重要。

(3)数据存储

数据存储是将获取的海量的数据进行存放的过程。大数据的存储是硬件技术发展的产物,因为大数据级别的数据对于硬件的要求是非常高的。这些海量的数据在硬件技术没有解决之前可能会因为数据存储问题产生"数据灾难"。同时数据存储的过程也需要相应的软件技术的支持,这其中最为重要的就是数据库技术。数据库技术有几十年的发展应用历史,而且针对大数据的特性进行了规模上的升级,并根据数据多样性的特点进行性能上的提升,以适应数据海量化和多样性的要求。

(4)数据分析

数据分析是在海量数据的基础上借助一定的计算方法对数据进行运算,根据应用模式得出一定的运算结果。根据商业应用、网络应用、科学应用等目的,大数据运算结果可以是规则性分析结果、预测性分析结果、描述性分析结果等不同的类型。规则性分析着重于在一定规则范围内给出优质解决方案,这有助于决策部门的决策制定及提高决策效率。例如,2016年10月13日,"杭州城市数据大脑"项目正式启动。"城市大脑"进行的第一个项目就是"智慧交通"。原来杭州的道路监控、红绿灯等设施每天产生海量的数据,但数据没有发挥其应有的价值。通过政府有关部门开放交通领域的相关数据,运用云计算的强大处理能力,制定出一整套优化方案。随后"城市大脑"项目在萧山进行了初步试验,道路车辆通行速度平均提升了3%至5%,部分路段提升了11%。[①] 预测性分析是根据现有的数据内容分析出将来最有可能出现的结果。预测性分析在商业领域尤其重要,它可以根据

① 参见《智慧城市需要大数据 杭州启动城市大脑项目》,载新华网,http://news.xinhuanet.com/info/2016-10/16/c_135757707.htm。

人们以前的购物数据分析出将来可能需要的商品,进而进行有针对性的推送。

2. 大数据对知识产权的影响

人类文明延续至今,经历了农业经济时代、工业经济时代而如今已经进入知识经济时代,知识产权作为知识经济环境下最为活跃的新兴权利,极大地推动了知识经济的发展和整个社会的进步,然而由于知识产权本质上属于无形的精神财富,较之有形的物质财富,其更容易被不法行为侵害。信息技术推动了知识经济的发展,是知识经济的重要组成部分。然而,技术总是中立的,信息技术的发展给知识产权的保护带来了难题。传统的知识产权侵害仅限于现实环境下的物理性接触,但是信息技术使通过网络对知识产权进行虚拟的接触成为可能,这在有利于知识产权的应用和传播的同时,也带来了脆弱的知识产权更容易被侵害的客观现实。①

在大数据时代,人们在硬件和软件领域取得了革命性的技术进步,例如,存储、传输技术的发展使海量数据的采集、传输有了可靠的保证;运算方法的发展使得海量数据分析成为可能。这对于大数据的产生和发展起到了至关重要的作用。大数据在采集、传输、存储、分析过程中对于知识产权的影响可以从两个方面进行分析:一是大数据对于知识产权的促进作用;二是大数据与知识产权冲突。

(1)大数据对知识产权的促进作用

大数据的发展壮大离不开互联网平台,因此,有必要从网络和大数据两个方面分析其对于知识产权的促进作用。

①网络与知识产权的天然契合性

传统的知识产权的行使主要通过智力成果的传播过程实施,比如著作权的行使主要是作品通过出版印刷进行传播,只有具有传播过程,作品的价值才能得到体现,即社会公众享受到了精神财富,作者也得到了一定的收益,但是这种传播过程都不可避免地要通过有形的物质载体来进行,而不论是何种物质载体。因此,传统的智力成果传播过程不能摆脱物质载体的束缚。互联网的发展壮大为智力成果的传播提供了

---

① 参见于志强:《我国网络知识产权犯罪制裁体系检视与未来建构》,载《中国法学》2014年第3期。

一个全新的方式,即网络传播方式,这种方式可以摆脱传统传播方式依赖物质载体的限制,在互联网的广阔空间里将智力成果瞬间传向全球任何一个连接网络的地方。网络的这种传播方式在智力成果的复制传播方面相对于传统传播方式来说几乎为零成本,因此,网络技术的出现,不但改变了人类的生活方式和社会经济发展模式,而且对当代各国的法律制度提出了挑战。正是在这个意义上,人们赋予知识产权制度以鲜明的时代技术特征,将其称为"网络知识产权"。[①] 所以,知识产权客体的无形性与网络空间的虚拟性具有一种天然的契合性,这种天然的契合性对于知识产权的发展有极大的促进作用。

②大数据对于知识产权的促进作用

大数据时代是在网络时代、信息时代的基础上发展起来的。大数据时代正在催生的最大技术变革,是重新构造互联网。20 世纪 90 年代,互联网进入大众的生活之后,人们开始在网上大建网站。网站的目的是信息的传播和分享。这个时代,很多人称为"Web1.0"。随着技术的进步,21 世纪初,推特等社交网站,把基于互联网的交流、协同和互动演绎得淋漓尽致,被称为"Web2.0"。但在大数据时代,信息共享、交流互动已经不再是最迫切的需求,数据的分析和整合,才是最大的挑战。[②] Vivek Wadhwa 曾说:"以前很难找到的信息和知识可以很快找到,这个历史时期,我们称为信息时代。但我认为:我们现在已经远远地超出了这个时代,我们正在跨入另一个全新的时代——新信息时代。"[③]这个新信息时代可以说就是大数据时代,也可以称为"Web3.0"。

在大数据时代,信息高度个性化是最明显的特征。也就是说,我们可以根据自己的需要"私人订制"适合自己需求的信息。这种信息是针对自己的要求,经过数据采集、存储、传输、分析的过程由大数据的运算模式专门配送的个性化的数据信息。例如,在网络时代,我们如果想要阅读刘慈欣的作品,可能要借助搜索引擎进行搜索,但网页返回的可能

---

① 参见吴汉东:《论反不正当竞争中的知识产权问题》,载《现代法学》2013 年第 1 期。

② 参见涂子沛:《大数据:正在到来的数据革命,以及它如何改变政府、商业与我们的生活》,广西师范大学出版社 2015 年版,第 285 ~ 286 页。

③ Vivek Wadhwa., *The New Information Age*, https://techcrunch.com/2011/04/10/the-new-information-age.

是所有关于搜索内容的网页内容，然后我们还要进行人工筛选，因为这些返回的网页是通过网络爬虫抓取的所有关于搜索词条的结果，这些结果按照一定的规则进行排列，但很多网页并不是你想要的。在大数据时代，搜索返回的结果可能就是更加具有针对性的内容，刘慈欣的作品就会只包括他的作品，不会再有相关评论的网页、销售的网页、科幻迷们的网页等等。你可以只在他的作品中选择喜欢的进行阅读，这样作品的传播更加有针对性、传播速度更快。从这个层面上讲，作品的传播效率更高，对于知识产权的促进作用更加明显而有效。

(2)大数据与知识产权保护的冲突

大数据与知识产权之间的冲突存在于两个方面：一是数据共享；二是数据垄断。

①数据共享

大数据的基本前提还是在于数据，数据的采集、传输、存储、分析等各个过程都需要有开放的数据源供人们自由使用。当然，数据的开放并不代表数据免费，一些机构的数据在开放的过程中可以收取使用费。比如说企业的自有数据、营利性组织的私有数据等都可以以收费的方式向社会公众开放。数据开放是数据共享的基础，因此，只有数据开放，才能将数据进行有效整合，数据的价值得以提升，最终达到一个数据增值的效果。在数据开放过程中政府部门起到重要的作用，因为各级政府部门在数据采集及存储等方面有着天然的优势，在政府正常运转的过程中掌控着种类完备、数据可观的数据资源，涉及经济社会各个领域。这些海量的数据分属于不同的政府机构，关联性较弱，缺少整合，不利于全社会综合利用，是一种极大的资源浪费。如果采用大数据技术，完全可以为政府部门提供条件进行社会公共服务革新体系的建设，对于整个社会都是有益的举措。还有企业自有的数据和社会组织私有的数据也都是数据开放的和数据共享的源头。在大数据时代，数据自由的流动才能带来额外的价值，推动经济社会进一步集约化发展。

在数据共享的过程中，知识产权的保护是一个重要的问题。知识产权具有垄断性，代表私权；数据共享则强调公开与共享，代表多数人利益，是公权的一种，两者难免存在利益冲突。数据生成者为捍卫私权，不愿分享和公开数据，或基于其他考虑，仅选择性公开分享非重要数据。二者之间的冲突包括:数据共享性和知识产权专有性之间的冲突;数据分享无国界要求和知识产权地域性之间的冲突;数据更新速度快和知识产权时效性之间的冲突。①

②数据垄断

知识产权垄断行为一直都是世界各国重点打击的不正当竞争行为,比如发改委对于高通公司开出的反垄断罚单就是一个典型的案例。在大数据时代,数据共享是一个重要的前提,因为数据共享的需求,产生了互联网,因为互联网才产生了大数据。但出于商业利益或其他层面的考虑,互联网中的数据被圈了起来,于是,如今的大数据被各类商业机构占有、控制了,成了这些机构的资源、资产和核心竞争力,大数据的垄断与大数据的本质背道而驰,最终毁掉的是大数据的价值!② 比如,滴滴出行和优步中国合并后,专家分析认为,两巨头合并后不仅占有绝对优势市场份额,而且有通过垄断大数据取得巨大利益的可能性。中国是世界上唯一给予网约车合法地位的国家,更是全球最大的网约车市场。目前,超过 1500 万司机和 3 亿注册用户已经加入滴滴社群。权威报告显示,2015 年滴滴出行订单总量达到 14.3 亿,相当于美国 2015 年所有出租车订单量的近两倍。这个巨大的数据蛋糕中,个人信息、出行习惯、消费偏好、地理位置等数据资源一应俱全,利用先进算法进行挖掘,融入社交、电商等交易模式,其衍生价值难以估量。除此之外,还有相当一部分数据涉及国家信息安全。从可能性看,合并既会造成从业司机和消费者议价能力降低、行业创新力下降,而且数据垄断背后的巨大暴利空间和信息安全漏洞也令人担忧。③

(二)大数据时代知识产权保护的困境

大数据时代对于知识产权保护来说会带来很多好的方面,比如在大数据平台的基础上建立起知识产权的数据使用检测机制就可以更加有效地对网络知识产权进行保护,但是在大数据背景下,知识产权保护

---

① 参见邓灵斌、余玲:《大数据时代数据共享与知识产权保护的冲突与协调》,载《图书馆论坛》2015 年第 6 期。

② 《大数据价值的再思考:垄断与开放》,载新浪博客 2019 年 9 月 10 日,http://blog.sina.com.cn/s/blog_4aa50b4d0102v1pu.html。

③ 参见段续、刘怀丕:《滴滴收购优步:大数据垄断尤当警惕》,载新华网,http://news.xinhuanet.com/comments/2016-08/03/c_1119332161.html。

也不可避免地面临一些困境。

1. 大数据时代知识产权保护的困境

在大数据背景下,不同类型的知识产权都面临着一些保护的困境。

(1)著作权保护的困境。著作权侵权在网络环境下本身就是较为常见的一种知识产权侵权行为。技术的进步进一步增加了维权的难度。特别是著作权间接侵权的情形在实践当中发生概率很高。网络服务提供商往往利用避风港原则、红旗标准等极力规避自己的责任,这使得司法实践当中维护著作权人的利益变得十分困难。

(2)专利权保护的困境。对于专利权,在大数据背景下判定专利侵权的难度可能会加大。比如,将一家企业所有公开的有关信息根据大数据的特定运算方法进行分析,就有可能得出这家企业可能的研发方向和具体的技术细节等信息,其他企业就可以据此进行突击研发,然后抢先申请专利,这对于企业的研发过程是一种直接的打击。另外,如果一家企业已经申请专利保护,那么,利用大数据分析也可以进行数据整合,然后可能形成一个与原专利相近的全新的专利技术,而且这种全新的专利技术在法律上与技术上并不与原专利技术相冲突,这样,其他企业就可能用这种方式绕开原专利技术,这对于原企业来讲也是一种巨大的损失,而且,就算把这种过程认定为是一种间接的侵权行为,那么在实践过程中界定侵权的难度也会变得相当困难。

(3)商业秘密保护的困境。商业秘密基本上都属于企业的核心机密,而且不适用专利等保护方式进行保护,特别是生产配方、工艺流程、技术诀窍、设计图纸等纯粹的技术信息更加不适合用专利的方式进行保护,主要原因就是专利保护的方式要求将相关的技术资料进行公开,这将会导致实践当中商业秘密遭受侵权的风险太大,企业一般无法承受。将企业的已公开的相关信息以大数据运算方式进行分析,是有可能获取企业秘密的一些内容的,这对于采取商业秘密保护方式的企业来讲打击是巨大的。因为,商业秘密是企业自我保护的一种方式,这种保护方式并不受到法律的保护,所以,如果商业秘密遭到泄露,企业遭受到的损失往往很难通过法律的方式得到弥补。

(4)其他类型知识产权的保护困境。在大数据时代,还有许多知识产权的类型都可能由于大数据的背景可能会遭受损害。比如计算机软件、集成电路布图设计等都可能遭遇保护的困境。主要的原因就是知识产权数据在大数据时代更加容易获取，而且大数据的运算方法也会进一步加大遭遇知识产权侵权的风险，同时，侵权认定也变得更加困难。

2. 知识产权侵权行为的网络异化——以著作权间接侵权为视角

在实践中，网络知识产权中最容易、最广泛遭到侵害的类型就是著作权。由于网络著作权直接侵权行为在实践中发生较少，而且网络著作权直接侵权行为较容易定性和司法处理，因此，间接侵权就成为著作权侵权行为中发生较为广泛而且司法实践过程中难以把握的一种侵权类型。

间接侵权是与直接侵权相对应的著作权侵权形式。在这种情况下，不法行为并未直接涉及受著作权保护的作品，但该行为为著作权侵权行为提供了便利条件，行为人自觉或不自觉地参与了侵权事件，从而对著作权人的合法权益造成了间接损害。这种侵权行为以他人的侵权行为的存在为前提，是在原侵权基础上扩大的侵权后果。间接侵权依赖于直接侵权，它以与直接侵权有联系为基础，是直接侵权的继续与扩大。有的学者认为间接侵权主要有两种形式：一是教唆、引诱或帮助侵犯他人著作权的行为。二是行为人本身没有直接侵权，也不属于上述教唆、引诱或帮助侵犯他人著作权的行为，但该行为如不制止将导致直接侵权的发生或扩大直接侵权的损害。① 有的学者认为间接侵权可以分为两类：一类是指某人的行为虽不是直接侵权，但却为直接侵权行为提供了条件或者是直接侵权行的后续行为，即共同侵权。另一类则是指基于特定的法律关系需要对他人的侵权行为承担责任的情形，即替代侵权。② 美国学者大多将间接侵权分为帮助侵权和引诱侵权两种类型。除此之外，还有一类特别的替代责任。③ 有的学者认为一般意义上的间接侵权概念，涵盖帮助、引诱侵权（教唆侵权），并不包含所谓的替代责任。④《民法典》第 1169 条规定，教唆、帮助他人实施侵权行为的

① 参见冯晓青：《著作权法》，法律出版社 2010 年版，第 235 ~ 236 页。
② 参见潘灿君：《著作权法》，浙江大学出版社 2013 年版，第 190 页。
③ Paul Goldstein, Copyright. 2nd Ed. Aspen Law & Business, 1999, at § 6. 0, 6:2.
④ 参见崔国斌：《著作权法原理与案例》，北京大学出版社 2014 年版，第 720 页。

人,为共同侵权人,应当承担连带民事责任。因此,在司法实践及法学理论中大都将著作权间接侵权按共同侵权对待。2010 年正式实施的《侵权责任法》(已失效)将无意思联络的共同侵权责任分担作出明确的规定,使得共同侵权行为有了最直接的法律依据。

(1)帮助侵权行为的网络异化。对于共同侵权中的帮助行为,首先,要根据具体的类型来进行具体的分析。其次,要分析帮助行为和具体实行行为的具体的关系。

①整体上来看,根据著作权网络共同侵权帮助行为的主体不同,可以分为网络服务提供商和直接侵害技术的提供者两种具体的类型。

网络服务提供商是指通过信息网络向公众提供信息或者为获取网络信息等目的提供服务的机构,包括网络上的一切提供设施、信息和中介、接入等技术服务的个人用户、网络服务商以及非营利组织。[①] 实施网络著作权侵权行为需要一个网络平台,那么,网络服务提供商就提供这么一种侵权的平台。在涉及网络著作权侵权行为时,讨论互联网服务提供商法律责任的前提应当是界定其在作品传播中的地位。[②] 因此,在司法实践过程中,在判断网络服务提供商的间接侵权责任时,应当有所区分。比如最常见的两类网络服务提供商 ICP 与 ISP,其提供的网络服务有着明显的区别。ICP 主要为网络内容提供商,主要在互联网上提供内容服务让用户查阅和检索,满足网民对信息的需要。业务范围包括网上广告、代制作网页、出租服务器内存空间、主机托管,有偿提供特定信息内容、电子商务及其他网上应用服务。ISP 主要为网络技术提供商,提供一般网络技术的支持,业务范围包括向广大用户综合提供互联网接入业务、信息业务和增值业务。对于 ICP 来讲,其业务范围决定了它成为著作权间接侵权的重灾区。比如,直接侵权人将一部受著作权保护的影视作品上传至一家网站,该网站就会因此直接受益。网站的点击量会上升,由此也会导致广告等间接收益的增长。因此,网站是没有直接的动力进行上传内容的鉴别工作的,一般对这些上传的内容主

① 参见姚建军:《网络服务提供者侵权行为探讨——兼议〈侵权责任法〉第 36 条的辨析及其延伸》,载《法律适用》2011 年第 2 期。

② 参见冯晓青:《我国对因特网服务提供商著作权侵权责任立法之研究》,载《科技与法律》2001 年第 2 期。

观上都是一种放任的态度。虽然在实践过程中，出于对ICP的保护，网站可以适用避风港原则的通知——删除义务的免责条款处理这些侵权内容，但是实践操作过程中具有很大的缺陷。比如在著作权人的通知下网站对上述侵权作品进行了删除操作，但不久之后可能又有其他的侵权人将上述侵权作品再次上传，那么，著作权人可能又要进行通知才能导致网站的删除操作。这将导致著作权人可能要每天在不同的网站上进行查看，不停地进行通知工作才能最大可能地减少侵权行为导致的损失，这是难以想象的情形。对此，2020年修正的最高人民法院《关于审理侵害信息网络传播权民事纠纷案件适用法律若干问题的规定》（以下简称《信息网络传播权规定》）第7条第3款明确规定："网络服务提供者明知或者应知网络用户利用网络服务侵害信息网络传播权，未采取删除、屏蔽、断开链接等必要措施，或者提供技术支持等帮助行为的，人民法院应当认定其构成帮助侵权行为。"对于这种情形，在司法实践过程中，虽然有红旗标准等原则可以对网络服务提供商的行为进行约束，但现实中操作起来依然困难重重。

直接侵害技术提供者是指特殊侵权技术的提供者。虽然上述网络服务提供商中的ISP也是一种网络技术提供者，但ISP只是提供一般的网络技术支持，这种一般的网络技术通过正常渠道是很容易获取的，因此，一般认为ISP的技术支持服务并不能判定为网络共同侵权行为的一种帮助行为，除非明知自己提供的技术服务被用于著作权侵权行为当中而依然提供技术服务支持的。从实践中看，相当一部分的著作权侵权行为需要一些特殊技术的支持才能进行下去。破解技术就是一种典型的帮助侵权技术。比如，一些经过著作权人授权进行网络发行的合法网站为了保护作品在网页上的只读状态，采取一些技术措施限制合法作品的非法复制行为和非法传播行为。如果直接侵权人想要进行非法的复制及其非法的传播行为，就需要借助于一些特殊的破解技术才能实施。而提供这种特殊破解技术的主体，如果明知自己的技术提供行为会造成著作权侵权行为的发生而依然提供技术支持的，就应当属于直接侵权行为的帮助行为，是一种直接侵权技术的提供者。在司法实践中，判断这种直接侵权技术的提供者，并不以是否故意为构成要件，更多的时候是一种放任的主观态度。因为在网络这种虚拟空间内，有的人出于炫耀的目的将自己的一些破解方法在网络空间中公开出来，任何人都可以自由地使用那些破解方法。这种明知自己的技术可能被用于著作权侵权行为，却放任这种情形的发生，依然可以判定为直接侵害行为的帮助行为。

②网络著作权间接侵权过程中的直接侵权行为与帮助行为的联系。

现实生活当中，传统的共同侵权行为的认定要符合客观上具有共同的侵权行为，主观上有共同侵权的意思表示，但是，网络空间的虚拟性和知识产权客体的无形性使得著作权间接侵权的直接侵权主体与帮助侵权主体之间可能并不存在直接的联系。因此，实践当中可能存在的情形是直接侵权主体在网络虚拟空间中寻找可以提供帮助的场所或技术，在这些众多的条件当中选择一个最优化的主体。这就意味着在大多数情形下，直接侵权主体并不需要和提供侵权条件的主体之间有主观上的联系，他们之间也许互不相识，第一个方面，即行为人主观上并不存在必然的联系。第二个方面，行为人之间的目的并不一致。虽然共同侵权行为的事实是基于直接侵权行为和帮助行为的共同作用，但行为人各自的目的和动机在实践中却并不相同。对于直接侵权主体，其目的当然是为了非法获取著作权的相关权益，而帮助行为主体的目的可能是为了获取收益或者对自己的技术能力进行炫耀等。比如，网络服务提供商由于直接侵权人的行为获得点击量进而间接获得广告收入，直接侵害技术提供者也会对自己的特殊技术进行收费而获取收益或者进行纯粹的技术炫耀而免费公开等。综上，直接侵权行为主体与帮助行为主体之间的联系是一种相互分离的关系，因此，这种状况给著作权人的维权活动带来了极大的困难。

（2）教唆侵权行为的网络异化。对于网络教唆行为，2020 年《信息网络传播权规定》第 7 条第 2 款明确规定："网络服务提供者以言语、推介技术支持、奖励积分等方式诱导、鼓励网络用户实施侵害信息网络传播权行为的，人民法院应当认定其构成教唆侵权行为。"信息网络传播权作为著作权的一种重要的类型，单独由最高人民法院颁布专门的司法解释，说明其在著作权领域中的重要地位，也间接说明了著作权教唆侵权行为在司法实践活动中的困境。在网络空间中，极少存在明示的诱导、鼓励等教唆侵权行为，多数情形是鼓励网络用户的作品传播行为，而且是非侵权作品的传播行为。但现实情况下，虽然是正面的鼓励，但是当免费传播正版作品获取的“奖励”与正版作品的获取代价显然不成比例时，实质产生了对侵权作品传播的诱导。① 因此，是否构成教唆侵权行为，实践过程中实在难以判断，可能要考量的因素涉及多方面，比如作品的类型、知名度以及直接侵权主体的身份等。

3. 著作权间接侵权的理论与实践困境

按照《民法典》的规定，教唆、帮助他人实施侵权行为的人，为共同侵权人，应当承担连带责任。这是在立法上规定教唆侵权与帮助侵权是一种共同侵权行为。但是这理论上及实践中都遇到了相当大的困境。

(1)著作权间接侵权的理论困境

著作权间接侵权的通行理论认为，教唆行为与帮助行为承担连带责任的理论基础是共同侵权，也就是说教唆行为与帮助行为的主体与直接侵权主体构成共同侵权，因此应当承担连带责任。现行的司法解释似乎也持此观点。但理论界对于共同侵权自身的含义尚存在分歧，其中最主要的分歧在于无意思联络的数人加害行为是否构成共同侵权。《民法典》第1168～1172条的体系解释来看，立法规定的共同侵权应解读为以意思联络为必要。② 据此，若网络服务提供者构成共同侵权，也理应符合此要件。③ 但如上文所述，在绝大多数情形下，直接侵权主体与帮助行为或教唆行为的主体并不存在主观上的意思联络。通常情况下，帮助行为与教唆行为的主体只是提供一个网络平台或者提供侵权技术而已，因此，理论上只能认定为是一种帮助侵权或教唆侵权，如果要进一步认定为共同侵权，可能并不妥当。但是认定帮助行为与教唆行为并不构成共同侵权不意味着此等帮助行为与教唆行为的提供

① 参见赵刚：《网络服务提供者教唆侵权的认定中主观过错的考量》，载《电子知识产权》2014年第5期。

② 参见最高人民法院侵权责任法研究小组编著：《〈中华人民共和国侵权责任法〉条文理解与适用》，人民法院出版社2010年版，58～68页；参见张新宝：《侵权责任法》，中国人民大学出版社2010年版，第49页；参见梁慧星：《中国侵权责任法解说》，载《北方法学》2011年第1期。

③ 参见徐伟：《网络服务提供者连带责任之质疑》，载《法学》2012年第5期。

者无须承担侵权责任，最多可以表明帮助行为与教唆行为的提供者承担连带责任的依据并不是共同侵权而已。

(2)著作权间接侵权的实践困境

著作权间接侵权最大的实践困境就是共同侵权理论解释导致在司法实务过程中难以操作。如果认定帮助行为和教唆行为的主体与直接侵权主体构成共同侵权人，那么司法实务中就应当把共同侵权人作为必要共同诉讼人参与诉讼过程，这在实践当中实际上难以进行，主要是操作成本过高。比如上文所述有的网络用户将一部受著作权保护的影视作品上传至一家网站，那么著作权人只会将网络服务提供商作为被告提起诉讼，而不会将上传作品的网络用户作为共同侵权人进行起诉。主要原因在于两个方面：一方面是普通的网络用户难以确定身份而且赔偿能力普遍有限。另一方面，网络空间中这样进行上传侵权作品的网络用户可能不止一个，即使一一查清身份，也会存在地域分散等原因导致诉讼成本过于高昂。因此，司法实务过程中，不论是著作权人，还是网络服务提供商，甚至于法院都并未认定网络服务提供商与网络用户作为必要共同诉讼人参加诉讼。这就表明共同侵权的理论解释与司法实务之间的脱节。

(三)大数据背景下知识产权侵权行为的解决思路

从网络时代，到信息时代，再到大数据时代，知识经济和信息社会对于知识产权的影响是一种不可逆的过程，因此，相关的知识产权理论和实践都必须顺应这一大的时代背景作出新的调整。下面仅从两个方面做一些尝试性的思考。

1.间接侵权责任的价值思考

由于共同侵权理论在帮助行为与教唆行为的适用上存在着较大困境，因此，对间接侵权理论的革新就显得十分必要。间接侵权责任制度就其本身来说是为了制裁那些侵害著作权人利益但又并非属于直接侵犯著作权人各项专有权能的行为，从传统侵权法上看让实际侵害著作权人利益的具有主观过错的第三方承担责任具有其合理性。[①] 但是在实践当中，对于著作权人的每一次诉求，却并不一定都要依据间接侵权

---

① 参见王太平、姚鹤徽：《间接侵权责任制度适用的有限性及出路》，载《电子知识产权》2009年第1期。

的规则来进行判定。简言之,对于此类案件,我们可以结合其他的规则或者理论整体进行判定。或许,我们应该摆脱共同侵权理论套在网络知识产权间接侵权头上的枷锁,加强对于间接侵权制度的构建力度,也许就能解决很多以前存在着的一些理论困境。对于知识产权来说,利益平衡是永恒的主题。知识产权的专有性与社会对知识产品的合理需求是知识产权制度中的一对主要矛盾,确立平衡机制正是解决这一矛盾的有效方法和手段。相应地,知识产权法中的平衡,主要是知识产权人的专有权和社会公众对知识产品的合理需求的权利间的分配和取舍,使之达到一个恰当和适度的理想状态。这种平衡不是强调两种利益间的完全对等,而是要求知识产权法作为一种制度设计,对其中的不同利益主体的价值取向都应给予充分考虑,兼顾知识产权人的利益和公众利益,以互不损害对方利益为价值目标。同时,以有效的制度救济作为补充手段,在知识产品的生产和流转的动态过程中,始终使知识产权人的利益和社会公众的利益保持一种平衡。① 从另一个角度看,人类社会的技术进步是一个不可逆的过程,这也意味着各种新技术会层出不穷,而这些新技术一旦使用就可能在方便作品的传播和使用的同时也造成著作权人可期待利益的损失,那么我们该怎么办?还是只依赖于间接侵权责任制度去调整著作权人与技术服务提供者以及社会公众的利益冲突?那么我们满足著作权人利益就会以损失技术为前提,但技术的发展是无止境的,而且技术本身是没有错的,它至多只是作品传播过程中的一种更加便利的工具或手段而已。因此,我们要站在更高的角度,以一种整体性的思维去调整著作权人与技术服务提供者以及社会公众三者之间的利益,那就是一种整体的利益平衡观。换言之,我们不能仅仅依赖于间接侵权责任一种规则去调整因技术进步而导致的利益失衡。

2. 法定损害赔偿金的价值思考

对于司法实践中的连带责任承担原则,在某些情况下可能会导致网络服务提供商承担的责任过重。在现行的著作权共同侵权司法设计中,如果网络服务提供商向著作权人进行赔偿,那么其可以行使追偿权

① 参见冯晓青:《知识产权法利益平衡理论》,中国政法大学出版社 2006 年版,第 10 ~ 11 页。

向网络用户进行追偿。诚然,这一制度设计理论上是可行的,但在实践中却是难以操作的。因为种种原因,网络服务提供商难以追偿或者放弃进行追偿,这将导致其只承担连带责任却承担全额赔偿之实。因此,法定损害赔偿金制度不失为一种可行的方案。2009 年,《浙江省高级人民法院关于审理网络著作权侵权纠纷案件的若干解答意见》中第 33、34、35 条分别对在网络环境中侵犯文字、美术、摄影等作品著作权的,侵犯影视作品著作权的,侵犯音乐作品著作权的,适用法定赔偿方法确定赔偿数额应考虑哪些因素作出比较详细的规定。这是对法定损害赔偿金制度的有益的尝试。法定损害赔偿金制度对网络服务提供商连带责任的赔偿作出了一定的限制,一定程度上可以避免网络服务提供商承担过重的责任。所以,在设计法定损害赔偿金制度时,可以以网络服务提供商的主观错误程度作为出发点进行考量,核定赔偿金额。这是因为"罪责刑相适应原则"不能要求网络服务提供商仅承担连带责任,却要负担全额赔偿。因此,不能以著作权人的实际损失额作为计算标准去核定网络服务提供商的法定赔偿金的额度。

三、电商平台违法责任的类型分析和完善路径

电商平台和平台经济的产生是数字革命的标志性事件,根据提供场所、交易撮合、信息发布等服务的区别,我们可将当前电商平台分为传统电商平台、社交/内容+电商平台、内容推广平台和二类电商平台,其兼具市场和企业的双重属性决定了违法责任类型的重要性和多样性。根据不同场景下的平台行为分析,确定平台角色和法律关系,进而明确平台的责任承担和合规方向,不仅是平台治理和法律规制的一般逻辑,也是推动平台未来发展与制度构建的完善路径。

大数据时代,平台经济已经成了一种新的资源配置方式,并正在掀起一场经济革命。[①] 2020 年"双 11"购物狂欢节刚刚落下帷幕,天猫、京东、苏宁易购等电商平台纷纷公布"双 11"战报,截至 11 月 12 日,全网

---

① 参见易宪容、陈颖颖、于伟:《平台经济的实质及运作机制研究》,载《江苏社会科学》2020 年第 6 期。

交易额逼近 8600 亿元(大部分平台统计为 2020 年 11 月 1 日至 2020 年 11 月 11 日的销售总额)。其中天猫交易额达到 4982 亿元,京东交易额 2715 亿元。[①] 仅在"双 11"当天,直播带货在全平台贡献了 63.12 亿元交易额,观看量达到 7.91 亿人次。整个活动期间,直播带货累计创造了 107.56 亿元交易额,累计销售超过 12.09 亿件商品,观看量累计达 141.34 亿人次。[②] 在这些令人眼红的数字背后,有哪些类型的平台参与其中,各自具有哪些平台行为,又应当承担什么样的责任?这些重要问题亟待我们全面地加以分析。

(一)电商平台的定义和类型

回顾 2020 年"双 11"战报,不仅有京东、天猫等电商平台,还有抖音、快手、蘑菇街等直播电商平台,小米、完美日记等品牌电商。在 8600 亿元的战绩中还不乏小红书、B 站达人推荐的功劳。那么这些平台是否属于传统电商平台?如果不是,平台又扮演着什么样的角色?

2018 年 8 月 31 日颁布的《电子商务法》第 9 条第 2 款规定:"本法所称电子商务平台经营者,是指在电子商务中为交易双方或者多方提供网络经营场所、交易撮合、信息发布等服务,供交易双方或者多方独立开展交易活动的法人或非法人组织。"从这一界定看,传统电商平台的典型特征是"提供网络经营场所"和"交易撮合"等实质性交易行为的促成[③],而直播平台、社交平台更多体现的是"信息发布"的功能。

2021 年 3 月 15 日公布的《网络交易监督管理办法》第 7 条规定:"本办法所称网络交易平台经营者,是指在网络交易活动中为交易双方或者多方提供网络经营场所、交易撮合、信息发布等服务,供交易双方或者多方独立开展网络交易活动的法人或者非法人组织。网络社交、网络直播等其他网络服务提供者为经营者提供经营空间,并提供商品浏览、订单生成、在线支付等与完成交易有关的支持性服务的,在经营

---

① 参见《【双 11 战报】全网 GMV 逼近 8600 亿元 最全电商数据盘点》,载网经社 2020 年 11 月 15 日,http://www.100ec.cn/detail-6576774.html。

② 参见《O'Ratings 热数据:双 11 百万主播带货超 30 万品牌直播》,载快资讯 2020 年 11 月 15 日,https://www.360kuai.com/pc/91836cf90254afa62?cota=3&kuai_so=1&tj_url=so_vip&sign=360_57c3bbd1&refer_scene=so_1。

③ 参见刘晓春:《直播带货中的"引流"行为与平台责任初探》,载《中国知识产权》2020 年第 163 期。

者资质审核、商品和服务信息监控、维护消费者权益、保护知识产权、信息数据提供、配合监管执法等方面应当依法履行网络交易平台经营者的责任。”[①]从上述概念中可以看出,网络交易平台经营者只要符合两个要件就可以成立:(1)提供网络经营场所,可以让交易双方或多方发布信息,开展活动。(2)能够生成订单在平台内完成交易。

根据2020年11月5日发布的市场监管总局《关于加强网络直播营销活动监管的指导意见》中明确:“网络平台为采用网络直播方式销售商品或提供服务的经营者提供网络经营场所、交易撮合、信息发布等服务,供交易双方或多方独立开展交易活动的,特别是网络平台开放网络直播推广服务经营者入驻功能、为采用网络直播方式推广商品或服务的经营者提供直播技术服务的,应按照《电子商务法》规定履行电子商务平台经营者的责任和义务。”[②]

综合上述三个概念及其公布时间可以发现,既不可以仅凭“信息发布”就将平台定义为电商平台,因为一些社交内容平台,即使不带货,引流也会承担责任;也不可以将电商平台限定为交易撮合、订单生成,而将插入第三方链接、跳转下单的直播平台排除在外。应当根据个案具体情形判断,依据个案中平台所扮演的角色以及和商家、主播(达人)之间的关系来判断其性质,而平台运营模式是梳理平台法律定位、承担法律责任的基础。总的来说,依据上述定义可以将现行的主流平台分为以下四类:一是以淘宝、京东、苏宁易购为代表的传统电商平台;二是以抖音、快手、小红书、微博为代表的社交/内容+电商平台;三是以B站为代表的内容推广平台;四是以今日头条、腾讯微信、鲁班建站为代表的二类电商平台。本章对上述四类平台,分别选取了淘宝、抖音、小红书、微信、今日头条为分析对象,列举出了平台、主播、商家三方的运营模式,具体见图1-1。

① 《网络交易监督管理办法(征求意见稿)》第一节第6条第2、3款。

② 《市场监管总局关于加强网络直播营销活动监管的指导意见》第2条压实有关主体法律责任,(一)压实网络平台法律责任。

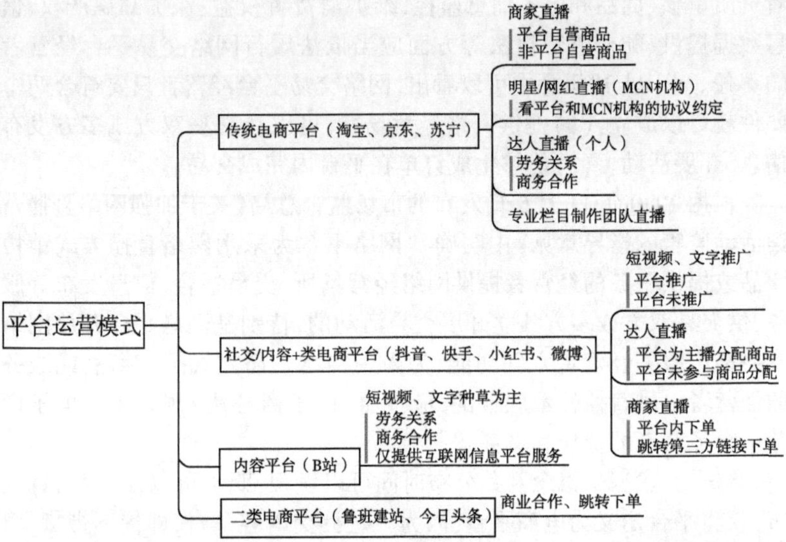

图1－1　平台运营模式

以传统电商平台淘宝网为例，淘宝网在其首页展示了阿里巴巴认证，点击进去便会有免费的淘宝主播培训课程。在其课程中可以得知，淘宝网将主播的申请分为：个人主播申请、商家主播申请、经纪公司直播申请和专业栏目制作团队直播申请，并设置了多种合作方式。依据不同的直播方式以及流量配置（公域、私域）分别设定了分成比例。综合《淘宝直播主播规范》可以将其运营模式及其与主播的关系分为：达人（个人）直播、商家直播、经纪公司直播和专业栏目直播，其中淘宝网的角色依据其与主播签订的协议内容分为商业合作与劳务关系。依据直播产品的来源将其分为自营商品与非自营商品。同时在商业合作下的责任承担还应该依据其利润比例分成进行调整，按照淘宝网的设置一般为阿里巴巴10%，阿里原创平台20%，配置流量的价格另算。根据“利润越大，责任越大”的权责相应原理，如果淘宝网为主播进行流量配置与推广必然要承担更大的责任。

以社交/内容＋电商平台抖音、小红书为例。以社交内容为主的平台通常会先培育达人，带货模式也分为“种草推广”和“引流下单”两种，故而体现出来的就是短视频、文字推广和直播两种，而直播又分为种草直播和可以下单的直播。依据达人的主体不同分为:个人主播、经纪公司申请的主播、平台培养的主播和商家主播。与传统的电商平台不同,社交内容电商平台的推广模式更加多元,平台参与更多,甚至平台与商家之家达成商业合作,平台直接参与到广告内容的分配。而商品来源也与传统电商不同,例如,小红书就有小红书的自营商城。再例如,抖音着力于培养"关键意见领袖"(key opinion leader),并与之签约,在商家合作推广中提供算法支持,匹配相应主播,抖音再依据具体直播的点击量与商品销量与主播分成。所以在认定该类平台的角色定位时,还需要考虑带货广告内容的分配问题,来认定平台、商家、主播三者的关系。① 判断主播与平台之间是商业合作关系还是劳务关系,如若构成劳务关系要依据主播直播商品的内容、地点、时间来判断,此时主播的直播行为定性也会发生改变,可能会涉及职务行为的责任承担问题。

以内容平台B站为例,内容平台往往涉及的用户众多,内容多元,带货方式隐秘,平台审核困难。在B站上,拥有众多粉丝的UP主通常在推荐商品的时候被大家戏称为"恰饭"。该类平台主要体现信息发布的特征,通过短视频、文字的形式种草,抑或是直播中为大家推荐。在这类平台的认定中也要考虑平台、商家及主播三者的关系。考量广告的来源,是主播个人或是经纪公司与商家接洽达成商业合作,平台抽成;还是与平台签约的主播接受平台推广要求完成与商家的合作,那这时候平台与主播可能是合作关系,也可能是劳务关系。也不乏一些小的主播并未与平台签约也未予商家达成协议,仅借助平台发布个人使用感受,这时平台仅仅作为互联网信息服务提供者与用户之间达成互联网信息服务合同,依约履行合同内容。

以今日头条和微信为例,二类电商平台不同于传统的电商平台将商场搬到线上。二类电商平台又叫营销电商,主要是夹杂在信息流之间做广告,其作用是信息发布与推广引流。例如我们平时刷微信朋友圈会出现的广告,或者公众号下面的广告,抑或是今日头条新闻下的营销内容:"点击一下拥有李沁同款水光肌"或者是"滑动弧线为杨幂画上口红"。如果不是右侧的广告暴露了营销文案的本质,你很可能认为是

① 参见吕梅:《抖音直播平台的商业模式创新研究》,载《传媒》2020年第21期。

一个小游戏或者正常的信息。但是当你点击进去就会跳转至商家页面,就可以下单了。二类电商没有固定的店铺,通常只有单一的商品广告,且一直更换。二类电商是通过算法个性化推荐商品,而且一般商品价格不过百,购物流程也很简单,甚至没有在线客服只有直接的电话沟通,还可以货到付款。二类电商主要是靠投放广告挣钱,即使你不购买相应的产品只要点击进去,平台也会获得收益。以今日头条为例,今日头条的二类电商推广是依据巨量鲁班算法而运行的,和传统电商平台不同,鲁班的进入门槛低,只要产品有合法资质,缴纳 2 万元押金就可开通账户,后续只需支付广告费,为售价的 30% ~50%。在认定二类电商平台的法律角色时,更多应该考虑的是平台与商家的商业合作关系和平台在广告法上的定位,以及审核义务。

(二)电商平台的责任形式和义务承担

梳理现今主要平台的运营模式后不难看出,在平台的法律责任与义务方面主要体现在:(1)消费者权益保护方面,依据商品来源平台可能会承担不同的责任;(2)知识产权保护方面,因互联网的特殊性平台可能承担不同的责任;(3)《广告法》上的责任,依据平台、商家、主播关系的变化,可能会承担广告主、广告发布者、广告经营者的责任;(4)《电子商务法》上的责任,主要是针对平台在保护个人隐私和公平竞争方面的责任。本章将针对上述列举的法律关系,从上述四个方面加以分析。

1. 消费者权益保护方面

传统的电子商务平台与新型的社交/内容 + 电商平台、品牌电商平台,都有一个共同的特征那就是搭建经营场所,进行交易撮合,最终完成订单。在交易中最重要的就是消费者权益保护,当消费者因使用购买的商品而发生损害时,责任应当由谁来承担?分析这个问题主要是看平台与消费者之间的关系,是销售者与消费者,还是网络交易平台提供者与消费者之间的关系。

(1)平台自营商品和品牌电商平台

不论是传统电商里面的京东自营还是社交内容电商里面的小红书自营,抑或者是小米商城,消费者在选购自营商品时都加持了对平台的信任与喜爱。此时平台不单提供了交易的平台还提供了商品,从而具有了双重身份。第一重是电子商务平台经营者身份,第二重则是平台内销售产品或提供服务的经营者身份。①

《电子商务法》第37条规定:“电子商务平台经营者在其平台上开展自营业务的,应当以显著方式区分标记自营业务和平台内经营者开展的业务,不得误导消费者。电子商务平台经营者对其标记为自营的业务依法承担商品销售者或者服务提供者的民事责任。”最高人民法院《关于审理涉电子商务平台知识产权民事案件的指导意见》第2条规定了自营商品的判断因素:“人民法院认定电子商务平台经营者的行为是否属于开展自营业务,可以考量下列因素:商品销售页面上标注的‘自营’信息;商品实物上标注的销售主体信息;发票等交易单据上标注的销售主体信息等。”从上述两条规定可以得出,平台在对购买自营商品的消费者进行权益保护的时候,不仅应当承担电商平台的责任,还应当承担商品销售者或服务提供者的责任,平台与消费者的关系也转化为买卖关系,故消费者在权益受损时可以直接向平台追责。

以一个消费者网购合同纠纷案为例,2019年3月,冯某在某平台自营“品牌特卖”频道下单购买了一瓶“德国鱼子酱蛋白粉”,并付款588元。冯某签收案涉商品并食用1个月后,发现案涉商品容器内有白色蠕动小虫。冯某诉至法院,要求某平台退还货款588元,赔偿十倍价款损失5880元。法院裁判:某平台既是案涉跨境电子商务商品的境内提供者,亦是跨境电子商务中个人报关服务的提供者,属于《消费者权益保护法》规定的经营者以及《电子商务法》规定的电子商务经营者。冯某提交的商品实物图片显示,案涉蛋白粉内确有肉眼可见的蠕虫。在冯某已经对案涉商品存在食品安全问题初步举证的情况下,某平台作为案涉商品的销售者,应当举证证明其已履行了作为食品经营者的法定义务,其经营的商品符合食品安全标准。案涉商品保质期2年,冯某发现案涉商品内有蠕虫时,商品尚处于保质期内。在未有证据显示系因冯某自身原因导致案涉商品长虫的情况下,某平台作为经营者,亦应履行法律规定的质量担保义务。因某平台未提交有效证据证明案涉商品在销售前已经出入境检验检疫机构检验合格,故不能认定某平台已尽上述规定的查验义务,应当推定某平台明知案涉商品

① 参见赵旭东:《电子商务法学》,高等教育出版社2019年版,第148页。

存在质量问题。①

(2)非平台自营商品和网红直播带货

直播带货中,相比于平台自营商品,更多的是非平台自营商品,商家与网红合作直播带货。其中最熟悉的就是李佳琦、薇娅、汪涵、李静等一众明星的直播间。大部分商品均为商家提供,主播为其宣传带货。在2020年"双11"狂欢节中李佳琦和薇娅带货超90亿元,在火爆的销量背后也带来了售后服务满意度低,数据造假,恶意刷单等问题。2020年11月20日,中消协发布"双11"消费维权舆情分析报告,通过对10月20日至11月15日期间相关消费维权情况进行网络大数据舆情分析,发现今年"双11"促销活动期间消费负面信息主要集中在直播带货、不合理规则两个方面,并点名汪涵、李雪琴直播带货"翻车"和李佳琦直播间"买完不让换"等。② "打工人"们面对这样的情况,除了向商家、主播追责,平台又该承担什么样的责任呢?

《电子商务法》第58条规定:"国家鼓励电子商务平台经营者建立有利于电子商务发展和消费者权益保护的商品、服务质量担保机制。电子商务平台经营者与平台内经营者协议设立消费者权益保证金的,双方应当就消费者权益保证金的提取数额、管理、使用和退还办法等作出明确约定。消费者要求电子商务平台经营者承担先行赔偿责任以及电子商务平台经营者赔偿后向平台内经营者的追偿,适用《中华人民共和国消费者权益保护法》的有关规定。"从这条规定中不难看出,《电子商务法》的首要目的是保护消费者权益。具体对平台要求了以下几点:

①设立消费者权益保证金

消费者权益保证金,是指电子商务平台经营者为保障消费者权益,要求入驻其平台的经营者提供资金保障,一旦平台内经营者出现违反合同约定等其他损害消费者权益的行为,电子商务平台经营者将直接以保证金弥补消费者的损失。③ 现今消费者权益保证金已成为电商平

---

① 参见广州互联网法院、最高人民法院司法案例研究院:《十大消费者网购合同纠纷典型案例!如何当个"明明白白"的消费者?》,载微信公众号"市场监管半月沙龙"2020年3月27日,https://mp.weixin.qq.com/s/nkFrYo8ktc-1gNeaUKNyWg。

② 参见《汪涵、李雪琴、李佳琦被点名》,载微信公众号"澎湃新闻"2020年11月21日,https://mp.weixin.qq.com/s/XTABHomiBWNy7msCWH34aQ。

③ 参见赵旭东:《电子商务法学》,高等教育出版社2019年版,第145页。

台通行制度之一,主流平台都将缴纳保证金作为商家入驻的条件,例如淘宝,消费者都可以在店铺页面看到商家保证金及其数额。根据淘宝的《消费者保障服务协议》,保证金是以专户形式冻结,专款专用,用于卖家对消费者保障服务承诺以及淘宝网相关规则等的履行和遵守的金钱质押。在冻结期内其支配、使用权均归属于淘宝。如因卖家未履行消费者保障服务承诺而导致买家权益受损,且在买家直接要求卖家处理未果的情况下,平台可结合双方举证情况判断是否扣除相应金额的保证金款项赔付消费者。[①] 综上在消费者权益受损,向商家投诉无果时,可以保存相关凭证上传至淘宝平台,申请淘宝小二介入,最终先行得到赔付。

②明确了平台先行赔偿责任

消费者在选定某一平台进行交易时,通常会考虑平台的地位、口碑、产品定位、售后服务等因素。平台已经影响到交易的全过程,也有能力知悉并掌握交易信息,所以《电子商务法》第 58 条写明可按照《消费者权益保护法》的规定承担责任。消费者通过网络交易平台购买商品或者接受服务,其合法权益受到损害的,可以向销售者或者服务者要求赔偿。在 2015 年 3 月原国家工商总局颁布的《关于完善消费环节经营者首问和赔偿先付制度切实保护消费者合法权益的意见》,也鼓励平台与平台内商家在双方自愿的基础上签订消费者投诉赔偿先付协议,当出现侵害消费者合法权益的行为,商家故意拖延处理或拒绝赔付时,由平台经营者向消费者进行先行赔付。平台赔付后,再依法或者依约定向商家进行追偿。

以寻梦公司和芙比公司纠纷案件为例,法院认为芙比公司与寻梦公司签订的《拼多多平台合作协议》合法有效。根据该协议,芙比公司应知晓寻梦公司有权按照《拼多多发货规则》对商家的虚假发货行为进行处理。即使不考虑赔付金的使用情况,根据双方签订的协议,芙比公司对于因虚假发货而承担违约金的计算标准是认可的。寻梦公司作为电商平台,入驻其平台的电商众多,如果发生虚假发货的现象,对寻梦

---

① 参见上海高院研究室:《互联网司法研究专栏第 5 期/电子商务领域消费者赔付金制度研究》,载微信公众号“中国上海司法智库”2020 年 11 月 18 日,https://mp. weixin. qq. com/s/ceaBXTIBnucx5RBowY2PSw。

公司造成的商誉损失是必然的。从维护交易秩序及安全的角度,协议约定的违约金计算标准并不失当,寻梦公司扣划芙比公司账户金额299,220元合法有据。故法院驳回了芙比公司的诉求。[①]

③平台保存信息、提供信息的责任

电子商务平台不仅仅提供了交易的场所,还记载着交易信息,而这些信息恰恰是消费者在维权时需要但很难保存的数据。一旦商家将此商品下架或是删除了链接,消费者在维权时就很难还原商家宣传的内容,特别是在消费者认为货不对板、虚假宣传的情况下。平台应当利用其优势地位,为消费者的权益保护提供信息支持。《网络交易监督管理办法》第31条规定:网络交易平台经营者对平台内经营者身份信息的保存时间自其退出平台之日起不少于3年;对商品或者服务信息、支付记录、物流快递、退换货以及售后等交易信息的保存时间自交易完成之日起不少于3年。《电子商务法》第31条规定:"电子商务平台经营者应当记录、保存平台上发布的商品和服务信息、交易信息,并确保信息的完整性、保密性、可用性。商品和服务信息、交易信息保存时间自交易完成之日起不少于三年;法律、行政法规另有规定的,依照其规定。"第62条规定:"在电子商务争议处理中,电子商务经营者应当提供原始合同和交易记录。因电子商务经营者丢失、伪造、篡改、销毁、隐匿或者拒绝提供前述资料,致使人民法院、仲裁机构或者有关机关无法查明事实的,电子商务经营者应当承担相应的法律责任。"《消费者权益保护法》第44条第1款规定:"……网络交易平台提供者不能提供销售者或者服务者的真实名称、地址和有效联系方式的,消费者也可以向网络交易平台提供者要求赔偿;网络交易平台提供者作出更有利于消费者的承诺的,应当履行承诺。网络交易平台提供者赔偿后,有权向销售者或者服务者追偿。"综上,传统电商平台抑或是社交电商平台在购买非自营商品的消费者维权时,应积极提供相应的信息协助消费者维护合法权益。如无法提供信息,未尽到信息披露义务的,应当承担连带责任。

以于某诉天猫案为例,法院认为依据《食品安全法》第131条第2款规定:"消费者通过网络食品交易第三方平台购买食品,其合法权益

① 上海市第一中级人民法院民事判决书,(2018)沪01民终10535号。

受到损害的,可以向入网食品经营者或者食品生产者要求赔偿。网络食品交易第三方平台提供者不能提供入网食品经营者的真实名称、地址和有效联系方式的,由网络食品交易第三方平台提供者赔偿。网络食品交易第三方平台提供者赔偿后,有权向入网食品经营者或者食品生产者追偿。网络食品交易第三方平台提供者作出更有利于消费者承诺的,应当履行其承诺。"就本案而言,天猫公司对疆北公司的营业执照、食品经营许可证信息均有备案,并做到了网络交易平台提供者应尽的合理审查、注意义务。并在原告要求下提供了疆北公司的信息,保存了二者的交易记录,尽到了信息披露义务,于某要求天猫公司承担连带赔偿责任的请求缺乏法律依据,法院不予支持。①

④跳转链接的审核义务

与传统电商不同,由于供应链不完善、物流配送能力有限,社交直播平台往往会与传统电商平台合作,在推广中链接第三方平台,引导用户至第三方平台下单。即使仅在直播间中加入外部链接、消费者点击链接会跳转到第三方电商平台进行交易,平台并未直接提供交易场所,但由于直播的内容在该平台发布,其中含有对商品的介绍和推广,该平台也会因为提供了交易撮合和信息发布服务而被认定为电子商务平台。

《网络交易监督管理办法》第20条规定:"通过网络社交、网络直播等网络服务开展网络交易活动的网络交易经营者,应当以显著方式展示商品或者服务及其实际经营主体、售后服务等信息,或者上述信息的链接标识。网络直播服务提供者对网络交易活动的直播视频保存时间自直播结束之日起不少于三年。"当消费者对直播间所购买的产品质量产生争议的时候依旧可以要求平台提供信息或者先行赔付。

第五,鼓励平台建立在线争议解决机制。

网购与线下购物不同,具有虚拟性且数据不易保存,如果采用传统的调解、诉讼、仲裁的方式解决容易出现举证难、成本高以及难以送达的问题。为此具有电子交易组织者、管理者的电子商务平台就拥有了优势的地位和技术,能够高效地处理交易中的矛盾,甚至能够减轻当事

① 北京市第三中级人民法院民事判决书,(2020)京03民终638号。

人的举证责任。为此《电子商务法》也鼓励平台建立在线争议解决机制。《电子商务法》第59条规定:"电子商务经营者应当建立便捷、有效的投诉、举报机制,公开投诉、举报方式等信息,及时受理并处理投诉、举报。"第63条规定:"电子商务平台经营者可以建立争议在线解决机制,制定并公示争议解决规则,根据自愿原则,公平、公正地解决当事人的争议。"

据此,无论是传统的电商平台还是社交+电商平台都可以制定自己的争议解决方式,在线处理争议,例如,淘宝网的ebay在线纠纷解决中心。更快更好地适应电子商务的快速发展,维护消费者权益,提升品牌形象与声誉。

2. 知识产权保护方面

从2013年起,我国已经连续七年成为全球最大的网络零售市场。① 因新冠疫情的影响,2020年上半年,人们的购物方式有了一些改变,传统的面对面线下交易已经慢慢被线上交易所替代。商家的推广模式也发生了相应的改变,直播电商作为新型业态的代表进入我们的生活。截至2020年6月,我国电商直播用户为3.09亿,仅1月至6月直播数量就超1000万场,活跃主播人数超40万,观看人数超过500亿。

以直播、短视频的方式进行推广带货的同时,以特定信息的技术与方式呈现的智力成果和无形财产——知识产权的保护,也受到了诸多挑战。承载着个人特色的短视频、图片编辑模板一旦被传播,人们就可以轻易地予以复制再传播,具有无形性特点的知识产权从一开始就决定了其不能像有形物体一般被占有。基于这种特性,权利人对于自己被侵权的情况很难发现并制止,知识产权的侵权发生概率大大提升且具有隐蔽性。

据传统电商平台阿里巴巴发布的《2019阿里巴巴知识产权保护年度报告》,96%疑似侵权链接一上线即被封杀,消费者举报删除的疑似侵权链接量再降57%,截至2019年9月底的一年内,平台新增活跃用户9000万;96%的知产投诉在24小时内即被处理,阿里知产保护平台的品牌权利人入驻量再增20%;每万笔交易疑似侵权商品量仅1.03

① 参见中国互联网信息中心:《第46次中国互联网络发展状况统计报告》2020年9月,第4页。

笔,5 年内下降 67%。[①] 新型社交 + 电商平台微信也由其法务团队发布《2020 微信品牌保护报告》和《2020 微信版权保护报告》,称 2019 年下半年至 2020 年上半年,微信共向品牌权利人提供超过 410,000 条侵权线索,处理侵权个人账号 71,000 余个,超过 3.5 万个侵权账号被封禁,处理超过 47,000 个侵权公众号和小程序。处理版权侵权信息超 120,000 条。[②]

为此从《电子商务法》的条文内容来看,保护知识产权也是其核心内容之一,一方面第 41 至 45 条就明确了电子商务平台经营者针对知识产权保护所应当承担的义务与责任;另一方面法条的规定也从一定程度上说明电商平台不仅仅是“交易双方的居间人”,还是能够对整个交易环境进行管理与监督的“交易市场管理者”。[③] 在相关的法条中,电子商务平台经营者对知识产权保护负有的义务和承担的责任有以下几项。

(1)电子商务平台经营者知识产权保护义务

第一,信息管理义务。

依据《电子商务法》第 27 条的规定:“电子商务平台经营者应当要求申请进入平台销售商品或者提供服务的经营者提交其身份、地址、联系方式、行政许可等真实信息,进行核验、登记,建立登记档案,并定期核验更新。……”电子商务平台应就所有入驻的平台内经营者予以信息登记,还应审查信息的完整性与真实性,并定期更新。《网络交易监督管理办法》第 25 条也明确了,网络交易平台经营者应当在每年 1 月和 7 月向住所地省级市场监督管理部门报送平台内经营者的身份信息。

在知识产权方面,依据 2020 年 11 月 9 日发布的《电子商务平台知识产权保护管理》(GBT 39550—2020)的规定,不仅要求平台内经营者

---

① 参见《阿里发布 2019 知识产权保护年报　引入区块链助力产权保护》,载微信公众号“知识产权进行时”2020 年 1 月 3 日,https://mp. weixin. qq. com/s/0AeXVXqzze1yFt - WR4Zuyw。

② 参见《2020 微信品牌保护报告》《2020 微信版权保护报告》,载微信公众号“知识产权那点事”2020 年 11 月 25 日,https://mp. weixin. qq. com/s/PEgGtmca3Vq3 - 3mlHhSq4w。

③ 参见张楚、郭斯伦:《网络与电子商务法教程》,首都经济贸易大学出版社 2005 年版,第 33 页。

提供身份证明还要提供知识产权合规承诺，还要对其提供的商品或服务所展示的知识产权信息，确保拥有合法权益，包括但不限于知识产权相关标识信息，例如专利号，展示信息，例如专利证书，以及合规性承诺。

第二，建立知识产权保护制度。

虽然知识产权的侵权常常发生在平台内经营者与知识产权权利人之间，但是网络侵权取证难，固证更难。为了及时保护权利人利益，防止损失范围的扩大，就需要平台建立知识产权保护制度。《电子商务法》第 41 条就明确了“电子商务平台经营者应当建立知识产权保护规则，与知识产权权利人加强合作，依法保护知识产权”。《电子商务平台知识产权保护管理》（GBT 39550—2020）中也规定，电子商务平台经营者应建立知识产权管理制度，包括投诉举报机制、纠纷解决机制、信用评价机制。① 平台建立对知识产权的保护和管理机制，不仅可以提升对权利人的保护，还可以将投诉、举报材料作为处罚的依据，而且还可以通过管理制度威慑潜在侵权人，提升了平台的形象，增强了平台内创作者的信心与活力。

第三，通知—删除义务。

“通知—删除”义务是网络平台最耳熟能详也是最核心的义务，也被称作“避风港原则”。“避风港原则”体现了网络信息服务提供者面对纷繁复杂的信息，很难对每一条信息的内容予以审核，且它并没有从侵权行为中获得直接的利益，依据权利义务相对等的原则，它不应承担过重的审核责任。同时，赋予网络信息服务提供者过高的注意义务也会增加运营成本，从而阻碍其发展。

从法条规定来看，自 2010 年《侵权责任法》（已失效）第 36 条中规定“网络用户利用网络服务实施侵权行为的，被侵权人有权通知网络服务提供者采取删除、屏蔽、断开链接等必要措施”，到后面陆续出台的《信息网络传播权保护条例》《电子商务法》《民法典》和最高人民法院颁布的《关于涉网络知识产权侵权纠纷几个法律适用问题的批复》和《关于审理涉电子商务平台知识产权民事案件的指导意见》，在立法与

① 参见《电子商务平台知识产权保护管理》（GBT 39550—2020），4.2 管理制度。

司法层面明确了平台的“通知—删除”义务。其运行模式为：知识产权权利人得知权利受到侵害后有权通知相关平台——平台审核权利人提出的初步证据——转送平台内经营者——平台内经营者未提交不存在侵权的反通知——平台采取删除、断开连接等必要措施。在《电子商务平台知识产权保护管理》(GBT 39550—2020)中要求的侵权通知内容包括：知识产权权利证明，权利人的真实身份和联系方式，能够定位涉嫌侵权的商品、服务或内容的信息或网址，通知真实性的书面保证和构成侵权的初步证据。[①] 平台依据侵权通知内容的准确程度等综合判断也需要一个合理期限，现在的规定中均未对此期限予以列明，应结合具体案情综合判断。同时，没有及时采取必要措施而导致损害扩大的平台应当对扩大部分承担连带责任。现在有些学者对平台是否具备判断侵权与否的专业能力产生怀疑，认为网络服务提供者并不具备相关的专业能力，在过于严苛的法律规则之下会滋生类似“疑罪从有”的倾向，为免除责任而尽量阻止疑似侵权的活动。[②]

第四，反通知—救济义务。

真正权利人的通知反通知制度的存在，可能会有为了谋取不正当利益不真实或恶意地发出通知的情况。《电子商务法》第 42 条规定：“……恶意发出错误通知，造成平台内经营者损失的，加倍承担赔偿责任。”但该法条没有写明如何认定恶意通知。2019 年 12 月浙江高院发布的《涉电商平台知识产权案件审理指南》中列明了四点分别为：伪造、变造权属证明；明知权利状态不稳定仍发出通知；通知错误后不撤回不更正；提供虚假鉴定意见。《电子商务平台知识产权保护管理》(GBT 39550—2020)中还加上了一条：反复提交错误通知。平台可记录相关信息，对投诉次数多，时机特殊的提高其后续发出通知的门槛，设置次数和特定时间的监控与记录。以某公牛公司反复投诉案为例，法院认为权利人发现疑似侵权商品后，基于合理怀疑，可向淘宝公司等有关机构投诉，这是维护其自身权益的重要手段，但权利人在投诉时应避免重

① 参见《电子商务平台知识产权保护管理》(GBT 39550—2020)，4.3.1.2 侵权通知的通用要求。

② 参见王迁：《对电商平台间接侵害商标权的认定》，载中国法学网 2020 年 11 月 29 日，http://www.iolaw.org.cn/showNews.aspx? id = 51304。

复投诉、不当投诉等行为给他人造成损失。两被告在原告叶某申诉后主动撤诉的情况下又多次投诉,给原告叶某的正常经营带来负面影响,存在过错。且结合多次投诉的内容来看,重复投诉缺乏合理性,故应结合商品的型号数量、侵权人的过错程度及原告合理支出予以赔偿。①

第五,公示义务。

公示是指为了保护消费者的知情权,监督平台的经营活动,平台经营者及时对社会公众公布侵权的情况、声明及结果的行为。根据《网络交易监督管理办法》第30条的规定:网络平台经营者采取处理措施的,应当在决定作出之日起1个工作日内予以公示,且相关信息应当持续公示至处理措施实施期满之日止。这里可以看出法条要求平台做出的应当是动态的公示,是当事情没有得到结果的时候,平台将每一步处理都要进行公示。这样使信息不对称的消费者可以及时看到相关商家的信誉状况。如果消费者在侵权处理过程中并没有看到这样的信息,可能就会加大权利人所受的损失。

第六,防止损失扩大的义务。

防止损失扩大的义务就是指电子商务平台经营者知道或者应当知道平台内经营者侵害知识产权的,应当根据权利的性质、侵权的具体情形和技术条件,以及构成侵权的初步证据、服务类型,及时采取必要措施。② 这一义务体现了平台的管理责任,同时也是为了防止平台滥用"避风港原则"规避责任导致权利人受到的损害进一步扩大,又叫"红旗原则"。"红旗原则"最早出现在1988年美国《千禧年数字版权法》中,它是指若侵权事实像红旗一样飘扬,是显而易见的,网络服务提供者就不能凭借"不知和不应知"而免责。③

"红旗原则"的适用前提是平台"知道"或者"应当知道"侵权事实的存在。如何判断"知道"或者"应当知道"呢?"知道"可以从平台收到权利人合格通知,或者收到消费者投诉、行政部门通知来认定。应当知道则主要是平台应当或能够注意到侵权行为的存在而体现出的合理注意义务。在2020年9月10日发布的最高人民法院《关于审理涉电子

① 浙江省宁波市慈溪市人民法院民事判决书,(2016)浙0282民初12088号。

② 最高人民法院《关于审理涉电子商务平台知识产权民事案件的指导意见》第3条。

③ 参见赵旭东:《电子商务法学》,高等教育出版社2019年版,第164页。

商务平台知识产权民事案件的指导意见》中载明：电子商务平台经营者存在下列情形之一的，人民法院可以认定其“应当知道”侵权行为的存在：①未履行制定知识产权保护规则、审核平台内经营者经营资质等法定义务；②未审核平台内店铺类型标注为“旗舰店”“品牌店”等字样的经营者的权利证明；③未采取有效技术手段，过滤和拦截包含“高仿”“假货”等字样的侵权商品链接、被投诉成立后再次上架的侵权商品链接；④其他未履行合理审查和注意义务的情形。综上所述，我们在实践中可以依据平台经营类型、算法的完善程度、相关技术人员的水平、制度构建的完善以及具体侵权行为的频率等综合判断。以中青文化诉百度案为例，法院认为百度是否构成帮助侵权的关键在于是否具有明知或者应知的过错，且未及时采取必要措施。中青文化作为权利人，在起诉前并未向百度公司发出“通知”，百度不能够准确定位涉案侵权文档和涉案侵权 App，不能当然认定百度公司主观上存在“明知”的过错。根据最高人民法院《信息网络传播权规定》第 9 条的规定，认定网络服务提供者对于网络用户利用其网络服务实施的侵权行为是否应知，其核心在于确定网络服务提供者是否尽到了应尽的合理注意义务。考虑到涉案作品的知名度、侵权的数量及下载次数，百度所具有的管理能力应当予以注意。故百度具有“应知”的过错，认定构成帮助侵权。①

(2)电子商务平台经营者承担的法律责任

一般而言，平台不直接实施侵权行为，且平台所处理的信息量巨大，大多承担“通知—删除”义务即可。但是如果平台明知或应当知道侵权行为的存在，依旧放任其发生并扩大损害结果的范围，那么平台就应当构成共同侵权，承担连带责任。

最高人民法院《关于涉网络知识产权侵权纠纷几个法律适用问题的批复》第 2 条规定：“网络服务提供者、电子商务平台经营者收到知识产权权利人依法发出的通知后，应当及时将权利人的通知转送相关网络用户、平台内经营者，并根据构成侵权的初步证据和服务类型采取必要措施；未依法采取必要措施，权利人主张网络服务提供者、电子商务

① 最高人民法院民事判决书，(2018)最高法民再 385 号。

平台经营者对损害的扩大部分与网络用户、平台内经营者承担连带责任的,人民法院可以依法予以支持。”其中第3条将平台处理的“合理期限”规定为“不超过20个工作日”。

以刘女士起诉快手公司案为例,法院认为刘女士提供的现有证据不足以证明快手公司有偿推广了本案所诉的涉案视频。涉案视频是利用刘女士肖像与陌生男子拼凑为情侣、加之不当配乐构成的侵权视频,是基于算法进行推送,快手公司关于事前无法主动通过技术手段屏蔽的抗辩理由合理,不应承担连带责任。但是快手公司在接到刘女士发送的律师函后处理时间与接到行政机关通知采取措施的时间反差极大,不应认定为及时履行删除义务。同时本案中侵权人借助快手平台发布明显带有侮辱性的言论,应当可以被快手公司加以屏蔽或及时发现并删除。故应认定快手公司对部分侵权行为构成明知,未采取必要措施,应承担连带责任。①

3. 平台在《广告法》中的定位及法律责任

互联网平台无论是社交、直播平台还是传统电商平台最大的收入来源就是投放广告。人们购买商品、获得资讯的方式也是广告宣传。2019年中国市场互联网广告总收入约4367亿元,年增长率为18.2%。电商平台为最主流的广告渠道,收入占比1/3,其中阿里巴巴的广告收入就达1000亿元以上,字节跳动、百度、腾讯这三家社交平台、搜索引擎平台收入在500亿至1000亿元。② 如何定位平台在广告中的角色,明确平台责任而保证其长远健康的发展呢?在分析平台的法律责任之前主要先厘清平台在具体广告中的行为,定位角色,最终确定应承担的相应的法律责任及义务。在《广告法》中,平台作为一个法人能够涉及的角色有广告主、广告经营者、广告发布者、互联网信息服务平台这四种。接下来就分析平台出现在广告中的角色,再对应其权利义务最终定位责任。

(1)互联网广告主的认定及法律责任

还记得每一次打开微信或升级微信的第一张图吗?那就是微信的广告,一张独属于微信的广告图,既是微信的象征,也是它的宣传,每次

---

① 北京市第四中级人民法院民事判决书,(2020)京04民终53号。

② 参见中关村互动营销实验室:《2019中国互联网广告发展报告》,第8页。

版本升级后图片细小的变化都会引起大家的关注，这便达到了广告的效果。平台利用自己的网站为自己发布广告的例子不在少数，不仅仅是网站还有可能是官方微信公众号、小程序等。这时广告主利用自己的广告部门设计、制作广告，广告主的身份就会吸收广告经营者的身份。有时虽外包设计但是会利用自身平台或拥有合法使用权的互联网媒介发布，那么广告主和广告发布者的身份就会重合，广告发布者的身份就被吸收了，就只需要承担广告主的法律责任与义务。《广告法》第2条规定：广告主是指为了推销商品或者服务，自行或者委托他人设计、制作、发布广告的自然人、法人或者其他组织。从小到大我们接收广告的途径从电台广播到电视再到今天的互联网，但不论途径怎么改变，广告主的认定都是没有改变的。所有的广告呈现都是围绕着广告主的需求，为了推销商品和服务，所以广告主的认定是最简单也是最基础的法律角色。

根据《互联网广告管理暂行办法》第10条的规定，当平台在网站上为自身打广告的时候应当承担的互联网广告主的责任有：第一，确保广告的真实性，当消费者因虚假宣传而受到损害时，广告主应当承担责任。例如2020年6月10日，“口红一哥”李佳琦在其直播间和名为“李佳琦专属店”的天猫网店宣传菲诗蔻洗发水具有防脱发的功能，随后被消费者举报公司无法提供该功能的相关证书证明，随后被上海市崇明区市场监督管理局以“发布虚假广告”为由，罚款一万元。[①] 第二，广告主发布互联网广告需具备的主体身份、行政许可、引证内容等证明文件，应当真实、合法、有效。证明自身合法定位也是对消费者及广告相对方的保护，毕竟广告主是第一责任人。

(2)互联网广告经营者、广告发布者的认定及其法律责任

除了广告主，平台最主要也是最常见的身份就是互联网广告经营者和广告发布者。例如平台接受商家的委托为其制作广告，为其分配合适的产品主播、进行推广；或者是平台与主播之间达成商业合作协议，按照商品销售量进行分成；平台与MCN机构签订协议帮助其配置

① 参见《李佳琦店铺虚假宣传！被罚10000元》，载中青网2020年12月2日，https://search. weixin. qq. com/k/RlJXXFNAblldRlZYRlVZbU5aREZSaUdQUlFlRVVQb1dbXFQ2VSFdViRvXQ? scene = 3#wechat_redirect。

流量合理推广等。只要平台参与到广告的设计、制作,平台就是广告经营者。同理,按照《互联网广告管理暂行办法》第 11 条的规定,能够在推送前核对广告内容,有权决定是否推送并且实施推送行为的,就是互联网广告发布者。现在主流的电商平台或者社交、直播平台都会对主播进行岗前培训,禁止一些词汇的输入,通常社交平台也会对用户在平台上发布的内容进行审核。综上,只要直播或短视频内容属于商业广告,平台都是互联网广告发布者。

2020 年 11 月 5 日国家市场监管总局在"双十一"前发布了《关于加强网络直播营销活动监管的指导意见》对提供直播服务的网络社交平台也予以规制,其中规定:"网络平台为商品经营者(含服务提供者)或网络直播者提供付费导流等服务,对网络直播营销活动进行宣传、推广,构成商业广告的,应按照《广告法》规定履行广告发布者或广告经营者的责任和义务。"进一步明确了平台的广告发布者或经营者的主体地位,该文件还强调了要依据网络平台是否参与分佣、运营等情况承担《电子商务法》中电商平台的责任与义务。

结合上述法律法规,网络平台作为广告发布者、广告经营者应当承担的法律义务和责任包括:第一,依法订立书面合同,这是对广告经营者、广告发布者广告活动中的形式要件要求。第二,不得设计、代理、制定、发布虚假广告,欺骗或误导消费者。明知或者应知广告虚假仍设计、制作、代理、发布或者作推荐、证明的,应当与广告主承担连带责任,后果严重的可能还会涉及虚假广告罪等刑事责任。第三,建立互联网广告业务的承接、审核、档案管理制度。广告经营者、广告发布者应当就每单广告业务的广告样稿、广告证明文件、广告合同、发票等建立档案,保存期限不得少于两年。① 第四,审核并查验登记广告主的真实名称、地址和有效联系方式,建立档案并定期核实更新。第五,查验有关证明文件,核对广告内容,对内容不符或者证明文件不全的广告,不得设计、制作、代理、发布。② 第六,配备熟悉广告法规的广告审查人员;有条件的还应当设立专门机构,负责互联网广告的审查。③ 第七,标明广

① 《浙江省广告管理条例》第 16 条。
② 《互联网广告管理暂行办法》第 12 条。
③ 《互联网广告管理暂行办法》第 12 条。

告信息，并设置一键关闭功能不得影响用户正常使用。第八，如广告含有链接，应当一并审核下一级链接中所含内容。第九，协助、配合广告监督和管理工作并根据市场监督管理部门的要求，及时采取技术手段保存涉嫌违法广告的证据材料，如实提供广告相关方的真实信息及联系方式。以福州弹窗广告无法一键关闭案为例，2018 年《广告法》（已修正）第 44 条第 2 款之规定："利用互联网发送广告，不得影响用户正常使用网络。在互联网页面以弹出等形式发布的广告，应当显著标明关闭标志，确保一键关闭。"第 63 条第 2 款之规定："违反本法第四十四条第二款规定，利用互联网发布广告，未显著标明关闭标志，确保一键关闭的，由市场监督管理部门责令改正，对广告主处五千元以上三万元以下的罚款。"福州市市场监管局决定责令当事人停止违法行为，消除影响，并对其做出罚款 11,000 元的行政处罚。① 以上就是平台最常见的广告法律关系中广告经营者与发布者的认定与法律责任分析。

（3）互联网信息服务提供者

互联网信息服务提供者是互联网平台在履行基本功能时最基础的身份，仅提供信息技术服务而不参与互联网广告经营活动。常见的有百度、腾讯、淘宝等平台，对绝大多数普通用户提供的都是这项服务，属于第三方信息平台。例如个人用户在平台上通过分享使用感受、软文等方式对商品或服务进行推荐。平台一般难以识别该类内容，也并未对其内容进行有偿推广或流量配置，这时平台并没有参与到商业广告的运营之中，就是单纯的互联网信息平台提供者。但平台的地位也不是一成不变的，只要它参与了广告的推广，用户购买了程序化推广服务的，平台的身份就会成为广告经营者或发布者。

由于该类信息相比于有偿提供的广告服务而言是庞大且难以识别的，依据权利义务相对等的原则，此时平台作为互联网信息服务提供者的法律义务与责任，相比于作为广告经营者、发布者来说小得多。在《广告法》和《互联网广告管理暂行办法》中都只要求平台承担"避风港原则"下的责任，只有在明知和应知的情况下，对于违法发布的广告，应当予以删除与制止。

---

① 福州市场监管：《案例分析｜弹窗广告无法一键关闭，予以查处》，载微信公众号"福州市场监管"2020 年 10 月 30 日，https://mp.weixin.qq.com/s/csIxDEl3vLpVxukPDcAljg。

4. 平台在《电子商务法》中应当承担的法律责任

《电子商务法》第5条除了涉及上文所列举的消费者权益保护、知识产权保护等，还列明了要对网络安全与个人信息进行保护，还要遵循公平、诚信的原则，公平参与市场竞争。这不仅是对电子商务平台内经营者的要求也是对电子商务平台的要求。

(1)平台需保护个人信息

在人们享受着大数据给我们带来的个性化、精准推荐的红利时，个人信息泄露的事件也充斥在耳边，雅虎2亿用户数据泄露，中国电信2亿用户数据被卖出，连锁酒店2000多万条开房信息遭泄露，新浪微博5.38亿用户信息在暗网出售，每一件都与我们自身利益相关。小则被骚扰电话、短信填满手机，大则被诈骗钱财甚至付出生命的代价。

我国2017年6月正式施行的《网络安全法》第4章对个人信息的收集、使用、保护、更正、删除都予以了明确的规定。① 2020年11月《个人信息保护法》第5至9条也明确了处理个人信息要遵循合法、合理、公开、正当的原则。第13条至第18条确立以"告知—同意"为核心的个人信息处理一系列规则，要求处理个人信息应当在事先充分告知的前提下取得个人同意，并且个人有权撤回同意；重要事项发生变更的应当重新取得个人同意；不得以个人不同意为由拒绝提供产品或者服务。② 第51条至第59条明确个人信息处理者的合规管理和保障个人信息安全等义务，要求其按照规定制定内部管理制度和操作规程，采取相应的安全技术措施，并指定负责人对其个人信息处理活动进行监督；定期对其个人信息活动进行合规审计；对处理敏感个人信息、向境外提供个人信息等高风险处理活动，事前进行风险评估；履行个人信息泄露通知和补救义务等。③ 除了民事法律，《刑法》第253条之一也规定了侵犯公民个人信息罪。以陈某华侵犯公民个人信息案为例，法院根据事实判处被告人陈某华有期徒刑四年三个月，并处罚金人民币一百万元。综上，平台应当加强对个人信息的保护，遵循在合理合法的范围内，最

---

① 参见《网络安全法》第41～44条。

② 参见《个人信息保护法》，载中国政府网，http://www.npc.gov.cn/npc/c30834/202108/a8c4e3672c 7449/a80b53a172bb753fe.shtml。

③ 参见《个人信息保护法》第51～59条。

小化的收集信息，明确个人信息的使用范围，并在《隐私协议》中作出明显的提示。每一次协议的更改与信息收集、使用范围的改变都要予以公示。加强企业防火墙的安全系数，加强员工培训。构建用户个人信息保护机制，同时还要加大信息泄露的内部处罚机制，做到每一条信息的来源和使用读取路径都可追溯。如果发生个人信息泄露、丢失的情况的，应及时采取补救措施，积极应对，并向有关主管部门报告。

（2）平台需保证公平竞争

2020年11月10日，在“双11”大战前夕市场监管总局起草了《关于平台经济领域的反垄断指南（征求意见稿）》向社会公开征求意见，其中主要涉及电商平台“二选一”的问题。随之阿里巴巴、美团、京东的股价都随之狂跌。其实这一规制不仅在征求意见稿中出现，《反垄断法》《反不正当竞争法》中也有相关规定。《电子商务法》第35条的规定：“电子商务平台经营者不得利用服务协议、交易规则以及技术等手段，对平台内经营者在平台内的交易、交易价格以及与其他经营者的交易等进行不合理限制或者附加不合理条件，或者向平台内经营者收取不合理费用。”根据《网络交易管理办法》第32条的规定“网络交易平台经营者不得违反《电子商务法》第35条规定，平台内经营者在平台内的交易、交易价格以及其与其他经营者的交易等进行不合理限制或者附加不合理条件，干涉平台内经营者的自主经营”。《上海市反不正当竞争条例》第16条也列举了不正当竞争行为的六种主要表现：未经其他经营者同意，强制进行目标跳转；误导、欺骗、强迫用户修改、关闭、卸载或者无法获取其他经营者合法提供的网络产品或者服务；恶意实施不兼容行为；无正当理由实施拦截、关闭等干扰行为；违背用户意愿下载、安装、运行应用程序；对非基本功能的应用程序不提供卸载功能或设置卸载障碍。以上内容均有可能在一定程度上被用作电商平台“二选一”或其他限制用户选择的行为的违法性判断依据。①

平台“二选一”行为本质上是独家交易。独家交易是商事活动中广泛运用的纵向限制，即两个企业间订立协议，其中一方对另一方承诺，

---

① 参见高俊、周杨洁：《〈上海市反不正当竞争条例〉为电商行业有序竞争再添指引》，载微信公众号“中伦视界”2020年11月4日，https://mp.weixin.qq.com/s/bHyH9BFBLJHGvoCRotbKfg。

在某个市场或者某个领域只与对方进行交易，而不与对方的竞争对手进行交易。[①] 京东诉天猫及阿里滥用市场支配地位“二选一”第一案也即将开庭，作为拥有58.2%市场份额的阿里巴巴对商家的限制是否属于滥用市场支配地位？根据反垄断法的传统观点，当交易一方市场份额大于30%就会产生限制竞争的效果。但线上不同于线下购物，消费者使用或者选择一个App可以轻松地在手机上完成切换，即使平台内部或者之间存在很多商户的竞争也不会影响到消费者的购买，是否应遵循传统法律上市场份额的判断存在一定争论。[②]

四、侵犯公民个人信息罪的述与评

个人信息所具有的“三性”即法益性、映射性和真实性决定了个人信息的本质和范围；公民概念的坚守源于文义解释的要求，但并不意味着他国公民得不到我国刑法的平等保护，公民个人信息的深入探讨有助于厘清侵犯公民个人信息罪的对象。“违反国家有关规定”和“违反国家规定”存在立法上的区别，基于刑法秩序内外的一致性和协调性，应将“违反国家有关规定”限定于法律、行政法规和国务院部门规章。作为法定犯，侵犯公民个人信息罪必须与前置性法律法规保持协调统一。立法的从重、从严和从快初步构建了规制个人信息犯罪的法律体系，但我们应从危害行为类型、主体身份和前科情况、信息用途和主观不法、危害后果和情节要素的角度认识和坚守罪与非罪的边界。

由于愈演愈烈的侵犯公民个人信息和电信诈骗的违法犯罪态势，法律对于个人信息的保护力度与日俱增，并逐渐构建了保护个人信息的法律体系。2009年的《刑法修正案(七)》首次将公民个人信息纳入刑法保护，在第253条之一规定了出售、非法提供公民个人信息罪和非法获取公民个人信息罪两个新罪名。2015年的《刑法修正案(九)》加大了防治公民个人信息犯罪的力度，将“出售、非法提供公民个人信息

① 参见王晓晔：《反垄断法》，法律出版社2011年版，第148页。

② 参见袁波：《电子商务领域“二选一”行为竞争法规制的困境及出路》，载《法学》2020年第8期。

罪”和“非法获取公民个人信息罪”融合为“侵犯公民个人信息罪”；扩大了出售、非法提供公民个人信息罪的主体范围，不再局限于“国家机关或者金融、电信、交通、教育、医疗等单位的工作人员”；降低了出售、非法提供公民个人信息罪的入罪要求，将原先的“违反国家规定”修改为“违反国家有关规定”；删减了非法获取公民个人信息罪的犯罪构成要件，去掉了原有的“情节严重”的要求等。2016 年的《网络安全法》在第 40～44 条集中规定了个人信息的保护制度，比如第 44 条就规定：“任何个人和组织不得窃取或者以其他非法方式获取个人信息，不得非法出售或者非法向他人提供个人信息。”《民法典》在第 111 条规定：“自然人的个人信息受法律保护。任何组织和个人需要获取他人个人信息的，应当依法取得并确保信息安全，不得非法收集、使用、加工、传输他人个人信息，不得非法买卖、提供或者公开他人个人信息。”2017 年 6 月 1 日起，最高人民法院、最高人民检察院《关于办理侵犯公民个人信息刑事案件适用法律若干问题的解释》（以下简称《公民个人信息刑事解释》）正式施行，涉及公民个人信息的范围，侵犯公民个人信息罪的定罪量刑标准以及侵犯公民个人信息犯罪相关的犯罪竞合、单位犯罪和数量计算等重要问题，并引发侵犯公民个人信息罪的热议，值得我们对此展开进一步的探讨。

（一）侵犯公民个人信息罪的对象问题

1. 个人信息的性质和范围

自侵犯公民个人信息入罪以来，学界对于“公民个人信息”概念的争论从未停止过。顾名思义，公民个人信息是指能够识别出公民个人身份和情况的信息，通常包括身份信息、征信信息、财产信息、通信信息、生理信息等。学界对此的争论主要有以下几种观点：第一，公民个人信息应指以任何形式存在并与公民个人相关的信息，包括身份信息、财产信息和隐私信息等。第二，公民个人信息应指与公民个人直接相关、能够反映公民局部或整体特点并具有法律保护价值的信息，包括反映个人生理、身份、经历、家庭、财务、识别代码等情况的信息。第三，公民个人信息应是本人不希望为他人所知晓并存在法律保护价值的信息。[①] 在《公

① 参见张磊：《司法实践中侵犯公民个人信息犯罪的疑难问题及其对策》，载《当代法学》2011 年第 1 期。

民个人信息刑事解释》出台之前，有关公民个人信息范畴的权威解释来自2013年最高人民法院、最高人民检察院和公安部联合发布的《关于依法惩处侵害公民个人信息犯罪活动的通知》，认为侵犯公民个人信息罪的“公民个人信息”是指“以电子或者其他方式记录的能够单独或者与其他信息结合识别特定自然人身份或者反映特定自然人活动情况的各种信息。”由此，我们可以归纳出个人信息的性质，并在性质的基础上对范围有所限制，而非不加辨别地对所有与个人相关的信息都一视同仁。

首先，个人信息应具有法益性。在立法层面，刑法所保护的利益即法益决定了刑事违法性的规范，如果说《刑法修正案（七）》对本罪犯罪主体的限制体现了公权主体对公民个人信息的保管义务，那么如今侵犯公民个人信息罪所侵害的是公民个人信息得到合法采集、流通和使用的权利。《刑法》第253条之一的规定位于“侵犯通信自由罪”和“私自开拆、隐匿、毁弃邮件、电报罪”之后，体现了侵犯公民个人信息罪所保护的法益应是与上述罪名相似的公民人格尊严和个人信息自由。因此，个人信息本身应与人格尊严和信息自由具有一定程度上的同质性和关联性。

其次，个人信息应具有映射性。在数学里，映射是指两个元素的集合之间元素相互“对应”的关系。个人信息和个人的身份状况或活动情况之间也需要具备一定的映射关系。侵犯公民个人信息罪中的“信息”是指能单独或与其他信息结合后识别特定自然人身份或反映特定自然人活动情况的信息。能够单独识别特定自然人身份的信息当属个人信息无疑，然而如何判断与其他信息结合后能够识别身份的“信息”是否属于个人信息将是司法实践必须面对的问题。在大数据时代的信息环境中，因为信息“记录而有用，而非有用而记录”成了一种行业常态和发展趋势。通过数据清理、数据集成、数据转换以及数据规约的一系列技术处理，原本与自然人身份或活动情况并不直接相关甚至相距甚远的信息也可以具有一定的识别功能。“应当认为，即便只是个人的非敏感信息，但这些针对特定主体、有明确目的收集的信息，实际上与家庭地址、电话号码等敏感信息具有同样重要的价值。小数据甚至比传统的个人档案还要详细，它从睡眠、饮食、出行、作息等方面事无巨细地记录了一个人，如果用于诈骗、敲诈勒索、绑架、盗窃等犯罪，会带来巨大危害……有针对性和特定性的个性化数据记录完全能够实现从一般数据到个人核心信息的转化。”[①]因此，我们需要在个人信息的识别性上加以进一步阐明，正确理解“结合”的技术应用范畴，理应让个人信息的单独识别和结合识别产生对个人信息范围的解释作用和限制作用。反映特定自然人活动情况的信息包括行踪轨迹、住宅信息、开房信息以及其他具备地理定位属性的信息。在《公民个人信息刑事解释》出台之前，对于行踪轨迹是否属于公民个人信息尚有较大的争论，有学者就认为即使在《刑法修正案（九）》实行之后，个人的日常行踪等动态情况仍然不能认定为刑法中的公民个人信息，因其不具有公民个人信息的“强识别性”和“法益关联性”。同时，公民个人信息不仅需要具备一定的可识别性，还应根据刑法的谦抑性对其范围进行合理的限缩。[②] 但是，由于侵犯公民个人信息犯罪处于高发态势，而且与电信网络诈骗、敲诈勒索、绑架等犯罪呈合流态势，《公民个人信息刑事解释》将反映自然人活动情况的信息也归入“公民个人信息”的范围当中，符合信息时代中对个人关键信息加强保护的未来要求。

最后，个人信息应具有真实性。《公民个人信息刑事解释》根据个人信息的用途、数量和种类等情节要素来认定“情节严重”，但对于信息真实性及其举证责任的分配缺乏足够的说明。现行司法实践中，由于个人信息数量往往巨大，如果逐一认定个人信息是否真实则需要巨大的司法资源，因此司法机关往往对个人信息真实性不予以直接举证证实。但是无论基于“映射性”所内含的真实性要求，还是在窃取、收买、非法提供信用卡信息罪中司法机关对信用卡信息真实性的举证实践，都要求司法机关理应旗帜鲜明地重视个人信息的真实性问题，对于虚假的个人信息，如符合“虚构事实，隐瞒真相”以谋求非法利益的构成要件，则可以诈骗罪加以处理，否则应予以剔除。

---

① 李源粒等：《大数据时代数据犯罪的制裁思路》，载《中国社会科学》2014 年第 10 期。

② 参见叶良芳、应家赟：《非法获取公民个人信息罪之“公民个人信息”的教义学阐释》，载《浙江社会科学》2016 年第 4 期。

2. 公民的性质和范围

理论界和实务界对于侵犯公民个人信息罪中“个人信息”的性质和范围聚讼不已,但对于“公民”的概念却缺乏足够的重视。对于公民个人信息是否可以包含外国自然人的个人信息是一个值得研究的问题。

首先,我国《刑法》第 7 条“属人管辖权”规定:“中华人民共和国公民在中华人民共和国领域外犯本法规定之罪的,适用本法,但是按本法规定的最高刑为三年以下有期徒刑的,可以不予追究”;第 8 条“保护管辖权”规定:“外国人在中华人民共和国领域外对中华人民共和国国家或者公民犯罪,而按本法规定的最低刑为三年以上有期徒刑的,可以适用本法,但是按照犯罪地的法律不受处罚的除外。”可见,在我国刑法规范中,公民、外国人和自然人不会在具体语境中混为一谈。

其次,作为公法上的概念,公民是指具有一个国家国籍并享有其全部权利和承担其全部义务的自然人。有研究者认为,出于平等保护个人信息的需求和维护外国人在华的权益,我们理应借鉴“公民”概念在民法中的使用方式,宜把“公民”扩张解释为“自然人”,认为既可节约立法成本,也不会伤害民众预期。[①] 但是,在公法上,“公民”具有自身显著的特定含义。我国《宪法》第 33 条规定,具有中华人民共和国国籍的自然人才是所谓的“公民”。我国《刑法》第 376 条规定“战时拒绝、逃避服役罪”规定,公民战时拒绝、逃避服役,情节严重的,处二年以下有期徒刑或者拘役。因此,将《刑法》中的“公民”扩张解释为“自然人”将会明显突破“公民”的核心语义范围,不符合《刑法》文义解释的基本原理。

最后,公民个人信息可以通过其他方式解释为包含外国自然人的个人信息。侵犯公民个人信息的行为并不会专门指向本国公民,我们并没有理由在司法个案中对本国公民和他国公民的个人信息进行区别对待,“所以在个人信息的保护上,对受到不法侵犯的中国公民或外国人,都应当给予平等保护,不主张有例外。”[②]具体来说,我国《刑法》第 253 条并没有加前缀去限定侵犯公民个人信息罪中的“公民”属于哪个国家的公民,因此,我们无须通过所谓的“扩张解释”来强行突破“公民”

---

① 参见韦鹏:《侵犯公民个人信息罪疑难问题研究》,西南大学 2016 年硕士学位论文,第 8 ~ 9 页。

② 赵秉志主编:《刑法修正案(七)专题研究》,北京师范大学出版社 2011 年版,第 150 页。

的特定含义，而是要充分挖掘刑法规范本身的弹性来应对实践中法益保护的需求。从长远来看，侵犯公民个人信息罪中的“公民”在以后法律规范的“立改删”中应加以阐明。

（二）侵犯公民个人信息罪的前置性法律法规问题

侵犯公民个人信息罪是典型的法定犯，其所具备的二次违法性决定了对侵犯公民个人信息罪的界定有赖于前置性法律法规的相关规定。对于个人信息的刑法保护冲在了防治公民个人信息违法犯罪的前线，在保障法冲锋陷阵而前置法却相对延迟的情形下形成了对个人信息法律保护的“倒逼”状态。因此，我国《刑法》第253条中“违反国家有关规定”的解读就显得尤为重要。

首先，我们应该明确“违反国家有关规定”和“违反国家规定”的区别。我国《刑法》第96条规定：“本法所称违反国家规定，是指违反全国人民代表大会及其常务委员会制定的法律和决定，国务院制定的行政法规、规定的行政措施、发布的决定和命令。”进一步来说，“国家规定”的发布主体限于全国人大及其常委会与国务院，其具有国家中央层级的立法权限。而“违反国家有关规定”的表述在刑法中尚是首次出现，它与“国家规定”的区别到底在何处？从立法角度看，“违反……规定”的表述是立法技术在刑法规范中的运用，意味着该罪状属于需要参照其他前置性法律法规的空白罪状，罪状所涉的犯罪属于法定犯。从文义解释来看，将“规定”变为“有关规定”意味着两者基本含义的不同。刑法规范涉及公民的财产、自由乃至生命，一字之差甚至一个标点符号也理应严肃对待。我们有理由确信，无论是基于立法者的不同表述还是客观理解分则条文的表达方式，“国家规定”和“国家有关规定”在概念上确实存在显而易见的区别。

其次，解释“国家有关规定”的外延应该追求刑法秩序内的一致性。我国刑法在总则部分规定了“国家规定”的概念，又在分则部分第253条规定了“国家有关规定”。尽管刑法总则和分则分别具有各自的特点，但是基于同一个法律系统内秩序的一致性，我们在阐释和应用分则个罪中的“国家有关规定”时理应尽可能参照总则中“国家规定”的内涵和外延，以保持法律系统内的协调统一。有学者认为，在加入“有关”两字后，所有和我国相关的法律都可视为本罪的前置性法规，因此其范围应当扩大至包括地方性法规、部门规章和地方政府规章。至于其最终是否能认定为刑法中的“国家有关规定”,还应当取决于规章的法律效力。[①] 但是,如果将“国家有关规定”的范围扩大至如此范围,则意味着司法裁判者在解决具体个案时要首先查明纷繁复杂的地方性法规、部门规章和地方政府规章。在潜藏的巨大司法成本之外,裁判者还要应对地方性法规、部门规章和地方政府规章之间的相互脱节甚至矛盾。而且基于侵犯公民个人信息犯罪的跨地域性,不同地区不同层级的地方性法规和地方政府规章该如何协调也将是一个难题。反过来思考,如果我们可以遵从法秩序的一致性,参照“国家规定”来解读“国家有关规定”的外延,就可以有效解决上述的问题。《公民个人信息刑事解释》第2条规定:违反法律、行政法规、部门规章有关公民个人信息保护的规定的,应当认定为刑法第253条之一规定的“违反国家有关规定”。在这里,法律和行政法规与“国家规定”中的外延重合,但是如何理解增加的“部门规章”将会存在一定的争议。在立法上,行政法规是指国务院制定颁布的规范性文件,其法律地位和效力仅次于宪法和法律;而部门规章是由国务院的组成部门和直属机构在它们的职权范围内制定的规范性文件,行政规章要服从宪法、法律和行政法规,并与地方性法规同级。为了避免“政出多门”而无所适从,也基于“国家规定”的参照提示作用,我们理应将部门规章作限制解释和狭义理解,排除同级地方性法规、广义部门规章中的地方行政规章。

最后,“国家有关规定”需要保持刑法秩序外的协调性。由于法律的滞后性和我国刑法应对的主动性,我们往往在缺乏相应前置性法律法规的时候就探索新兴领域的刑法治理,因而导致相关概念没有达成共识,刑法和其他法律法规缺乏应有的协调性。以“个人信息”概念的变迁为例,2005年10月1日实施的《个人信用信息基础数据库管理暂行办法》第4条对公民个人信用信息作了明确:“本办法所称个人信用信息包括个人基本信息、个人信贷交易信息以及反映个人信用状况的其他信息”,“前款所称个人基本信息是指自然人身份识别信息、职业和居住地址等信息;个人信贷交易信息是指商业银行提供的自然人在个

① 参见吴允锋、纪康:《侵犯公民个人信息罪的司法适用——以〈网络安全法〉为视角》,载《河南警察学院学报》2017年第2期。

人贷款、贷记卡、准贷记卡、担保等信用活动中形成的交易记录；反映个人信用状况的其他信息是指除信贷交易信息之外的反映个人信用状况的相关信息。"2012年12月28日全国人民代表大会常务委员会《关于加强网络信息保护的决定》规定了公民个人电子信息，第1条第1款规定："国家保护能够识别公民个人身份和涉及公民个人隐私的电子信息。"上述规定虽然不是直接针对《刑法》第253条之一规定的"公民个人信息"，但为准确把握"公民个人信息"提供了参考的基础。2013年4月23日，最高人民法院、最高人民检察院和公安部联合发布的《关于依法惩处侵害公民个人信息犯罪活动的通知》第2条规定："公民个人信息包括公民的姓名、年龄、有效证件号码、婚姻状况、工作单位、学历、履历、家庭住址、电话号码等能够识别公民个人身份或者涉及公民个人隐私的信息、数据资料"，明确了公民个人信息主要包括能否识别公民个人身份的信息和涉及公民个人隐私的信息两大类。2013年6月28日，我国工业和信息化部审议通过的《电信和互联网用户个人信息保护规定》第4条规定："本规定所称用户个人信息，是指电信业务经营者和互联网信息服务提供者在提供服务的过程中收集的用户姓名、出生日期、身份证件号码、住址、电话号码、账号和密码等能够单独或者与其他信息结合识别用户的信息以及用户使用服务的时间、地点等信息。"2016年11月7日通过的《网络安全法》在附则第76条首次对"个人信息"进行了定义，认为"个人信息是指以电子或其他方式记录的能够单独或者与其他信息结合识别自然人个人身份的各种信息，包括但不仅限于自然人的姓名、出生日期、身份证件号码、个人生物识别信息、住址、电话号码等。"从公民个人信用信息到公民个人电子信息，从用户个人信息到公民个人信息再到个人信息，我们可以发现如表1－1所示，个人信息的内涵一直处于不断的调试当中。侵犯公民个人信息罪中的"个人信息"在形式上不再局限于电子信息，在范围上增加了反映特定自然人活动情况的信息，在本质上强调了信息和人之间的映射性。因此在具体解释"国家有关规定"时，我们的目光更要往返于刑法规范和前置性法律法规之间，注重两者之间的协调均衡（见表1－1）。

表1-1 “公民个人信息”概念变迁

实施时间	法律法规名称	称呼	规范要点
2005年10月1日	《个人信用信息基础数据库管理暂行办法》	个人信用信息	个人基本信息、个人信贷交易信息以及同质的其他信息
2012年12月28日	全国人民代表大会常务委员会《关于加强网络信息保护的决定》	个人电子信息	识别公民个人身份和涉及公民个人隐私的电子信息
2013年4月23日	最高人民法院、最高人民检察院、公安部《关于依法惩处侵害公民个人信息犯罪活动的通知》	公民个人信息	能识别公民个人身份或者涉及公民个人隐私的信息、数据资料
2013年9月1日	《电信和互联网用户个人信息保护规定》	用户个人信息	能单独或与其他信息结合识别用户的信息以及用户使用服务的时间、地点等信息
2017年6月1日	《网络安全法》	个人信息	以电子或其他方式记录的能单独或者与其他信息结合识别自然人个人身份的各种信息
2017年6月1日	最高人民法院、最高人民检察院《公民个人信息刑事解释》	公民个人信息	指以电子或者其他方式记录的能够单独或者与其他信息结合识别特定自然人身份或者反映特定自然人活动情况的各种信息

（三）侵犯公民个人信息罪的“情节”问题

情节犯作为我国刑法中特有的一种犯罪类型，因其立法表述上的“开放性”和“模糊性”，尤其需要刑法学界对其内涵和意蕴进行深入的解读。在解读刑法分则个罪中的“情节”时理应采取类型化的思维进行总结和应用。侵犯公民个人信息罪的情节要素可以概括为以下六类，分别对应“情节严重”和“情节特别严重”的不同情形。

1. 信息种类和数量

如表1－2所示，《公民个人信息刑事解释》规定了不同个人信息种类和相应的信息数量所构成的情节程度。个人信息种类在一定程度上反映了危害行为所侵害或威胁的法益的大小，个人信息的数量也表征着危害行为的社会危害性程度的高低。在个人信息种类上，主要有行踪轨迹信息、通信内容、征信信息、财产信息以及住宿信息、通信记录、健康生理信息、交易信息等其他可能影响人身、财产安全的公民个人信息；在信息数量上，主要存在“五十条以上”“五百条以上”“五千条以上”“相应标准一半以上”“相应标准10倍以上”的入罪标准，以体现罪责刑相适应的刑法原则。此外，《公民个人信息刑事解释》规定“数量未达到第3项至第5项规定标准，但是按照相应比例合计达到有关数量标准的”，也属于“情节严重”的程度。在这里，如何理解“相应比例”需要更进一步的明确。司法实践中，在涉及同一罪名下不同类型犯罪的数额计算时，往往按照入罪的数额的一定比例进行折算与合计。就如信用卡诈骗罪中恶意透支型信用卡诈骗罪计算数额的方式一样，侵犯公民个人信息罪中，如果犯罪嫌疑人非法获取、出售或提供不同类型个人信息时未达到规定的数量标准，则可以不同类型个人信息所对应的50：500：5000的标准进行相应的折算。

表1－2　信息种类、数量对应的情节程度

情节程度	行为方式	信息种类	信息数量
情节严重	非法获取、出售、提供	行踪轨迹信息、通信内容、征信信息、财产信息	50条以上
情节严重	非法获取、出售、提供	住宿信息、通信记录、健康生理信息、交易信息等其他可能影响人身、财产安全的公民个人信息	500条以上

续表

情节程度	行为方式	信息种类	信息数量
情节严重	非法获取、出售、提供	其他公民个人信息	5000条以上
情节严重	非法获取、出售、提供	不同类型个人信息	相应比例合计达到相应数量标准
情节严重	出售或提供履职或服务过程中获得的个人信息	不同类型个人信息	相应标准的50%以上
情节特别严重	非法获取、出售、提供	不同类型个人信息	相应标准10倍以上

2. 危害行为类型

《公民个人信息刑事解释》在不同的条款中分别列举了不同的行为类型，编织了严密的法网以涵盖现实中出现的各种情形：(1)非法获取公民个人信息。“非法获取公民个人信息”存在两种情形，一种是行为人违反国家有关规定，购买、收受、交换公民个人信息；另外一种是在履行职责、提供服务过程中非法收集。(2)非法出售公民个人信息。未经个人信息被收集者同意，以一定的对价方式与他人进行个人信息的交易，应当认定为非法出售公民个人信息。(3)非法提供公民个人信息。对于非法收集的公民个人信息，《公民个人信息刑事解释》第3条第1款规定：“向特定人提供公民个人信息，以及通过信息网络或者其他途径发布公民个人信息的，应当认定为刑法第二百五十三条之一规定的‘提供公民个人信息’。”由此，“人肉搜索”的行为就属于行为人未经权利人同意即将其身份、照片、姓名、生活细节等个人信息对外公布的“非法提供公民个人信息”的行为，需要承担相应的刑事责任。对于合法收集的公民个人信息，《公民个人信息刑事解释》第3条第2款规定：“未经被收集者同意，将合法收集的公民个人信息向他人提供的，属于刑法第二百五十三条之一规定的‘提供公民个人信息’，但是经过处理无法识别特定个人且不能复原的除外。”其中，对于如何认定“无法识别特定个人且不能复原”，需要确立一定的技术标准和行业准则，比如引入虚拟匿名化信息采集技术来代替原先的匿名信息采集技术,[①]否则将很有可能阻滞信息的自由流通和高效运用。(4)为“合法经营活动”而非法购买、收受公民个人信息。实践中企业公司为从事广告推销等经营活动而非法购买、收受公民个人信息的情形较为普遍,为贯彻体现宽严相济刑事政策,《公民个人信息刑事解释》第6条专门规定为合法经营活动而非法购买、收受敏感信息以外的公民个人信息,具有下列情形之一的,应当认定为“情节严重”:(1)获利5万元以上的;(2)有此罪前科的;(3)其他情节严重的情形。

3. 主体身份和前科状况

《公民个人信息刑事解释》考虑到了行为人的职业身份所赋予的义务和以往经历所反映的人身危险性,明确规定“将在履行职责或者提供服务过程中获得的公民个人信息出售或者提供给他人”的,认定“情节严重”的数量、数额标准减半计算。对于曾因侵犯公民个人信息受过刑事处罚或者2年内受过行政处罚,又非法获取、出售或者提供公民个人信息的,行为人屡教不改、主观恶性较大,因而将其也规定为“情节严重”。在这里,行为人可能构成一般累犯,即被判处有期徒刑以上刑罚的行为人,刑罚执行完毕或者赦免以后,在5年以内再犯应当判处有期徒刑以上刑罚之罪,应当从重处罚,不得适用缓刑和假释。

4. 信息用途和主观不法

所得公民个人信息的用途或目的也是“情节”的组成要素。是否承认主观不法一直是结果无价值与行为无价值的争议点之一,在一定范围内将主观不法纳入情节的要素能够完善情节犯的评价体系,健全“情节严重”的分类,从而有助于刑法规范的解释和适用。《公民个人信息刑事解释》将“非法获取、出售或者提供行踪轨迹信息,被他人用于犯罪”“知道或者应当知道他人利用公民个人信息实施犯罪,向其出售或者提供”规定为“情节严重”。在这里,“非法获取、出售或者提供行踪轨迹信息,被他人用于犯罪”属于行为人本身难以预料的客观现实,刑法为了严厉打击公民个人信息方面的犯罪而科以更高的合法使用信息的责任。“知道或者应当知道他人利用公民个人信息实施犯罪,向其出售

① 参见万方:《大数据背景下个人信息保护的新路径》,载《图书情报知识》2016年第6期。

或者提供”则为犯罪人提供了犯罪的条件，在一定条件下可能构成他人所犯之罪的帮助犯。

5. 危害后果和违法所得

侵犯公民个人信息往往是为了牟利或者是为了造成一定的危害后果，因此《公民个人信息刑事解释》将违法所得和危害后果作为“情节”的要素。《公民个人信息刑事解释》将违法所得 5000 元以上规定为“情节严重”；将“造成被害人死亡、重伤、精神失常或者被绑架等严重后果”“造成重大经济损失或者恶劣社会影响”规定为“情节特别严重”。值得注意的是，在“情节特别严重”列明“经济损失”的情节要素时，“情节严重”的情形中并没有明确列出“经济损失”的要素，侵犯公民个人信息的行为既可能产生违法所得，也可能造成信息所有人的“经济损失”，甚至两者兼有。

6. 其他情节严重或情节特别严重的情形

在从上述五大方面罗列情节要素的同时，《公民个人信息刑事解释》基于立法技术留下了“兜底”条款。如何认定“其他情形”这样的“兜底”性规定需要参照上述情节要素的性质而加以总结。在危害行为上，可以将获取信息的手段是否恶劣作为情节要素；在危害后果上，可以将是否有一定数量的信息流向境外的情况作为要素；在主体身份上，可将执法机关在履职过程中甄别身份或收集证据侵犯公民个人信息作为情节要素；在主观不法上，可以将“为进行违法犯罪活动获取公民个人信息”“以陷害目的获取公民个人信息”“为打击、报复目的获取公民个人信息”等列为情节要素。在斟字酌句地对侵犯公民个人信息罪进行述与评之后，《公民个人信息刑事解释》的进步性和局限性也将一目了然，而日新月异的社会发展和科技进步将会持续推动侵犯公民个人信息罪的研究。如何在公民个人权利保护和社会科技经济进步之间保持动态的平衡将是大数据时代刑法学人必须思考的命题。

五、检察机关参与网络空间治理的路径探索

(一) 网络化发展对传统检察机关治理模式提出新挑战

网络空间治理是治理犯罪的重要途径，也是预防违法行为的基本

方式。面对复杂多样的网络犯罪现象,需要对传统检察机关的治理模式进行变革,如何高效预防和打击网络犯罪是当前检察机关所面临的新挑战。

1. 网络空间治理趋于行政化

目前,在网络空间治理方面,我国存在“重政府主导,轻检察参与”的倾向,具有行政主导倾向。由于网络空间的隐蔽性和复杂性,政府在进行网络空间治理时存在不足。一方面是网络空间的治理主体不再仅仅是传统的政府治理,而是需要结合社会力量共同参与治理。多元化主体的参与有利于调动社会力量,提升综合治理效果。另一方面是政府内部涉及多个部门参与对网络空间的治理,存在职能分散、无重点机构有效应对等问题,会出现治理成本高、效率低的现象。同时网络空间存在着各类复杂的网络事件,例如网络暴力、网络造谣、“人肉事件”等。各类主体在进行网络空间治理时需要形成合力共同有序治理。[①] 只有“政府主导 + 检察参与 + 社会力量”的有机结合,才能达到网络空间治理的最佳效果。

2. 入网门槛低,网民规模宏大

网络化的迅速发展,使网络成为人们生活工作中不可或缺的一部分。根据《第 43 次中国互联网络发展状况统计报告》显示,互联网普及率接近六成,入网门槛进一步降低,截至 2018 年 12 月,网民规模达 8.29 亿,互联网普及率为 59.6%。[②] 使用网络的主体也在不断扩大,从青少年群体向中老年群体转变,从学生青年向政党机关转变,从个人网游向全民参与转变。但是,庞大的网民规模以及较低的入网门槛,也大幅增加了网络空间治理的难度。

随着互联网覆盖范围进一步扩大,信息交流效率得到有效提升。但是不稳定不确定因素也日益增多,风险与挑战不断加剧,网络安全问题仍然存在,如图 1－2 所示,据统计,网络诈骗和个人信息泄露问题在网络安全事件中占比较高。

---

① 参见王洪涛、陈洪侠:《网络社会政府治理体系与治理能力建设路径》,载《领导科学》2014 年第 33 期。

② 《2019 年 43 次中国互联网络发展状况统计报告》,载国家互联网信息办公室官网,http://www.cac.gov.cn/2019－02/28/c_1124175677.htm。

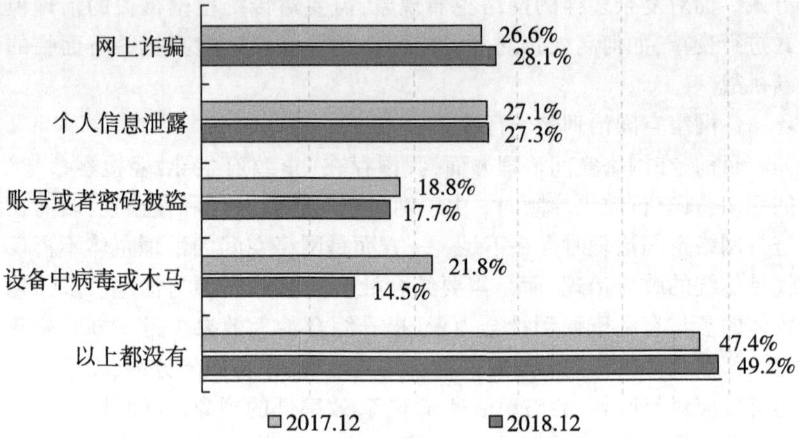

图 1-2　网民遭遇安全事件类别

因此,从源头上遏制网络犯罪利益的滋生,采取强硬的态度和有力的强制措施,维护人民群众的合法权益。在"智慧检务"战略下,检察机关作为国家司法机关,维护网络空间安全,警示预防和治理网络犯罪亟待提上日程。

3. 网络舆论缺乏引导管控

网络的高渲染力和高速传播度在舆论导向中发挥了巨大作用。网络舆论是在网络空间中,网民对某些事件进行的评论,其中包含着网民的态度、看法以及最真实的情绪等。[①] 网络舆论有时可以让大众了解真相,让相应机关介入调查,如部分地区的违法事件、冤假错案等都是通过网络率先披露。但同时,网络舆论也存在负面影响,部分人为了博取眼球,借助网络舆论散布谣言,故意使微小事件在网络舆论和媒体的助推下不断扩大、炒作,进而转变为影响社会安全稳定的大事件。如果相应部门和机关未妥善处理,极易导致广大民众产生不良情绪和反应,对社会稳定构成严重威胁。[②] 网络舆论产生的负面影响不只是网民的素

① 参见周文昊:《论自媒体时代网络舆论引导及舆情管控》,载《传播力研究》2018 年第 2 期。

② 参见王雄飞、章莉坚:《检察机关参与网络虚拟社会现实化管理的探讨》,载《法治论坛》2012 年第 2 期。

质问题，主要原因在于缺乏有效引导网络舆论热点的手段以及管控机制。

（二）“检察＋网络治理”的实践探索和推进

网络空间治理的实质是对伴随着互联网应运而生的相关社会关系以及社会问题。[①] 面对网络犯罪所带来的新挑战，传统的治理方式显然已经无法应对，而利用刑法控制则是检察机关进行网络犯罪司法治理的重要途径。

1.“智慧检务”战略下的应用价值

要创建一个安全可靠的网络环境，就必须对网络空间加强监管。首先，通过技术不断转型升级，为治理提供科学手段。现阶段，5G 技术、区块链等技术突破性发展，为网络空间治理提供了重要基础。然而光有技术并不能达到真正的治理效果，技术只能作为辅助手段，治理主体的权威性和公正性才影响着治理结果。因此，在“科技强检”战略和“智慧检务”战略的支持下，为检察机关参与网络空间治理提供了战略支撑。检察机关积极参与网络空间的治理，不仅能使检察机关的工作更贴近群众、深入基层社会，而且也是打击犯罪、维护社会公平正义的重要一环。[②] 有效发挥其职能，精准有力惩治网络犯罪，净化网络空间，[③]维护网络空间秩序。

2. 创新检察机关网络治理模式

网络犯罪行为的变异，增加了网络犯罪的查处难度，“检察＋网络治理”的创新模式会成为预防和打击网络犯罪的必然选择。网络空间的发展增强了群众的监督意识，使得网络舆论日益成为一股不可忽视的监督的国家机关及其工作人员力量。近年来不少贪污腐败、滥用职权的官员之所以被依法查处，都是因为网络的曝光和网民的关切，最终司法机关才介入案件，启动司法程序。网络监督的发展体现了社会的进步，而检察机关在某些被网络曝光的犯罪案件中“后知后觉”的表现，

---

① 参见张乐、刘亚男：《刍议网络社会治理中网络犯罪的法治应对》，载《社会治理法治前沿》2016 年第 1 期。

② 参见王心权、郑创彬《检察机关参与网络虚拟社会管理的路径选择》，载《法治论坛》2012 年第 1 期。

③ 参见张军：《四方面推进检察机关网络安全和信息化工作》，载最高人民检察院网，http://www.spp.gov.cn/spp/tt/201804/t20180426_376709.shtml。

使得检察机关陷入舆论被动,公信力削弱。这种网络监督"倒逼"检察监督的现象不得不引起我们的深思。因此,为了创新检察机关的网络空间治理方式,检察机关不仅要发挥打击网络犯罪的传统固有职能,更要致力于网络空间的整体治理,从司法层面对网络空间中涉法事务进行管理、监督和约束。

3. 顺应新时代法治化的需求

新时代法治主要是依托于人民群众、预防和化解纠纷,将法治理念与网络治理相融合,顺应时代变化趋势,促进互联网治理法治化、常态化。"智慧检务"不仅是战略支撑,更是现阶段检察机关与网络科学技术相融合的发展趋势,一方面是解决存在的网络安全问题,另一方面则是加强信息化建设,提高检察工作的效率。不断加强"智慧检务"在检察机关办案中的实际运用,将网络科学先进技术同检察工作有机结合,利用信息化建设创新发展检察工作,推进司法办案信息共建共享,从而进一步推动司法质效合一和司法公信力的全面提升。

(三)检察机关在网络空间治理中的角色及定位

检察机关围绕以人为本、服务大局,充分发挥检察职能优势,注重加强内部机关之间的协调与配合,通过加强对违法犯罪的打击力度、预防风险漏洞来参与对网络空间的治理,努力维护网络空间安全,实现治理的法律效果和社会效果的有机统一。

1. 履行法律职责,规制网络犯罪

(1)转变传统治理思维以适应网络犯罪

网络技术的迭代更新,致使网络空间的安全容易遭到破坏,网络犯罪案件频发,检察机关针对网络犯罪行为,应当积极履行法律职责,加强对网络空间的治理。随着司法体制改革的深入以及国家监察体制改革的推进,检察机关固有的传统职能开始发生变化,因此需要对检察权属性进行重新定义,对检察职能进行重新定位。[①] 检察机关参与网络空间的治理,是互联网时代下检察职能的拓展和延伸。作为网络空间治理的重要参与者和法律保障者,检察机关应积极履行法律所赋予的职责,采取创新的治理思维和模式,规制网络犯罪,以实现对网络空间的

---

① 参见程曙明、林越坚、陈文雅:《检察机关参与社会治理的定位及路径思考》,载《人民检察》2017 年第 17 期。

有效治理。

(2)预防和打击网络犯罪案件

针对网络犯罪难以取证、难以辨别真伪、难以处理等问题,检察机关在行使诉讼职能时,应当与公安机关、审判机关协调配合,共同打击各类网络犯罪。检察机关参与网络空间治理,首先,要强化源头治理意识,提高防控能力并加强监管;其次,要加强治理主体与互联网企业的通力合作,加大对网络犯罪产业链的打击力度。打击网络犯罪案件是检察机关参与网络空间治理的重要职责之一,为净化网络空间奠定了重要基础,这有利于预防并打击犯罪行为,推动网络空间的健康发展,提高互联网空间治理法治化水平。

2. 积极示范引导,监督网络空间

运用"检察 + 网络空间治理"进行办案执法,不仅能教育、引导各类社会群体和个人在网络空间活动中遵守法律法规,而且也是提升网络司法实践能力的过程。① 宪法赋予检察机关"法律监督"的地位,但随着我国监察体制改革的推进,职务犯罪案件的侦查主体已经不属于检察机关。作为国家利益和社会公共利益的维护者②,检察机关应发挥法律监督职责,在网络空间治理的过程中,需要"软硬结合",既需要检察处理案件的"强硬"手段和态度,也需要结合检察建议的"柔软度"加之运用在治理方式上。检察监督应当以人民为核心,努力让人民群众在每一个司法案件中都能感受到公平正义,发挥正面引导作用,加强与网络群体的交流沟通,规范人民群众的网络行为和言论,推动网络空间逐步建立起统一、文明的行为规则。

3. 恪守治理边界,维护网络秩序

网络空间治理需要依靠多元化主体合力净化整个互联网环境。通过法律法规来规范网络行为,需要检察机关的法律监督来维护良好的网络秩序,检察机关之间应互相沟通交流治理的有效成果和经验,同时要加强与相关行政机关、社会群体的沟通衔接,共同合力保护互联网时代网络空间安全,营造健康有序的网络空间环境。从社会治理角度来

① 参见程曙明、林越坚、陈文雅:《检察机关参与社会治理的定位及路径思考》,载《人民检察》2017 年第 17 期。

② 参见陈瑞华:《论检察机关的法律职能》,载《政法论坛》2018 年第 1 期。

看,树立网络空间治理标准,政府的积极参与治理是根本要件,有利于多方主体在协调合作治理网络空间的同时更快达成共识。[①]

检察机关在参与网络空间治理,立足检察法定职能、高效服务,同时应当恪守治理边界,在行使职能时既不能忽视不作为也不能越界多作为,应保持适度的被动性,不可一味地积极越界治理,总揽大局并明确自身的职能定位。涉检的治理领域必须排除干涉、独立行使职权,而对于其他治理领域需要和各主体协调合作治理。只有恪守网络空间治理边界,才不会导致权力滥用、权力异化的现象,才能实现净化网络空间的目的。

(四)探索检察机关参与网络空间治理的路径

网络空间的监管治理对维护社会秩序至关重要,网络的超时空性可以改变现有的社会平衡性,若不加以管制,会导致网络违法行为、犯罪行为的频发。针对网络违法犯罪来说,网络空间的治理也具有可观的后果。

1. 注重化解矛盾,从源头治理

(1)落实网络实名制,加快身份信用建设

网络实名制——以用户真实身份信息为基础的线上管控方式,网络实名制的落实,一方面有助于保护公民的个人信息,另一方面有助于加强公民的网上自律意识。虽然网络实名认证验证网民个人身份真实存在,但是难以证明实施的网络违法犯罪行为是验证身份的本人实施,这也是成为难以发现和治理的重要原因之一。因此,在落实网络实名制的同时,利用数据监控技术加快身份信用建设,针对社交平台的换号、养号行为加以遏制,识别无信用身份用户,将网络造谣者列入失信主体黑名单[②],从源头防控恶意用户肆意传播谣言、引发舆论危害网络空间,保障网络信息传递的真实性。

(2)加强网络安全建设

开展网络空间治理,首要前提是保障互联网的健康有序发展,保证网络空间的安全和稳定。优化技术保障,将法律规则与专业技术相融

---

① 参见王修获:《构建合理网络空间治理模式》,载《检察日报》2018年10月8日,第3版。

② 参见韩丹东:《国家网信办:网络造谣者将被列入失信主体黑名单》,载《法制日报》2019年7月29日,第4版。

合,利用大数据、云计算等技术,为网络安全保驾护航。检察机关需要专业监管技术队伍的帮助,与之形成合力来加强网络安全建设,对内增强检察机关网站及其他信息化设施的网络攻击防御力,对外增强网络空间的网络攻击防御力。根据数据分析、预测趋势,发现并解决问题,同时针对网络安全问题,利用专业技术加以遏制,防止黑客病毒、恶意软件等破坏互联网与群众互联互通的通道,技术有利于协助办案、有效惩治网络犯罪。

2. 构建网络平台,提供网络检察服务

(1)加强平台互动,实现检务公开

检察机关应转变传统固有的服务方式,充分利用电商检察联络室①、检察官方网站、微博等工具,及时开展网络涉检工作。检察机关可以积极开展与群众的互动,促进民意沟通。例如,可以在检察机关官方网站、微博上或者设立的网络沟通平台提供法律服务,增强与网民的互动,通过听取网民的意见、从法律角度解释网民质疑的热点问题、接受网民举报,来研究、分析网络违法行为、网络舆论的前因后果,及时从源头化解社会矛盾,防止网络舆论进化成为现实生活中不可控的大规模群体性事件。② 检察机关要及时转变传统工作思路,对于群众所关注的热点违法犯罪行为应当及时主动的进行检务公开,而不是处理完才公布结果,实现案件处理进度公之于众,回应群众的质疑。

(2)创新监管方式,拓宽监督途径

第一,强化法律监督,同时将网络舆论监督与法律监督有机结合,发挥网络舆论监督的传递信息迅速、高效灵活的优点,及时揭露网络问题。而法律监督依托互联网走进网络空间,借助监督信息平台③,依法监督纠正网络违法行为。第二,结合行政机关和社会各群体力量协同监管,同时借助检察建议的软性作用,采取软硬方式共同监管。第三,

---

① 2017 年 4 月,杭州市余杭区检察院与阿里巴巴集团签署"惩防网络犯罪"的协议,设立电商检察联络室,双方共同开发网络犯罪可视化演示工具,利用信息技术还原网络犯罪的犯罪流程,为案件办理和预防犯罪提供帮助。

② 参见孙长柱、张云霄:《网络虚拟社会与检察机关社会管理创新》,载《中国检察官》2012 年第 9 期。

③ 参见张俊杰. :《充分利用数据网络创新检察监督方式》,载《检察日报》2018 年 5 月 13 日,第 3 版。

实施联网监控，实现检察机关与各平台、各网站之间的监控信息互联互通，增强检察机关的监管效果，为公众提供高效的检察服务。

3. 健全完善网络法律规制

在“网络强国”战略的指导下，我国逐步开始构建网络空间治理法律规范保障体系，以《国家网络空间安全战略》为指导①，现已颁布《中华人民共和国网络安全法》《互联网网络安全突发事件应急预案》等专门性法律法规和其他相关规定。但相关配套的法律法规的针对性和适用性欠缺。针对网络犯罪的跨地域性、跨组织性，如何确定网络犯罪的立案标准、管辖范围和管辖地、个人信息保护等问题仍需在立法中予以明确，目前刑法中尚未对该类犯罪作出具体规定，检察机关需要通过司法实务进行判定，依照互联网发展的特点，在中国国情基础上借鉴国外有益经验，有针对性地向立法机关提出立法建议。

推动相关网络立法，制定法律规范来维护网络空间秩序、规范网络产品服务、保证网络运营安全，寻求国家利益、社会利益和个人利益之间的平衡，消除不安定因素。目前《个人信息保护法》已出台，在个人信息保护方面有了一定的进步，但我们仍然需要完善各诉讼法中涉及网络诉讼的程序规定，考虑细化实化网络程序和实体法规。② 不断完善并健全互联网法律规制，是适应网络空间治理法治化要求，也为网络空间治理工作提供法律支撑。

4. 正确引导舆论，培养网民自律意识

推广网络法律法规的宣传教育活动，特别要加强与各学校合作开展青少年普法，展开以网络行为和网络责任为主题的宣讲，消除学生群体和社会群体对网络责任的错误认识。有机结合强制功能和引导功能，同时结合关注度高的网络犯罪案件，引导广大网民依法、有序的上网。随着网络用户向手机移动端、社交平台的转移，在微博、QQ、微信等社交 App 的推动下，积极宣扬网络安全正能量，将网络犯罪典型案例讲述为故事形式，利用微博、网站平台等新媒体向群众传播，提高群众遵纪守法和网络自律的意识，形成自我约束。

秉承着“预防为主，治理为辅”的治理理念，引导并规范网民群众的

---

① 参见郭美蓉：《网络空间安全治理的法治化研究》，载《人民法治》2019 年第 3 期。

② 参见徐汉明、张新平：《网络社会治理的法治模式》，载《中国社会科学》2018 年第 2 期。

网络行为，增强群众的预防意识，从而达到自律效果。现实中网络暴力和谣言肆意传播事件的频发，主要是因为某些案件经过报道转发引起社会关注后，网民各抒己见，态度不一。在这种情况下，若不做好预防工作，将不利于舆论的正确引导和管理，在一定程度上也会影响群众对网络安全的信任感，因此针对涉及检察事务的网络舆论，检察机关需要分析舆情，寻找根源，及时解决，提前预防，做好监控和应急预案工作，净化网络舆论的表达环境，营造合法合理的言论氛围[①]，构建一个和谐、文明、健康的网络传播空间。

① 参见周文昊：《论自媒体时代网络舆论引导及舆情管控》，《传播力研究》2018 年第 2 期。

CHAPTER 02 >> 第二章

多元化纠纷解决体系的特点和困境

我国在借鉴国外替代性纠纷解决机制和本国传统理念的基础上,创造了中国特色的 ODR 系统。并且线上线下并行,逐步形成了包括人民调解、行业调解、律师调解、商事调解等在内的多元化纠纷解决体系。各种解纷机制充分发挥和展示了其独具的优越性,为我国社会矛盾和纠纷化解提供了重要路径,也满足了社会大众多元化的解纷需求。同时,由于社会发展和法律制度等因素,不同的解纷路径也表现出一定的局限性,尚需从立法和实践层面着力调整完善。我国的多元解纷机制还可以有更大的提升和更佳的应用。

一、替代性纠纷解决机制的由来

现代法治社会中化解矛盾纠纷的形式多种多样,诸如调解、仲裁、行政介入等。民事诉讼是纠纷化解的主要方式之一。但诉讼的成本高昂是普遍共识,诉讼程序繁杂、周期长,还需要聘请专业人士参与,不仅当事人需要花费大量人力和财力,还可能会消耗大量不必要的司法资源。有时候诉讼的成本甚至超过了诉讼结果所能给予的利益。“厌讼”不仅是当事人的状态,也是国家和司法机关考虑该如何平衡与解决的重要问题。在此情境下，民间和官方都有改善仅仅依靠诉讼作为纠纷解决方式的需求。美国于20世纪开始寻找一种诉讼之外的、更为平和的以及节约成本的纠纷解决方式，试图找到一种“没有诉累的诉讼”，于是“替代性纠纷解决方式”，即ADR逐渐兴起。ADR的全称是Alternative Dispute Resolution，译为中文是“替代性”或“审判外”解纷方式。它主张利用各种非诉解纷方式，追求节约当事人成本和司法成本，促进司法资源和社会效益的最大化。

当下越来越多的国家开始建立替代性纠纷解决机制相应的法律、政策和发展战略，并将其作为国家治理和司法改革的重要内容。如日本早期建立法院附设调解，近年则通过了《ADR促进法》鼓励民间性解纷机构的创设和发展，促进纠纷解决机制的市场化和多元化。欧洲理事会于2001年发布《关于要求成员国采用替代诉讼的手段解决行政纠纷的建议》，要求各成员国在立法和实践中推广使用包括调解在内的替代性纠纷解决方式解决行政争议。尽管当代世界各国都在积极推动替代性纠纷解决机制的建设和发展，但并未形成统一的绝对普适性的模式和规则以及制度体系。不同国家和地区的法律体系、治国理念、司法模式以及原有制度和传统文化对替代性纠纷解决机制的形成和发展有着深刻影响，因而替代性纠纷解决机制的发展模式也是因国而异，因地区而异，各自有不同的选择和发展路径。如美国既有发达的法院附设替代性纠纷解决机制，也有社会接受度很高的社区调解和高端纠纷解决服务机构。

替代性纠纷解决机制在中国也早已被广泛研究和探索，有一定的社会文化认同。中国有着深厚传统的“礼治”便是平和、非对抗方式的经典演绎，更与中国“和为贵”的和文化相契合。在替代性纠纷解决机制基础之上，我国的ODR是多元解纷方式的新发展。

我国多元化纠纷解决机制的理念产生于世纪之交[①]，这一理念不只是延续我国原有的传统理念，也不是对西方替代性纠纷解决机制制度的简单模仿，而是立足于我国现实国情和当下民众的多元化解纷需求，是中国和文化与西方自治理念的综合运用和发展，也符合当今世界追

---

① 参见范愉：《代替性纠纷解决方式（ADR）研究——兼论多元化纠纷解决机制》，载范愉：《非诉讼纠纷解决机制研究》，中国人民大学出版社2000年版，第9页。

求协商共赢的趋势。并且,随着我国互联网法院的建设、实践发展和互联网技术的应用,我国的 ODR 已经包含了线上法庭,即涵盖了在线诉讼的解纷方式。因而,我国的多元解纷方式是线上线下并行,内容更为丰富。

2016 年 6 月,最高人民法院印发《关于人民法院进一步深化多元化纠纷解决机制改革的意见》和《关于人民法院特邀调解的规定》,进一步清晰的明确了人民法院开展多元化纠纷解决机制改革的工作重点、实施路径以及基本原则,把诉调对接、平台建设、在线解纷、特邀调解等内容规范化、制度化,并对此作出具体部署。2019 年 2 月,《关于深化人民法院司法体制综合配套改革的意见——人民法院第五个五年改革纲要(2019—2023)》又一次强调要深化多元化纠纷解决机制改革,创新发展新时代“枫桥经验”,完善“诉源治理”机制,坚持把替代性纠纷解决机制挺在前面,推动从源头上减少诉讼增量。完善调解、仲裁、行政裁决、行政复议、诉讼等有机衔接、相互协调的多元化纠纷解决体系。后来,最高人民法院于 2019 年 8 月发布《关于建设一站式多元解纷机制、一站式诉讼服务中心的意见》,其中要求“完善诉调一体对接机制”,并强调要促进“诉调对接实质化”。

二、多元化纠纷解决体系的内容和特点

(一)多元解纷体系的内容

多元化纠纷解决机制是一项庞杂的系统工程,涉及的职能主体和当事人主体众多,职能主体包括各级政府及其职能部门、人民法院、人民检察院、人民团体、社会组织等。多元化纠纷解决机制通常包括诉讼与非诉讼两大类型,是指一个社会中由各种不同性质、功能和形式的纠纷解决方式共同构成的纠纷解决和社会治理系统。多种多样的纠纷解决方法以其特定的功能和运作方式相互协调而共同存在,结成一种互补并满足社会主体多元需求的程序体系和运作状态。其基本理念强调诉讼与非诉讼、国家司法制度与社会制度、国家权力与社会自治、国家救济与社会救济之间的相互配合与协调,最终实现纠纷的有效化解。

多元化纠纷解决机制旨在兼顾诉讼与非诉讼机制的协调与衔接,侧重在非诉讼领域各种解纷方式的制度建立、程序设计,以整合资源、化解社会矛盾纠纷为中心任务。将民间和传统的、在当今社会中属于非正式的替代性纠纷解决机制纳入法治社会治理体系,使之法律化、制度化,是多元化纠纷解决机制所追求的目标。非诉讼机制的功能不仅是对司法的辅助,缓解司法压力,还可以维护民间自治传统与机制、保护多元文化。

我国多元纠纷解决机制是由公力救济、社会救济和私力救济构成的多元救济体系。多元纠纷解决方式包含了协商、调解、仲裁以及诉讼。法律法规、行业规约、公序良俗是多元纠纷解决的依据。法治国家的非诉纠纷解决不同于传统意义上的老好人"和稀泥",而是有着系统体系和完善的运行机制的纠纷化解制度,在现有制度下则体现为司法替代性纠纷解决机制、商事替代性纠纷解决机制和律师调解制度等。调解是替代性纠纷解决机制中非常重要的一种方式,主要包括法院调解、人民调解、行政调解。

多元解纷体系在我国包括诉讼,但主要体现为多种形式的和解、调解。调解类型丰富多样,既有官方机构主持的行政调解、司法调解等类型,也有非官方主持的社会调解,例如人民调解、行业调解、商事调解、律师调解、仲裁调解、公证调解等类型。2015 年 12 月,中共中央办公厅、国务院办公厅出台《关于完善矛盾纠纷多元化解机制的意见》,其中明确了纠纷解决类型主要包括:人民调解、行政调解、司法调解、行业调解、商事调解、仲裁、行政复议与行政裁决、协商、中立评估、第三方调处等。

2006 年 11 月,在全国政法工作会议上首次提出"大调解工作体系"的概念,即"注重发挥调解手段化解社会矛盾纠纷的作用,着力构建在党委领导下,以人民调解为基础,加强行政调解和司法调解,三种调解手段互相衔接配合的大调解工作体系"。此后,在正式文件的表达中,大调解体系一直被表述为人民调解、行政调解、司法调解三大类。2010 年通过的《人民调解法》延续了这种"一分为三"的调解框架体系,试图将各类非司法性、非行政性的社会调解都纳入《人民调解法》的规制范围。人民调解是一项具有中国特色的社会主义法律制度,被国际社会誉为“东方经验”。① 行政调解、行业性专业性调解近年来也正在发挥着越来越重要的作用。这些调解与司法调解共同构建起中国特色调解制度体系。

(二)主要解纷方式的特点与存在的问题

现行实践中主要解纷方式包括协商和解、人民调解、行政调解、司法调解、行业调解、商事调解、律师调解和公正调解等,现就其主要特点与面临的问题做如下分析:

1. 协商和解

与人民调解和诉讼调解等其他方式相比,它秉承当事人自治原则,当事人内部自我协商,不受外力干涉,自愿、自主是其明显特征。协商和解的优势在于:一是以相对更为便捷灵活的方式进行,不必遵循烦冗的法律程序,也没有时间、地点的限制。化解纠纷成本很低,程序简便。二是始终是在当事人真实自愿的环境中进行。无须其他介入,仅需当事人同意即可。协商和解是各方当事人自愿的选择,没有意志强迫,所以当事人自主性较强,可以自我做主并做出决定。气氛相对融洽,可以使当事人降低对抗和戒备心理,能最大限度实现各方诉求与预期利益。三是节约司法资源和投入,当事人达成协商一致意见进而签订协议的过程,基本不需要司法机关或其他公权力机关的介入,这一当事人内部自我消化的方式节省了其他资源,尤其是司法资源的投入。四是有利于社会关系和谐和社会秩序稳定。这一方式始终是当事方协商的过程,没有激烈的冲突和对抗,不会加剧矛盾。最终需要签订的协议也是在各方自愿基础上达成一致意见的结果,协商过程中各方的对立和分歧已经得到最大程度地化解,消除了当初彼此间的敌意,避免了矛盾激化。这一过程也是社会关系修复的过程。五是保密性好,进而更利于促成当事方相互妥协达成一致。没有其他参与者,彼此的意见和底线甚至隐私不会被他人知晓。仅有纠纷当事方参与,更能清楚彼此的真实态度和意愿,易于尽快达成各方都接受的一致意见,有一定的高效性。

协商和解的灵活性使其可以不拘于条框,不论诉讼前完全由当事

---

① 参见林义全:《新中国人民调解研究综述》,载《法学研究》1988 年第 1 期。

人自行协商和解，还是诉讼中以及执行中的和解，甚至是刑事中的和解都遵循当事人意愿，以自愿为原则，充分尊重当事人的意思自治，达成的结果更利于被各方认同和执行。经司法确认的诉讼和解协议更是有确定的强制执行力。可以说，协商和解是当事人成本最低和最和谐的解纷方式。

协商和解是当事人各方自我参与和解决矛盾纠纷，因而公权力参与程度较低。如此，协商和解过程以及所达成协议的执行等缺少监督和救济。若当事人事后对协议反悔，因没有相应的约束和执行机制，会导致纠纷的反复和矛盾加剧甚至激化。并且，关于作为私立救济的当事人和解，法律有所缺位。即便是诉讼和解，《民事诉讼法》也仅仅规定“双方当事人可以自行和解”。该规定在形式上赋予当事人和解的权利，但对于和解的效果、效力和法律地位等具体内容都没有规定，没有明确可依据的操作规则。作为一种传统的、在当今社会已然具有重要地位的解纷方式，给予其法律上应有地位并规范相应配套规则、程序是法治社会进步的应有之义。

2. 人民调解

人民调解作为一种基层的传统解纷方式，具有深厚的传统基础和历史积淀，植根于我国传统历史文化，源远流长，是我国历史上人民独创的消除基层矛盾、化解民间纠纷的非诉讼解纷方式。调解制度是司法改革的重要组成部分，结合最高人民法院《进一步深化多元化纠纷解决机制改革的意见》，目前人民法院对常见的简易民事纠纷使用前置调解程序，包括家事、相邻关系、小额债务、消费者权益、交通事故、劳务纠纷和物业管理等七类。

人民调解有着显而易见的优势。一是接受度高。受传统习俗和文化的影响，人民调解在普通民众尤其是基层大众中有较高的接受度和认可度，人民调解侧重于道德伦理，以朴素情理观评判。可以参与调解的人员和组织分布广泛并具有一定的地缘属性。二是权威性。我国自古就有乡族里长调解社会关系、处理百姓纠纷、协调解决基层社会矛盾的机制和传统，“乡贤调解”等方式广为应用并深受民众认可。因此，人民调解在基层具有权威性，这有利于调解结果的稳定和执行。三是便于参与和操作。人民调解的方式灵活便捷，沟通方便，易于让广大百姓普遍接受和使用。四是效力保障。人民调解协议的法律效力得到司法确认制度的保障,这是当前人民调解最大的优势所在,也是对调解结果的有力保障。法律保障和司法权威介入可使社会矛盾纠纷的解决事半功倍。

人民调解面临的问题在于"调解先行"缺乏法律保障。《民事诉讼法》规定"当事人起诉到人民法院的民事纠纷,适宜调解的,先行调解"。"先行调解"表示调解是法院依职权启动的前置性工作程序,是强制性制度但较为柔性,仅限定了特定类型案件的强制前置调解,实践中调解机制会运用和贯穿在整个民事诉讼进程中。根据《民事诉讼法》的相关规定,除前述特定类型案件设置了诉前调解程序外,并没有其他"调解先行"或运用调解手段的法律规范,如此则只能依据当事人合意启动调解。随着民众法律意识的增强和人们对法律诉讼判断权威性的认可,加之受立案登记制的影响,"分流"到诉讼程序的比例仍然较高。这与人民调解制度的立意不符。

现行机制下,人民调解的概念模糊、难以清晰定位是影响该机制运行的重要因素。关于"调解",自古代至今,"调解"一直在运用,但法律定位差别巨大,概念各有不同。当前"大调解"背景下,多以政策性文件对调解的实施加以强化,但官方和学界都没有对"调解"做专业性的概念定位,理论上尚需弥补。人民调解的运行也时常处于缺乏清晰边界的状态,一方面我们强调能调的尽量调,一方面随着立案登记制的实施,纠纷大量涌向诉讼,由此也更强化了民众的诉讼信任。公权力介入对人民调解员的选任和管理,在一定程度上背离了人民调解原有的自治理念和自愿原则。但若不能对人员素质和能力加强管理,人民调解就会面临着不能适应社会发展中出现的专业化解纷需求的问题。欲打破这一循环悖论则有必要在法律和制度框架上加以规范。人民调解似在话语中心,又似在制度边缘。

3. 行业调解

行业调解,是解决行业内各主体之间矛盾和纠纷的一种常见方式,较诉讼而言,行业调解通常更为接地气,更加低成本、高效率,易于实现"案结事了"。其优越性表现较为明显。其一,行业调解的程序简单易行,成本较低,方式灵活多样。行业上的矛盾纠纷多为商事主体或紧密关联经济利益,省时省力的高效的方式在当事方中接受度高。在法院案多人少,诉讼资源紧张的情况下,行业调解可以有效减轻当事人诉累、节减成本,是化解行业纠纷的重要途径。其二,行业调解是行内人办行内事,有更高的信任度和可操作性。行业调解能有效化解当事方的心理障碍,减少敌意和抵触,有利于就事论事直接进行沟通协商,尽早促成调解结果。其三,有利于对当事方的信誉保护。诉讼程序上的公开性往往是大多当事人不愿接受和不愿看到的。行业调解是行业内部解决纠纷的方式,是仅在非常有限的范围内谈判和协商,不对外公开,就不会造成对涉事行业、企业不利信息的传播和扩散,不会因此影响各当事方的信誉。其三,专业性,高效率。行业调解是集中行业内专业人才调处纠纷,是专业的人办专业事。行业调解员多具有丰富的相关行业经验,这些行业专家能更有效地找到矛盾纠纷产生的症结和焦点问题,易于厘清各自的诉求和权利义务关系。他们能够充分利用行业规则解决纠纷,并能根据行业经验和现实情况提出解决办法。其四,行业调解相对公道并具权威性。行业协会内部有其自律、监督以及诚信惩戒机制,行内人都是在一定的规则体系下开展工作进而获取利益回报,不遵守者会为此付出代价。这些行业特点都有利于促进调解结果的达成,并且行业内失信行为的惩戒可以为调解结果提供一定程度的保障。行业协会中调解组织还会不断总结经验教训,完善相应行业规则,以促进整个行业的健康有序发展。行业调解是一种对行业发展和社会稳定都有正面价值的平和的解纷方式:

行业调解的不足主要表现在以下几个方面:

第一,行业调解组织数量不足,行业调解员队伍整体专业素质需进一步提高。行业性、专业性调解委员会在数量上远不能满足当前矛盾纠纷化解的需求。行业调解组织数量在各类调解组织总量中的比重小于其解决争议纠纷数量在所有纠纷中的比重,这说明行业调解组织有社会需求但数量上还有缺口。行业调解组织的重要特征和存在价值就是其专业性。较高专业水平的人才配置才能对应行业调解组织的业内调处纠纷能力,有必要从待遇和发展机会上优化以吸引更高层次的人才充实行业调解员队伍,提升整体素质和化解矛盾纠纷的水平。调解具有一定的公共服务性质,政府也应从财政和相关政策上对行业调解组织及调解员予以倾斜。

第二,行业性调解协议效力问题。相关法律法规未对行业调解组织的运作和调解协议效力作出明确规定,因而其调解协议仅具有合同效力,没有公权力的介入和保障,在某些情况下与寻求行业调解者的预期不符,使得行业调解组织投入的性价比不高,影响其发展的积极性。

第三,构建行业性调解组织的资金来源可能影响其中立和公正性。因为公共资金的支持有限,实践中有些行业性调解组织便吸收社会力量参与,以保障调解组织的稳定和运营。但因与社会力量有利益相关性,其调解中的立场和公正性难免会遭受质疑。而资金不能保障的话,则行业调解组织的设立和运行以及保障等多环节均受影响。

第四,行业调解组织不能完全独立。行业调解组织总体而言存在对行政机关的依附性。较多行业调解组织的建立是由行政主管部门促成的,对主管部门的依赖性强,不排除由主管部门公职人员兼任调解员的情况。行业调解工作的进展和成效,部分来源于行政机关的参与。

概而言之,行业调解的发展赖于法律制度的完善,现有问题根本上来源于相关法律制度缺位。行业调解组织的一系列问题,都需法律给予定位、明确。

4. 商事调解

随着市场经济的活跃和商事交易日益频繁,各类民间商事调解组织涌现,在电子商务、投资、金融、保险、国际贸易等领域提供商事调解服务。作为独立的第三方调解机构,他们聘请资深专家和法律专业人士担任调解员,遵循相应的调解规则,以专业化、职业化的模式运作,为国内外客户提供专业、快捷的服务以解决商事矛盾纠纷,如中国贸促会调解中心、上海经贸商事调解中心等。

商事调解是化解民营经济领域商事矛盾纠纷的重要方式,其主要就会员之间业务往来与合作中的纠纷、企业内部的劳动争议等纠纷,以及生产经营者相关单位之间的纠纷进行调解,对于引导民营企业依法经营和管理、促进各方依法维权具有重要作用。2019 年 1 月,最高人民法院、全国工商联联合发布了《关于发挥商会调解优势、推进民营经济领域纠纷多元化解机制建设的意见》,从法规制度层面对商事调解的运行进行规范。

商事调解的特点主要有以下几方面:一是当事方相对理性。商事主体一般较为理性,在解决商事纠纷时也更倾向于理性。商业中的逐利性使各方认同只要有益即可协商交易的理念,而协商谈判往往比冲突和对抗更能获取利益。所以商事调解易于被各方接受,能够更好地协调和修复当事各方的关系。二是中立性。中立性特征在商事调解中尤为突出,这是保证程序和结果公正的前提,也是使当事人信任并选择商事调解的重要缘由。在这一前提下,商事调解组织、调解员依专业技能居中调解,让当事人意愿得以充分表达,从中寻求最佳利益平衡点,进而达成各方乐于接受的一致意见。三是商事调解的市场化。商事调解组织的经费主要来源于调解收费和捐赠,在实现其功能价值的同时,需要依靠市场化运作求发展,向客户提供有偿的专业调解服务。商事调解组织以商事调解方式为当事方提供专业服务和建议,帮助当事各方化解矛盾纠纷,之后根据工作量和服务质量等情况向当事人收费,同时需要遵守基本的市场规则,维护交易安全和市场秩序。四是商事调解的国际化。商事调解不局限于国内某一地域范围,当今经济全球化的格局更加使商事交易的国别界限和地理空间的影响弱化。我国“一带一路”建设已经越拓越宽,我国的商事调解也必将走向国际。2018 年联合国通过了《新加坡调解公约》,这也体现出国际争端解决机制中的商事调解的国际化。商事调解将跨越不同的法律体系和社会制度,这将有利于提高跨国跨境执行力,协调国际经济关系。

相较诉讼,在较多的一般性商事纠纷中,商事调解有效避免了过高的维权成本,符合当今社会多元解纷需求和社会经济发展追求高效益的趋势,为众多民营企业提供了现实可行的快速化解纠纷途径。诉讼中“执行难”的问题也在一定程度上得到缓解。由行业专家、企业家等组成的商事调解组织,具有一定的权威地位,这些行业专家和企业家熟知商业惯例和交易习惯等,能快捷地、针对性地解决纠纷,其做出的结果也易于让当事人自然的接受,从而当事人能较为主动地履行调解协议,化解执行难问题。

商事调解的不足之处主要在于管理和运行不甚规范。商事调解处于市场化运作下的自由放任和混乱状态,缺少统一的组织管理和运作规则。我国的商事调解起源较早,但在国家和政府层面重视度不高,制度设计和管理规范的缺位，使其发展略显滞后，专业化程度不高，与国际化接轨方面还有很长的路要走。商事调解组织的理论水平不高，影响其调处能力。此外，商事调解组织成员复杂，能力和素质参差不齐，进而影响社会信任度。

5. 律师调解

在一些法治发达国家如美国、英国、日本等，律师已经成为社会矛盾纠纷解决的中坚力量。近年来，随着治国理念的转变和法治进步，我国的律师调解开始受到重视并被制度和政策接受、认可。2006 年，山东省青岛市成立首家律师主导型的调解组织，在该律师调解中心律师担任调解员，主持相关的调解与和解。2017 年 9 月，最高人民法院、司法部联合印发了《关于开展律师调解试点工作的意见》，通过在法院、公共法律服务中心（站）、律师协会、律师事务所设立的调解工作室或调解中心，由律师作为中立调解人开展调解工作，帮助当事人协商和化解矛盾纠纷。

2017 年，最高人民法院和司法部在北京、黑龙江、上海等 11 个省（直辖市）展开律师调解的试点工作，在人民法院、公共法律服务中心、律师协会以及律师事务所建立律师调解工作室。在这种调解模式下律师可以充分发挥其专业特长，在替代性纠纷解决机制中尽情施展才能。在公共法律服务的基础上律师实质介入矛盾纠纷并专业地化解矛盾，解决纠纷。律师调解得益于律师这一职业群体的专业性，律师调解制度可以使律师从法律法规的具体规定以及法理层面为当事人进行权利义务与利弊得失的分析，结合自己的实务经验在法理和情理上对当事人进行劝导，有理有据的说辞更易于被当事人接受。律师调解可以使非诉讼的纠纷化解机制具有更佳效果。最高人民法院和司法部建立了相对完善的制度并多层次、多渠道地提出要求，以使律师调解制度真正落地实施，从而在发挥律师群体专业特长的同时，满足社会多元化的解纷需求，丰富和完善我国的多元化纠纷解决体系。显然，从法律角度讲，律师是社会调解中最合适的解纷调处主体，不仅帮当事人避免法律风险，使之行事合法合规，还因其依据过硬的专业知识而做出的处理结果更易于为当事人所接受。律师凭借专业和经验优势，可以在短时间内解决在诉讼中需要花费数月时间的案件。

2019年司法体制机构改革，各省市纷纷确立的“公共法律服务体系”将法律援助、公证、司法鉴定等法律服务纳入其中，作为专业的法律服务者，律师调解在这一体系中无疑是举足轻重的。随着法治观念日益深入人心和公民法律维权意识的增强，寻求法律咨询和帮助已经是大众产生纠纷后的首选，这为律师介入争议纠纷解决、进行律师调解提供了很好的条件。

在后续的调处工作中，律师需要精准分析法律关系、明确当事方诉求，从而与当事人协商找到各方的利益平衡点，这既是对我国多元化解纠纷机制的必然要求，也是对律师综合能力的历练。从这一角度看，还有利于缓解部分律师因案源不足而缺少实践积累和物质性收入的现实窘境。

当前，我国在人民法院、公共法律服务中心、律师协会、律师事务所设立调解工作室是律师参与调解的主要方式。经律师调解后各方达成的调解协议可以申请人民法院确认其效力。律师调解的优势还有以下几方面：一是律师数量多、职业化经验丰富。庞大的律师队伍和分布广泛的律师事务所是律师调解的特有优势。有些律所已经借鉴商业经验、引进商业模式实行充分的市场化运作，律师事务所不像其他机构，尤其是官方、半官方单位的出入和办事有程序、有门槛，律师事务所和律师是深植于民间，扎根于群众的，亲民性和开放性以及几乎无处不在的特点使当事人可以就近、随时得到职业化的服务和帮助。律师调解将被越来越多的有需求的主体认同和接受。二是律师调解可以被广泛适用。律师调解与其他诸多调解，如行业调解、商事调解相比，法律背景是其特有优势，各种调解都要依法进行，在法治框架内协商，有些谈判内容还需要以法律为直接依据。因而其他各种调解在一定程度上都可以让律师介入，这可以和其他领域专家的专业知识结合，为纠纷当事人提供更全面、稳妥的专业服务和法律服务。现在司法程序上的调解也在积极引入律师调解。从司法到商事以至其他解纷制度和方式，都有律师介入的条件和介入的必要性，这是律师调解和律师职业发展的契机。三是律师调解化解纠纷的周期短、成本低，能及时做到诉调衔接。作为司法程序之外具有实践经验和专业的法律人士，律师调处能够更有效率。律师因熟悉诉讼程序，所以能在调处过程中把握节奏，在必要时能及时与诉讼相关程序衔接，从而节省当事人时间和成本，也能提高司法程序效率。

律师调解的主要问题在于调解协议的效力以及由此而来的执行争议。调解协议的强制执行力是调解制度得以发展的基础和有力保障。根据现行法律规定，调解协议需要司法确认方具有强制执行力。而司法确认对于当事人则是进入司法程序，有违其调解结案的初衷，且不情愿再为此付出成本。这也可归结于相关调解法律规定不十分健全。根据制度设计，律师可以成为相关调解组织成员，以调解员身份参与人民调解、商事调解、行业调解和行政调解等多种调解方式，律师事务所也可以自行设立专业化的律师调解组织，为社会各界提供专业的调处解纷服务。但由于相关调解之间以及调解与诉讼之间的衔接机制尚未形成，也未得到法律明确，律师参与调解时会有所顾虑。律师调解协议的效力也需在法律层面有更好的保障。

律师调解时，部分律师受到诉讼程式的影响，会先入为主以诉讼的模式和观念去调解，在调解中会过于理性，执着于法律上的权利义务关系，以及胜负和对错，而忽略调解的性质。其也会过多地追求证据和事实依据而忽略当事人内心真实和其他诉求；会有当事人立场，倾向于维护一方当事人的利益，影响其中立和客观态度。

另外由于在律师提供公共服务、公益服务方面没有充分的经费保障，律师积极性会受到影响。律师服务也是市场化的职业服务，律师事务所和个人都要追求必要的经济利益。在付出时间和劳动成本而没有相应的经济回报时，律师会以拓展案源的角度进入工作状态，关注点在于能否将处于争议纠纷中的当事人变为自己的客户和财源。从这一角度讲，律师更加没有无偿或低回报方式化解当事人纠纷的动力，这与律师调解的目标几乎背道而驰。

6. 行政调解

行政调解主要是指行政机关依法调解公民、法人或者其他组织间发生的与行政管理相关的民商事纠纷。当事人的纠纷涉及行政机关的管理职能时，由行政机关介入调解，居中说和并提供相关法律政策服务，更利于当事人达成合意。行政调解主要涉及道路交通、治安管理、婚姻登记等政府主管部门。行政调解作为构建“大调解”体系的重要组成部分，多地已经成立了行政争议调解中心。国务院《法治政府建设实施纲要（2015—2020年）》提出要“健全行政调解制度，进一步明确行政调解范围，完善行政调解机制，规范行政调解程序。”

行政调解符合现代行政的服务理念和运作理念，具有特定的独特价值，能够在多元化纠纷解决机制建设中发挥举足轻重的作用。就解决矛盾纠纷的手段而言，行政机关是我国政府体制中数量最多、分布最广、管理领域最宽的机关，在权力资源、强制措施等方面具有无可比拟的优势。因此，相比较而言，行政机关在纠纷解决手段上具有资源优势，能够运用多元手段来推进调解环节、化解矛盾纠纷。从解决纠纷效率上看，行政机关承担着社会管理、公共服务、市场监管和经济调节职能，能最先发现矛盾，更接近和了解社会纠纷，因而，行政机关能够借助自身资源更加高效地化解社会纠纷。

由于法律依据和历史因素等原因，行政调解的发展也面临一些困境。

第一，缺少有力的制度支撑。首先，在行政争议纠纷领域，行政调解之所以步履维艰，主要根源在于地方性法规效力层级较低，无法满足地方政府对于行政调解效果的期望，不能提供充分有力的制度支撑。调解协议、和解协议的达成和执行，实践中并不尽如人意。其次，在行政调解案件的过程中，调解期间与复议申请期限以及后续诉讼时效之间的关系如何界定也缺乏明确依据和规定。虽然在实践中有些地区的复议机关可依职权适用有关“其他正当理由”的规定给予宽缓，但这仅是属于个别地方针对行政诉讼程序的个案性质的做法，关于诉前行政调解和民事诉讼时效中断，行政调解的期间是否应从行政诉讼起诉期限内予以扣除，多数地方立法性文件并无详尽规定。

第二，调解范围有待界定。从现有依据看，并不能清晰地界定行政调解是行政机关居中调解民事主体间的纠纷，还是协商化解行政争议。从较多省区的文件看，基本上是二者兼有。行政机关居中调解民事纠纷，均以相关的法律法规为依据，如各地的交通事故调解、劳动纠纷调解、消费者权益调解等。然而对于本应作为着重发力点的行政纠纷类型的调解，各地在实施中困难重重。

以四川省为例，四川省人民政府办公厅《关于进一步推进行政调解工作的意见》将行政机关居中调解民事纠纷纳入其中，同时规定“行政争议”的当事一方须为行政机关，这正是概念不清和行政调解调整范围模糊状态的表现。后续的文件和政策中又做了进一步的说明和范围限制，但经一番规制后，已没有多少行政争议可以进入调解程序的范畴。因此，对许多地方政府而言，推动行政调解的初始动力是意图将行政争议调解作为工作重点，兼顾民事纠纷而居中调解，但实践显示其调解范围仍是以调解民事纠纷为重，行政争议调解反而位居其次，境地尴尬。对于行政调解工作走在全国前列的四川省尚且如此，其他地区自不待言。

第三，程序设计僵化。首先，各地在设计行政调解程序时，大多重新设计架构，试图对行政调解的范畴进行拓展。这种想法如果付诸实践恰恰限制了制度的发挥空间。对于行政相对人申请调解的，当然形成行政争议，调解机关应尽可能地组织调解，在行政环节就对矛盾争议进行化解。如果因争议的行政机关一方不同意就放弃调解，无异于将原本期待行政调解的当事人推入复议、诉讼以及信访渠道，这背离行政调解制度实质化解矛盾的初衷。其次，行政调解过于强调在体制内调解。许多地区把行政调解与人民调解、行政复议、行政诉讼、信访中的调解区分开来，认为只有在行政机关主持下的调解才可以纳入行政调解。从理论上讲，复议、诉讼、信访可解决全部行政争议，单独的行政调解制度本已无太多的存在空间，可能仅限于行政相对人对抽象行政行为不服的情形，但难以操作。多地出台的调解制度与信访制度多有类似，于相对人而言区别不大。

此外，随着实践的深入，当下行政争议协调化解出现新动向。

一是受案范围趋向明晰。一些地方文件中开始明确协调化解的受案范围，确定了可进行协调化解的案件类型。这既可以防止协调化解在司法实践中被滥用，损害相对人权益和司法权威，又能为解决实质性争议提高保障。

二是协调程序尽可能地移至诉前。目前，有些法院利用案件分流机制来缓解法院的办案压力，进而维护和保障法院的核心审判功能。在分流中，尽可能地将协调化解工作移至诉前。调处过程前置可以减少不必要的司法资源占用并减少协调问题对司法权威的冲击。

三是法院成为重要一环,在多元解决机制中承担了解决纠纷的社会任务。法院的协调化解机制使法院除了承担司法审判职能外,还成了社会矛盾纠纷化解体系的必要组成部分,与解纷路径息息相关。一些地方文件中明确提到法院在“行政争议实质性解决过程中可以采取人民调解、律师调解等各种方式”,在某些程度上,法院已经成为一种协调平台,组织、协调多种力量解决矛盾,化解纠纷。

7. 公证调解

目前,公证机构参与纠纷解决机制在法律政策和司法实践中不断发展。公证机构参与纠纷化解有法律基础、业务基础和实践基础,同时具有专业性、亲民性、独立性、结果强制性的特有优势。公正调解工作中的一些问题也比较突出。

(1)公证调解具有多方面的更强优势

第一,公证员业务素质高,专业经验丰富。《公证法》对公证员的任职资格和任命程序等都有严格规范,要求公证员必须具备深厚的法律专业知识和丰富的从业经验。调解过程中,公证员易被各方当事所认可,社会公信力较强。其专业性为调解工作带来便利和效率。公证员在调解中能够依法行事,秉公办理。在多种调解方式中,公证调解往往都具有良好的效果。

第二,公证调解的独立性。公证机构设立后即具有独立的主体地位。公证机构与司法机构之间没有权力隶属和制约管理的关系,其调解工作依法独立进行,不受其他干涉。因此,其开展调解工作具有独立性。公证机构在性质上具有公益服务的属性,对机构设置和人员配置的要求都较为严格,因此有较高的社会信赖度。

另外,与律师调解相比,公证机构“脱胎”于行政机构,尽管目前在公证体制改革的情况下,出现了合伙制公证机构,但公证机构主要还是事业单位法人,在性质上是从事公益服务的事业单位,在机构设置上要求严格,具有更高可信度。

第三,公证调解亲民,充分尊重当事人意愿。与司法程序中的调解相比,公证机构不是通过公权力来解决矛盾冲突,不具有管理职能,不干涉当事人的自治意愿。排除在司法调解和行政调解中可能存在的对当事人的压力,也不会有其他压力影响当事人的判断和利益处分。当事人可以在没有压力和顾虑的情况下行使自己的权利,表达意见,维护自身权益。公证机构身处基层,能够在工作中深入群众内部,贴近基层,公正调解也较为平和,易为民众所接受。

第四,公证调解结果保障系数高,可以具有强制性。公证调解形成的公证文书法律效力较普通的文书、协议层次更高。公证机构有其职能的特殊性,与其他调解相比,部分调解协议可以通过对其赋予强制执行效力来保障协议的执行,避免后续当事人反悔引起的纠纷以至就同一争议而进入诉讼程序,对当事人而言,可以稳定地实现其预期利益,这是公证调解的最强大价值所在,也是对调解结果的最好保证。

第五,成本低且调解方式灵活多样。与司法诉讼和行政方式解纷途径相比较,在时间、人力和财力的花费上,公证调解的成本更低,性价比更高,对于广大普通民众来说,公证调解是众多解纷途径中的优选方案。公证调解在调解过程中可根据情况和当事人的实际调解需求灵活调整其调解方式,可以运用保全证据、强制执行等多种方式保障调解效果。当事人可以根据自身诉求进行调整和选择。

(2)公证调解工作中的一些问题也比较突出

第一,主体资格的认定和公证人员的职能界定与归属划分需法律予以明确或强化。由于某些具体操作环节尚处于试行和摸索阶段,加之相关法律法规也不甚全面,公证机构与人民法院合作进行的司法调解工作中,有时不能明确认定司法调解的主体。在配合诉讼程序工作中,公证人员的积极性因此受到影响。在与法院合作进行的调解中,公证人员与法院工作人员的职责划分不够清晰,工作事项会发生交叉或错位。

第二,公证调解在多元纠纷解决中的认知度和地位不高,公证员的参与意愿不足。在中国多元纠纷解决方式中,人民调解、司法调解、仲裁等广为人知,也越来越多地被用于实践。但公众对公证调解知之甚少,而且获取信息的渠道也十分有限,因此在寻求解纷方式时,其选项中往往没有公证调解,即使有也因认知度不够而倾向于放弃,因而公证调解的应用频率较低。公证机构对自身的定位和调解职能的认知也有待提高,公证员不能深刻理解和把握公证调解的属性与具体操作方法,意愿不强,缺少参与实际调解工作的积极性,这些自身因素也成为公证调解推广应用的障碍。

第三,法律规定和制度保障不足。我国现有法律法规中,对于公证调解的规定较少,与多元解纷体系中的其他调解制度相比,立法上还有缺位和很大的弥补空间。并且,现有相关规定也需要高位阶法律保障其效力层级。

8. 其他形式的纠纷解决方式

(1)人民调解个人工作室

司法部《关于推进个人调解工作室建设的指导意见》中提出:鼓励专职人民调解员和退休政法干警、律师等社会专业人士、基层德高望重的人士等建立个人调解工作室。这可以丰富我国多元解纷方式的内容,也可以充分发挥具有实践经验的调解人才的价值和引领作用。在政府号召和政策指引下,很多城市和地区都在建立个人调解工作室。这使民众能有更多选择的机会,更易于找到合适的解纷方式。其存在的问题是社会需求较大,当前数量尚显不足。而目前处于初期阶段,对调解员的专业素质要求和行业管理规范还需进一步完善。

(2)家事调解委员会

家事调解委员会担负着较多家庭相关的社会功能,对稳定和修复婚姻家庭关系具有重要作用,也是维护社会和谐不可或缺的角色。自2016年开始,一些法院开始探索设立家事调解委员会,组建家事调解员、调查员和家事心理疏导员队伍。

家事调解委员会参与调解后形成的调解协议,一般是需经司法确认方可获得强制性效力。家事调解委员会若是受法院委托在诉讼过程中参与调解,其调解结果则应被认定为法院调解。

(3)信访调解制

信访制度是群众维护自身合法权益的一种机制,也是国家治理体系中的重要制度设计,便于人民群众参与公共事务,也有利于政府及时获取基层实情,及时发现社会矛盾和潜在风险。现实中很多情况下,信访也是部分群众实现权益的最后选择。信访原本也是解决纠纷方式的一种,但问题在于,信访部门基本是协调其他职能部门解决具体问题,类似于一个负有协调监督职能的临时性组织,而不是真正解决问题的主体。对群众而言,在很多时候信访部门只是个录音机或传声筒,仅接受信息,承诺传递和向上汇报信息,但结果如何另当别论。这使得信访部门的反馈与群众的期望值反差大,容易导致群众不满,激化社会矛盾。因而引入调解机制及时遏制和化解矛盾纠纷确有必要。信访调解机制的运作不仅有益于解决群众难题,稳定社会秩序,也利于维护政府权威和公信力。但目前没有相应的法律条款对信访调解制度予以确认和规范。信访中涉及的问题往往更为复杂、尖锐,而且多群体性事件,信访调解制度的建设更有其必要性和紧迫性。

(4)知识产权纠纷调解

最高人民法院在2016年《关于人民法院进一步深化多元化纠纷解决机制改革的意见》中提出,支持发展知识产权纠纷的人民调解。随着我国科技创新能力的增强和国际营商环境的需要,知识产权的地位无疑会越来越受重视。在2020年11月中央政治局在以加强我国知识产权保护工作为题的会议上,更是全面阐述和强调当今知识产权的重要性。在知识产权领域,由于现代科技发展快,权利内容丰富而繁杂,法律的滞后性也表现明显,仅依靠司法途径和行政手段难以满足社会需求,并且司法途径周期长、成本高,不能适应知识产权领域迅速发展的节奏。而知识产权多涉及较大金额的经济利益,当事人产生的矛盾冲突更需及早化解,所以知识产权纠纷的调解也是大势所趋和必然。不过,知识产权调解组织成员需要有更高的专业水准和更多的背景知识,调解环节也可能较其他领域的调解稍显复杂,运行的成本应当较高。在发展初期,还需要更多政策支持和资金保障等。

此外,有些行业调解委员会根据本行业特点,结合地域、纠纷性质等因素,探索设立了一系列有针对性的专业化调解工作室,提供相关行业内的专业调处解纷服务,如物业纠纷、医疗纠纷、银行保险、道路交通调解工作室等。

三、浅析和展望

(一)关于调解立法

以上多元解纷方式中,比较突出的问题集中在法律依据法律制度保障层面,以及相关的协议效力问题。现有的《人民调解法》调整范围有限,没有涵盖多元解纷体系中的大部分调解方式。现在各地多样的调解方式如火如荼、遍地开花,其中也有些也取得了较好效果和社会效益,得到了公众认可。但明确的法律依据和法律制度保障仍然是这一切的基础,这一基础缺失仍然影响整个体系的运作。各地通过法规、政策等尽可能地对各种调解方式予以制度化保障,但效力层级有限,并且还涉及诉讼和调处衔接问题。尤为关键的是,大多数调解产生的协议效力只是在"协议"层面,不具有公权力保障的强制执行力,这确与民众的期待有偏差。有的经申请司法确认后产生强制执行力,但这毕竟又是一次程序,对于大众而言,这似乎是又从调解进入了"司法"程序。而很多人选择调解方式就是想避开司法程序,不想涉及这一层面,所以这会降低大众对调解的接受度。大众愿意接受调解方式,但是难以接受调解后的结果没有保障,也不愿意调解之后还需要进入司法程序,即使是相对简单的司法确认程序。遇到纠纷矛盾的主体,最终的、最根本的诉求还是预期利益的保障,如果得不到保障,那么也就失去其接受调解的意义。公众接受的是程序简便下有保障的调解。由此来看,学界和社会实践中对关于调解的立法呼吁较高,也确有其必要性和现实性。

(二)关于诉讼和调处衔接

多元解纷机制中各种调处方式的末端都应当是与诉讼的衔接,尽管调解方式可以化解和处理大量矛盾纠纷,但纠纷调处中不可避免地会有一部分分流到诉讼途径。以调解结束纠纷的可以"案结事了",而进入诉讼途径的则需走新的程序,按照诉讼法的要求进入司法程序的流程。若没有事先的衔接,某一矛盾纠纷在诉讼中就要重新开始。首先,这会让当事人产生不满和抵触情绪,不利于矛盾解决,而且可能会由此引起新的矛盾纠纷。比如当事人与原调解组织、调解员之间可能因为彼此角度不同而产生的分歧和误会。其次,给处于纠纷中的当事方、调处一方以及法院一方造成不必要的浪费,加重各方的负担。反之,建立完善的衔接机制,纠纷不论进入哪一渠道,都水到渠成地有对应运行规范与之对接,使该纠纷可以流畅、有效的解决。如此,不仅有利于纠纷化解,还可使各机构主体间的配合更为协调。

立法固然是高位阶的有效大招,但在此之前需立足于现行法律框架运作体系下行事。专门的诉调衔接协调平台建设对纠纷事件的调处、诉讼裁判必不可少，是矛盾纠纷处理过程中的一剂润滑剂，其主要职能是协调、引导和分流。该平台除了负责传统渠道来源的案件对接，还要实现线上和线下的衔接。我国的多元解纷体系中，ODR是重要的一部分。随着互联网法院实践经验的积累和科技进步，线上化解纠纷的内容和方式将越来越丰富。在成功实现线上的诉讼、仲裁、商事调解等多种方式良性运转之后，必将会有更多的解纷方式"上线"，实现线上线下并行，解纷方式的选择更加多元化，甚至有些领域的纠纷调处是以线上为主的，如电子商务中消费者权益受侵害引起的矛盾纠纷等。最为严格的司法诉讼早已实现线上办案，其他解纷方式没有理由不拥抱互联网。作为大调解体系中的一环，诉调衔接平台必然不能与线上切割，不仅要积极协调线上线下，还要紧跟趋势主动融入，不断拓展线上空间。

诉调衔接还应包含诉讼执行与调处的衔接，将调解化解纠纷方式应用于诉讼的全过程，发挥各自特长，实现多元解纷方式间的优势互补。近年来随着上层推进解决执行难问题，判决执行得到一定程度的落实。但执行环节仍然问题多发，在执行工作过程中，如法律文书送达、查询财产线索、查封冻结财产、传唤和拘留被执行人以及可能因涉嫌犯拒不执行判决、裁定罪而引起刑事程序等，都可能会出现纠纷和对抗，而执行环节落实不到位则会使司法机关的裁判成为一纸空文，不能突破正义的最后一公里，不能实质性化解矛盾和解决纠纷。一定程度上来说，不解决执行问题就等于没解决纠纷。多元化纠纷化解机制的设计和运用旨在穷尽各种手段解决纠纷，将矛盾纠纷实质性地消于无形。因而，作为多元解纷体系中重要构成的调解机制必然要与执行相对接，并逐步建立起相应的匹配机制。

多元化解纷机制中的衔接是整个机制建设中的关键，其核心问题是实现诉调对接实质化。调解中若当事人各方达成一致协议则结束争议，若不能达成一致协议则可能需要转入诉讼程序。毕竟不可能强制争议纠纷都完全以调解方式结案，因而调解不可避免地需要与诉讼建立衔接机制，不论在程序上还是实体权利上，都需要从法律制度上予以规范和明确。否则，还会给纠纷解决造成不必要的障碍。诉调衔接一方面是调解过程中的分流需要,同时也是法律制度和程序设计的必要。

(三)需先行重点扶持的调处制度

各种解纷方式中,公证调解是具备一定条件、可操作性强的调解方式。随着公众法律意识的增强,公证已被越来越多的人认识和运用。公证的效力高意味着保障系数高,相比其他调解方式,可以省去一些确认程序。公证机构具有亲民性,当事人的出入和办事流程都没有那么复杂烦琐,这都可以提高当事人的办事效率,更易于为群众所接受。在现有公证机构设置的基础上,增加调解的功能是相对易于实现的。公证调解在现有基础上还有很大的发展空间,有待大力度的推广和运用,当然也要在现有公证调解实践经验的基础上不断总结,将切实可行的经验成果推而广之。公证调解与律师调解应当成为社会解纷方式中的专业性调处组织的代表。律师调解是最有可能实现突破性进展的调处解纷方式。律师作为专业的法律职业人员,在法治越发完善的当今社会中具有无可替代的地位。

综上,“调解法”的制定是必然的,其内容设置中除了将多元的解纷体系统一纳入法定调解范围之外,诉调衔接部分是必不可少的重要一环。

国家多次强调要把替代性纠纷解决机制挺在前面,对促进国家治理体系和治理能力现代化的高度提出前瞻性要求。解纷方式的衔接通畅程度直接影响多元化纠纷解决机制的公正、高效、便捷程度。运转良好的衔接机制也将有助于让多元解纷方式之间实现更佳的解纷效果。多种方式的优势互补有助于实现整体的统筹性、系统性,可以帮助具体个案选择最佳路径,实现纠纷的实质化解决,弱化单一解纷方式的突出缺点。最高人民法院的相关会议上也多次强调要依托科技硬实力,解决法院所面临的“案多人少”难题。要全面推进“两个一站式”建设,不断增强化解纠纷和诉讼服务能力。利用现代化的信息化建设打破信息壁垒,实现调解、仲裁、公证和诉讼之间的有效信息共享。“让信息多跑路,让群众少跑路”,让纠纷可以通过最优解纷方式组合得以化解。多元解纷的发展已经走在了时代的节奏上,走在了政治的高度上,多元化解纷方式必将,也必须在统筹协调中大步迈进。

CHAPTER 03 >>

第三章

多元化纠纷解决机制衔接的问题研究

当下的中国正处于社会转型时期，社会矛盾尖锐且复杂。多元化纠纷解决机制越发成为社会转型时期解决社会矛盾的主要方式。多元化纠纷解决方式如何衔接是建立一个完整的多元纠纷解决机制的重中之重，目前，我国的非诉讼解决机制仍存在着不少缺陷，机制的缺陷则必然导致衔接机制的基础不稳定，而衔接机制中的运行障碍和适用范围不明确的问题也是阻碍多元纠纷解决体系形成的一大障碍。本章针对衔接中出现的这些问题，提出应当完善替代性纠纷解决机制中存在的效力不明等问题，保障调解协议的司法确认，确保执行，协调纠纷解决机制衔接的程序，明确可以适用纠纷解决衔接机制的案件范围，法院管辖范围等问题，最终建立科学完备，运行高效的多元化纠纷解决体系。

在人类社会中，不管当时的社会处于何种社会形态，冲突都是自始至终存在的。冲突的产生和解决贯穿整个社会发展进程，无法避免。目前我国正处于社会转型关键时期，伴随着经济的高速发展和生活领域的不断扩大，社会中纠纷产生的数量呈急速上升趋势，纠纷的类型也变得更加多样，矛盾冲突的尖锐性不断冲击社会的稳定性。而因为公民的法治意识不断增强，通过诉讼来解决纠纷的方式成为人们解决矛盾的第一选择。诚然，诉讼是法治社会中一种值得提倡的合法有效地解决矛盾纠纷的方式，但是诉讼在很多场合并不是最优解。在很多时候诉讼需要消耗大量的时间、精力和财力成本，与最终形成的诉讼收益并不匹配。诉讼可能能够解决当下的矛盾，但很可能会严重影响双方日后继续发展的可能性。自法院的立案登记制改革起，大量的诉讼案件涌入法院，加上法官员额制改革的深入，我国的基层法院长期处于案多人少的状态，并且这个状态在短时间内很难得到改善。巨大的诉讼需求和司法资源的缺乏使得法院面临着巨大的诉讼压力，这也导致了法院审判质量的下降。这意味着寻求多元化纠纷解决方式，构建一个多元化纠纷解决体系势在必行。而多元的纠纷解决方式之间如何衔接一直以来都是构建多元化纠纷解决体系的重点，多元纠纷解决方式的衔接首先需要明确的是非诉讼解决机制自身应当是完善的，如果替代性纠纷解决机制在效力、执行等各方面都不甚明确，那诉讼和替代性纠纷解决机制衔接的基础便是动摇的，更何谈多元化纠纷解决体系的建立呢？尽管目前有些法院已经有了诉讼和调解相衔接的相关经验，但是在诉调对接的过程中，诉讼和调解衔接运行还存在着障碍，相关法规对于可以适用诉调对接的方式来解决纠纷的案件范围等问题也没有明确规定。要实现多元化纠纷解决机制的合理衔接，就必须要尽早解决这些实践中的问题。①

一、多元化纠纷解决机制的分类

（一）纠纷的诉讼解决机制

解决纠纷的手段复杂多样，如诉讼、裁决、协商、调解等，调解手段中又能细分为商事调解、行业调解、律师调解等多种形式。但是其各种不同的纠纷解决方式根据是否经过法院审理大致可以划分成两大类型，一种是替代性纠纷解决机制，另一种就是诉讼纠纷解决机制。

诉讼，是指人民法院、当事人和其他诉讼参与人，在审理案件的过程中所进行的各种诉讼活动，以及由这些活动产生的各种诉讼关系的

① 参见范愉：《以多元化纠纷解决机制保证社会的可持续发展》，载《法律适用》2005 年第 2 期。

总和。[①] 作为一种公力救济手段,诉讼的本质其实是由国家审判机关在纠纷主体参与下,按照法定的程序和方式处理社会纠纷。诉讼纠纷解决机制的产生是人类文明不断进步的结果,它结束了以血腥暴力这种最原始的手段来解决纠纷的历史。与协商、调解这些替代性纠纷解决机制相比,诉讼的基本特征体现在以下几个方面:一是诉讼是依靠国家强制力来最终解决法律纠纷[②],法院依法行使国家公权力对纠纷做出审判,对各方当事人之间的权利义务关系做出的判决裁定是强制性的,并不考虑当事人是否愿意接受该审判结果。原告向法院提起诉讼之后,被告有义务应诉,若被告不到庭,法院有权利强制其到庭,或者缺席判决,强制解决法律纠纷。此外,在审判之后,国家也给予法院强制执行权来保障判决效果的实现。二是诉讼依照严格的诉讼制度和程序进行,整个诉讼程序由法院这样的国家公权力机关进行主持,各方当事人的举证责任,纠纷解决的步骤和期限,以及解决之后的效力等各方面的问题都有明确的法律规范对其进行规定。[③] 明确的规范和严格的程序在很大程度上限制了法官的枉法裁判,保障了各方当事人参与诉讼所享有的各种权利,同样也使各方当事人对最终的纠纷解决结果有较为明确的可预见性,保护了各方当事人实体性权益和程序性权益,也便于查清纠纷的事实真相,保证纠纷的公平解决。诉讼纠纷解决机制的出现使得纠纷的解决脱离无序的状态,程序上更加专业化,也更加能够保证执行力,这也使诉讼有了终局性、规范性、强制性等特点。由此可见,诉讼纠纷解决机制是纠纷解决中最为权威的一种手段。

即便诉讼纠纷解决机制存在诸多的优势,但是其制度本身也依旧存在着不少问题。首先,因为诉讼程序的专业化、强制性,所以诉讼是最为权威的纠纷解决方式,但是过于专业化的程序在一定程度上也阻碍了普通民众的参与。诉讼的整个审判程序都是一个专业性极强的技术活动,许多一般的老百姓并不能完全接受其所规定的各项程序甚至判决理由。其次,诉讼成本和诉讼收益不匹配的问题也日益突出。在我国的东部沿海地带,民间资本活跃度高,因此产生的纠纷数量也多,

① 参见江伟主编:《民事诉讼法》(第四版),中国人民大学出版社 2008 年版,第 10 页。

② 参见蒋为群主编:《民事诉讼法学》,兰州大学出版社 2006 年版,第 5 页。

③ 参见蒋为群主编:《民事诉讼法学》,兰州大学出版社 2006 年版,第 6 页。

而这些纠纷通常涉及的标的额小，双方当事人也都普遍倾向于以最快的速度协调好矛盾点。诉讼的程序复杂烦琐，经历的时间较长，若采用诉讼程序，各方当事人需要经过聘请律师、提起诉讼、等待开庭等一系列的程序，很多时候，一个标的额小，事实清楚的案件也需要半年到一年的时间来解决，这其中所消耗的人力、物力、财力通常远远超过了纠纷解决本身能给当事人带来的利益，很多当事人都不愿意等待这种“迟到的正义”。[①] 最后，由于我国在长期的历史发展中都存在着“厌诉”的心理，在偏远农村地区依旧存在着排斥法律和诉讼的心理，因此不是所有诉讼判决的效力都能得到承认。且多数案件会涉及邻里家庭等问题，很多时候司法上的逻辑关系和社会生活中的思考方式存在着区别，这也往往会导致纠纷主体心理和情感上的抵触。[②] 因此，诉讼纠纷解决机制也许能够使当下的矛盾纠纷得到合法有效的解决，但是在一定程度上严重损害了社会关系，不利于社会的稳定发展。因此单一的诉讼纠纷解决机制越来越难以适应新时期矛盾纠纷的解决的需要，未解决这种困境，各界把越来越多的目光投向了替代性纠纷解决机制的创新和发展，诉讼纠纷解决机制和替代性纠纷解决机制如何衔接也成为构建多元化纠纷解决体系的关键点。

（二）替代性纠纷解决机制

替代性纠纷解决机制，其英文名称为 ADR（Alternative Dispute Resolution），也有学者称为选择性纠纷解决机制。这是一种起源于美国的诉讼外纠纷解决机制，是由纠纷各方当事人自由选择的，并且不违反法律强制规定用来替代诉讼程序的纠纷解决方式的总称[③]，主要有谈判、调解、仲裁这几种形式。

相比诉讼纠纷解决机制，替代性纠纷解决机制具有几项十分显著的特征[④]：一是非正式性，从纠纷解决的程序来看，替代性纠纷解决机制没有一个固定的模式和限定的规则程序。在整个纠纷解决过程中，纠

---

① 刘小春、徐琳琳：《民事诉讼功能局限性之出路——多元化纠纷解决模式的构建》，载《湖南师范大学社会科学学报》2010 年第 5 期。

② 参见范愉：《非诉讼程序（ADR）教程》，中国人民大学出版社 2002 年版，第 15 页。

③ 参见范愉：《非诉讼程序（ADR）教程》，中国人民大学出版社 2002 年版，第 17 页。

④ 参见范愉：《当代中国非诉讼纠纷解决机制的完善与发展》，载《学海》2003 年第 1 期。

纷各方当事人可以自由选择任意的机关或者个人来主持，也可以自由商定解决的各项程序，而不受法律法规的强制规定。从权利义务角度来看，相比诉讼程序各方当事人需要履行的各项义务，非诉讼过程中各方当事人的义务并没有严格的法律法规对此进行规定，也相对不明确。从纠纷解决的依据来看，很多时候通过非诉讼纠纷解决程序解决的纠纷矛盾并没有严格遵循法律法规的规定来决定各方当事人需要承担何种责任。由于司法逻辑和人们生活中的思维方式存在着一定差距，因此在非诉讼程序中，在协调一致不违反法律强制规定的情况下，各方当事人可以根据利益实现的最大化来进行责任的分配。从结果的执行来看，诉讼程序的最终执行需要国家强制力的参与，而非诉讼程序的执行只依靠于当事人的自愿履行。非正式性特征对替代性纠纷解决机制来说是一把“双刃剑”，非正式性能让纠纷各方当事人灵活便捷地适用该机制来解决纠纷，并且通常能在较短时间内达成和解，而非正式性又导致了各界对和解的结果承认度有限，并且因为其完全依靠当事人的自愿来履行解决结果，在结果的执行上也存在很大的不确定性。二是合意性，替代性纠纷解决机制中当事人的意思自治是其重要基础。在该机制中当事人的合意性不仅体现在可以协商决定选择何种程序来进行纠纷解决，还体现在对实体性权利和诉讼权利的自由处分上。各方当事人可以选择是否采用替代性纠纷解决机制来解决问题，在进入该程序之后，当事人也可以自行决定解决的程序规则，若各方当事人都对最终的结果不满意，也有权利中止整个纠纷解决程序，拒绝解决结果的实现，实现充分的意思自治。三是附属性，从替代性纠纷解决机制和诉讼纠纷解决机制两者的关系来看，尽管目前替代性纠纷解决机制在生活实践中占据了越来越重要的地位，但因其固有的非正式性，诉讼纠纷解决机制一直是主导的解决方式。替代性纠纷解决机制从其纠纷解决的本质来看还是根据当事人的合意来解决问题，并没有公权力的主持和参与。公权力不参与也就决定了在当事人无法达成合意或者解决结果无法实现时，仍旧要寻求诉讼的方式来解决矛盾纠纷，因此，替代性纠纷解决机制必然不能替代法院来解决所有争议，而只能作为诉讼外的补充手段来适用于当下越来越复杂的社会矛盾纠纷情况。四是纠纷解决性，纠纷解决是替代性纠纷解决机制的基本功能。无论哪种形式的非诉讼解决机制都是以解决纠纷为最终目标的，这也是其与一般的组织和行政机构的管理性和职能性活动的最大不同。这一基本功能和目的，成为替代性纠纷解决机制和诉讼程序能够相互衔接的根本连结点。两者的衔接构成了多元化纠纷解决体系，共同承担着纠纷解决的社会功能。

二、多元化纠纷解决机制的衔接

（一）多元化纠纷解决机制衔接的必要性

纠纷解决机制的成熟和完善是实现国家治理能力和治理体系现代化的一个重要指标。[①] 随着社会矛盾的一步一步复杂化，各项条件也趋于成熟，我国近些年来发布的一系列文件、政策都不断地在强调衔接各种纠纷解决机制，构建多元化纠纷解决体系，将各种纠纷解决机制衔接成一个完整的体系的要求也变得迫切起来。

1. 社会经济发展，矛盾复杂化

经济基础决定上层建筑，社会经济的不断发展变化是决定需要多元化纠纷解决机制进行衔接的首要原因。党的十九大指明了我们中国特色社会主义进入了新时代，在供给侧结构性改革的大背景下，经济总量越来越大，也保持着较高的增长速度。体量越大，活跃度越高的经济下，矛盾纠纷的各方面也会随之产生新的变化。最直观的是，纠纷数量会呈现井喷式增长，其表现形式变得更加复杂，冲突性和对抗性也会更加激烈。强烈的冲突和激烈的对抗性已经严重地影响社会的稳定性。但是单独运用诉讼纠纷解决机制或者替代性纠纷解决机制并不足以面对如此复杂的矛盾情况，多元化纠纷解决机制的衔接能够为解决纠纷提供更多、更适合案件诉求的选择。

2. 单独运用诉讼程序和替代性纠纷解决机制存在着缺陷

诉讼纠纷解决机制和替代性纠纷解决机制都有其明显的缺陷。诉讼中程序的复杂性和常常会存在的期限延迟导致从总体上来看通过诉

---

① 参见龙飞：《论国家治理视角下我国多元化纠纷解决机制建设》，载《法律适用》2015年第7期。

讼解决的纠纷所花费的时间都比较长，且费用高昂。如果单纯只运用诉讼的方式来解决所有矛盾，是必然满足不了目前社会上如此巨大的纠纷数量的。此外，当下涌现了很多新型纠纷，这些纠纷通常需要较强的专业性，而很多时候诉讼程序大都由法律法规明确规定，这也使得诉讼程序的固定性较强，因此也无法适应日益更新的纠纷的化解。如果单纯地只运用调解、仲裁等这些形式的替代性纠纷解决机制，其非正式性、合意性这些特征决定了对于一些对抗比较激烈的纠纷来说，若没有公权力的参与，替代性纠纷解决机制不足以协调矛盾，恢复双方之间正常的权利关系。并且在替代性纠纷解决机制中，各方当事人根据合意来选择第三人来主持整个程序的进行，国家公权力机关以外的第三人并不能保证其中立性和权威性，所以其纠纷也难以公平地得到解决。只有将诉与非诉两种机制进行有机的衔接运用，才能在兼顾成本效益的同时，有效解决矛盾纠纷。

（二）多元化纠纷解决机制衔接的可能性

多元化纠纷解决机制的衔接已经成为必然的趋势，但如果要构建一个完善的多元化纠纷解决体系不但要考虑各种纠纷解决机制衔接的必要性，更要考虑它们之间衔接的可能性，若衔接不存在现实可能性，那么一切理论研究都是没有意义的。

1. 理念转变，调解历史深厚

与很多西方国家不同的是，我国千百年来都存在着“厌诉”的心理，并且长期的儒家思想强调“和为贵”。因此在中国传统社会中，甚至如今在一些农村地区还能遇到这样的情况，碰到矛盾纠纷时通常会寻求宗族中的大家长或者当地较有威望的长者来做中间人，主持整个调解程序，解决矛盾纠纷。长期的调解的传统也是调解成为“东方经验”的重要原因。① 但是随着法治化建设的推进和普法宣传教育的不断深入，长期强调诉讼是解决纠纷的合法有效方式，使得人们只着眼于诉讼的积极影响，甚至留下诉讼是解决所有矛盾纠纷的唯一适合的手段的印象，而忽略了诉讼固有的期限长、成本高等缺点。司法资源的缺乏和日益增长的纠纷数量让人们终于意识到，单单靠诉讼来解决纠纷是不现

---

① 参见杜闻：《论 ADR 对重塑我国非诉讼纠纷解决体系的意义》，载《政法论坛》2003 年第 3 期。

实的，调解、协商等非诉讼手段也必须成为更多人解决纠纷的选择。长期存在的调解经验也使得人们熟悉并且承认这种纠纷解决方式[①]，这也使多元化纠纷机制的衔接存在理念上的可能性，而不仅仅只是学理上的分析。

2. 外国替代性纠纷解决机制的发展，提供更多模式

不仅仅是我国在寻求多元化纠纷解决机制的衔接，构建多元化纠纷解决体系，许多国家也兴起了诉讼外的纠纷解决方式。20 世纪 60 年代起，调解、仲裁、中立评估、裁决等替代性纠纷解决机制在世界各国兴起，并在全世界范围内成为一种潮流。许多国家如美国、日本、新加坡等都以立法的形式确认了这种替代性纠纷解决机制的合法性、有效性。[②] 除去法院，社会中有很多机构、组织都在承担着纠纷解决的社会责任，很多机构会提供有偿服务，以市场化运作的模式为案件提供各类服务。对调解员进行一系列的专业培训，并要求进行统一资质认证和资格评审。多元化纠纷机制要想更好地衔接，就必须要求完善替代性纠纷解决机制的基础。在长期强调诉讼的积极作用下，我国的替代性纠纷解决机制还存在着法律效力不明，专业水平不达标等各类问题，并不能够适应当下复杂多样的矛盾纠纷类型。

我国的多元化纠纷解决机制的起步相对于这些西方资本主义国家较晚，但是我们可以在这些国家的基础上得到更多经验教训，分析并选择这些国家一些较为完善且适合我们国家的纠纷解决模式可以为我国的多元化纠纷解决机制的衔接提供更多的模式选择。

3. 已有相关的试点经验

对于多元化纠纷解决机制的衔接，我国不是没有过实践，在许多地方法院都已经有了相关的试点经验。20 世纪 60 年代的“枫桥经验”就是一个强调社会治理，探寻多元化纠纷解决机制衔接的最好例子。“枫桥经验”的具体治理方式，首先就是体现为一整套成熟的社会治安综合治理的体系，将所有人都纳入这个体系当中，为调解工作提供了现实基础。其次是将教育培训制度化，提高整个司法队伍的素质，保证更好地

---

① 参见沈恒斌：《努力构建多元化纠纷解决机制》，载《中国司法》2004 年第 9 期。

② 参见孙育玮：《替代性纠纷解决机制（ADR）的借鉴与融合——以纽约和上海为例的相关法文化法社会学思考》，载《学习与探索》2009 年第 1 期。

解决纠纷问题。此外，枫桥镇还会根据当下的形势寻求更新更高效的矛盾解决机制。① 如今，杭州市西湖区人民法院也在积极探索多元化纠纷解决机制的衔接。西湖法院在 2013 年 5 月正式成立了诉讼服务中心、诉调对接中心，实现诉调衔接工作的规模化、系统化、常态化运作。并且建立特邀调解员队伍，成立专职调解员队伍，对接特邀调解员组织，整合社会上的优质资源，建立一支素质水平高的调解队伍，在诉调对接制度中，建立分流督办制度，无争议事实登记制度，司法确认制度，除此之外②，保障监督制度的完善并整合杭州天然的“互联网 + ”的优势资源更好地衔接了多种纠纷解决机制。

三、纠纷解决机制衔接中存在的问题

（一）替代性纠纷解决机制的缺陷导致多元纠纷解决机制衔接的基础不稳

通常认为调解、仲裁、协商是替代性纠纷解决机制的三种基本形式，但是这三种形式都存在着缺陷。多元化纠纷解决机制的衔接的基本模式是诉讼纠纷解决机制和替代性纠纷解决机制的衔接，诉讼程序作为最具权威的手段应当是司法解决最后的手段，因此完善的替代性纠纷解决机制是整个衔接的基础。若不解决替代性纠纷解决机制的各项缺陷则必然会导致整个衔接机制的基础不稳定。

从调解这一方面来看，我国的调解主要可以分成诉讼调解、行政调解、人民调解、行业调解等多种类型。在许多调审合一的案件中，法院是整个调解程序的主持者，法官既承担着裁判者又承担调解员的双重角色。作为双重角色的承担者，法官完全有权力尽量来选择调解程序，即使各方当事人并不愿意适用调解程序来解决纠纷。在一些地方基层法院，一些案件甚至必须先经过调解才能进入诉讼程序。在调解程序

---

① 参见谌洪果：《“枫桥经验”与中国特色的法治生成模式》，载《法律科学（西北政法大学学报）》2009 年第 1 期。

② 参见陈辽敏：《创新型多元化纠纷解决机制的构建与发展——以浙江省杭州市西湖区人民法院为例》，载《中国应用法学》2017 年第 3 期。

中，法官也可以否认一方当事人的事实主张，也可以驳回一方当事人的诉讼请求。各方当事人很有可能会在法官的不断“劝说”下相互妥协，违背意愿转变态度去迎合法官的要求。法官在作为调解员的角色同时也是个裁判者，这意味着法官的调解中必然带有强制的部分，即使并不以明确的形式表现出来，也会渗透在各环节中。[①] 自愿性作为调解重要的特性之一和主要优势，调解可以不查清主要事实，指根据各方当事人的合意来解决问题，而调审合一的程序中，调解程序适用的强制性在很大程度上限制了当事人的自愿性。当事人难以实现自己的诉求，法院也常通过调解程序来拖延诉讼程序的启动，或者为了尽快开始诉讼程序，草草了结当事人自愿选择的调解程序。而在行政调解中，调解更多的是作为行政机关的一种职权来行使，对于行政调解后形成的行政调解协议，并没有明确的法律规范来确定其效力，同样也没有法律强制力保证行政调解协议的履行，导致实践中有很多在达成行政调解协议之后又反悔而拒不履行协议的情况，最终当事人还是转向诉讼程序来解决。此外，行政调解的组织机构并不完善，并没有专门的机构或者专业的行政调解人员来进行调解，通常行政机关人员在履行行政职能的过程中进行调解，因此在调解的过程中会和行政行为相混淆，行政行为会挤压调解作用的发挥，阻碍调解的发展。商事调解也同样存在着不少缺陷，商事调解的组织从一开始的设立登记注册起就十分困难，调解组织到底有何种职责、权利和社会中什么样的监管部门可以对此进行监督管理都没有明确的法律规定，也没有专门关于商事调解的法律出台，目前只有几个城市有商事调解机构。在调解过程中，商事调解的收费标准也没有统一的标准，还不足以实现市场化模式，这些不明确的地方都直接阻碍着商事调解的发展。[②]

从仲裁这一方面来看，仲裁是由双方当事人根据事先签订的仲裁协议，将争议交由第三人来解决，而解决争议的第三人通常是具有公认地位的机构。1994 年出台的《仲裁法》第 14 条明确指出，仲裁机构独立于行政机关，和行政机关也没有隶属关系，但是却在第 10 条又强制规

① 参见杨凯丽：《诉讼与人民调解对接机制存在的问题与对策》，载《长沙大学学报》2016 年第 1 期。

② 参见龙飞：《论多元化纠纷解决机制的衔接问题》，载《中国应用法学》2019 年第 6 期。

定了仲裁机构必须由人民政府组织有关部门和商会统一组建。即使《仲裁法》已经颁布施行了十余年,国家也出台了文件将仲裁划入“商务服务业”的范畴,但是目前我国的仲裁仍然具有严重的行政化倾向,依赖于政府。[①] 行政机关的过度介入,让仲裁的“当事人自愿”的基本原则难以实现,在仲裁机构的权威压制下,双方当事人很有可能会违背意愿,自愿或者被迫放弃自行决策的权利。且人民政府有关部门和商会的统一构建的仲裁机构决定仲裁向着市场化模式发展还存在着巨大的阻碍。其次,对于仲裁的宣传,民众对仲裁的认识还比较浅,在社会生活中,面对争议诉讼程序是多数人的选择,除此之外选择调解程序的民众也不在少数,但是选择仲裁来解决争议的就少得多。许多企业,社会组织包括民众对仲裁程序不甚了解,也就不会主动选择该程序。对于仲裁的效力,《仲裁法》中明确指出了关于可以撤销的各种情形,《民事诉讼法》中也规定了对仲裁机构做出的裁决不予执行的各种情形,虽然一裁终局是仲裁的基本制度,但在对仲裁裁决的实际执行中,其是否能够实际执行还是会受到挑战,并不是完全确定的。[②]

从协商这一方面来看,协商与调解和仲裁不同的是,协商不需要有中立的第三人的参与,只依靠于双方当事人的磋商来达成纠纷的和解。[③] 同样,协商也不拘泥于是否查清事实,是否符合法律法规,只要求在法律强制规定的框架内,双方当事人形成统一的协议就可以认为纠纷得到了解决。协商可以最大限度地保障双方当事人的意思自治,但是协商也存在其固有的局限性。首先,在没有第三人的主持和引导之下,当事人虽然可以最大限度地表达自己的诉求,但是也很容易让协商陷入僵局,一旦陷入僵局,纠纷很可能会无果而终。无果而终的纠纷会让当事人最终还是寻求诉讼程序来解决纠纷,这样一来,协商的过程就没有发挥任何作用,即使协商和诉讼程序相衔接,也只有诉讼程序在发挥作用,两者的衔接毫无意义。其次,协商程序的参与启动以及协商达成的协议都没有法律强制规定,完全依靠双方当事人的自愿诚信心理

---

① 参见宋朝武:《我国仲裁制度:弊端及其克服》,载《政法论坛》2002 年第 6 期。

② 参见汪祖兴:《试论仲裁的公正性与中国仲裁的监督机制》,载《现代法学》1998 年第 6 期。

③ 参见李章军:《替代性纠纷解决程序之研究》,载《河北法学》2004 年第 12 期。

来进行。当事人也完全可以随时退出协商,或者达成协商协议之后拒不承认或拒不履行协议。此外,因为协商程序中没有第三人的参与,协商双方的地位有强有弱,弱者在协商中难以实现自己的诉讼,强势地位的当事人则可以通过各种手段使协商达成有利于自己的结果,没有人或者机构在当事人之间平衡各方,则难以保证纠纷解决的公平性,长此以往,选择协商的方式来解决争议的人将会越来越少。

多元化纠纷解决机制的衔接需要将诉讼纠纷解决程序和非诉讼纠纷解决程序妥善衔接,替代性纠纷解决机制中存在的各种缺陷导致整个解决机制是不完善的,解决机制的不完善则必然会使衔接的基础不稳定,若要完善多元化纠纷解决机制的衔接则必须改进替代性纠纷解决机制中存在的各种局限性,完善各种替代性纠纷解决机制。

(二)纠纷解决机制的衔接之间的程序中的运行障碍

一个完整的体系不仅要强调其作为整体的完整性,也要重视各组成部分之间的关系。只有各组成部分之间紧密联系,运行顺畅,才能使整个体系发挥出超越各个组成部分分别运行带来的效果。目前,我国的多元纠纷解决机制还未形成一个运行顺畅、连接紧密的链条串,诉讼和非诉讼之间,各种不同的替代性纠纷解决机制之间各自为营,单独适用的情况明显。要建立完整的多元化纠纷解决体系就必须解决各种纠纷解决机制的衔接中的运行障碍问题。

在替代性纠纷解决机制和诉讼纠纷解决机制的衔接中,诉讼纠纷解决机制作为强制性最强、最具权威性的纠纷解决机制应当成为各方当事人寻求救济的最后一道防线,公众在穷尽各种替代性纠纷解决机制后仍然未能解决纠纷时,最后选择诉讼程序来解决争议。因此,在多元化纠纷解决机制的衔接中,最合适的方式应当是先适用替代性纠纷解决机制,再适用诉讼程序。但是在实践中,替代性纠纷解决机制并非完全能和诉讼程序衔接上。如《行政诉讼法》《行政复议法》,行政机关的终局裁决即使当事人不服,也不能够向法院提起行政诉讼,而只能向做出最终裁决的行政机关或者上级行政机关提起申诉。[1] 虽然可能有些行政争议存在专业性较强的特点,终局裁决权也能保障行政效率,但

① 参见戴银燕:《行政终局裁决行为及可诉性探析》,载《河北法学》2002 年第 S1 期。

是限制当事人向法院提起诉讼事实上剥夺了当事人的诉权，切断了当事人的一种救济手段，是不符合法治主义和自然正义原则的。一个人不能做自己案件的法官，人们的辩称需要公正地听取，行政机关自己做出的终局裁决，却只能依旧由行政机关来判断裁决是否合理，而无法寻求公正第三方的救济，这无疑也在一定程度上放任了行政机关滥用行政权力①。与行政终局裁决的情况相反的是，虽然法律明确规定，通过人民调解的调解协议可以向法院申请确认其效力，但是人民根据自愿原则履行调解协议，若当事人拒绝履行调解协议，或者反悔，拒不承认调解的内容，则双方当事人可以向法院提起诉讼。除了人民调解达成的调解协议有法律规定可以通过司法确认可以确认其效力，很多其他类型的调解所达成的调解协议并不具有法律效力，因此在很多普通民众心里存在着一个固化的印象，通过调解来解决争议是不保险的，是随时可以反悔的，这导致许多纠纷被长期拖延着得不到实际解决。如此一来，即使调解机制和诉讼程序相衔接，但两者并未达成一个有机结合，形成一个串联的程序②，而是当事人在寻求调解这种救济手段无望后，转而寻求的一种新的纠纷解决方式。不仅仅替代性纠纷解决机制与诉讼纠纷解决机制的衔接之间存在缺陷，不同的替代性纠纷解决机制之间也存在难以衔接的地方。虽然目前我国的替代性纠纷解决机制经过多年的探索和发展，有了极大的完善，但是各项替代性纠纷解决机制在发展过程中更多的是各自为营，不同的替代性纠纷解决机制之间甚少有相互联系、相互配合的时候。调解、仲裁、协商这三种主要的非诉讼纠纷解决方式中，除去协商是完全根据当事人的自愿意志来达成争议的和解，可以暂时不加以考虑。调解和仲裁都有相应的法律法规对其进行规范，但是由于制度上设计的不同和不同机制发展程度的差异，这些规定很多时候会造成不同的纠纷解决方式之间相互抵触、相互挤压等情况。以调解为例，调解中有许多不同的形式，如人民调解、商业调解、律师调解等，但如前文所提到，只有人民调解达成的调解协议

① 参见王雪梅：《司法最终原则——从行政最终裁决谈起》，载《行政法学研究》2001 年第 4 期。

② 参见赵赟、张蛟：《关于构建多元化纠纷解决机制问题的探讨》，载《理论探讨》2017 年第 5 期。

可以通过司法确认来达到司法保障,其他类型的调解都无法向法院申请确认其效力[①],《人民调解法》第 33 条明确提出,人民调解达成的调解协议可以在一定期限内向法院申请司法确认。而其他类型的调解所达成的调解协议并不能确认其具有法律效力,因此很多不属于人民调解的专业调解为了能使调解协议得到司法确认,而挂上人民调解的名号,这在很大程度阻碍了多种方式的调解的发展。这些不同的替代性纠纷解决机制各自存在着不少亟须完善的地方,甚至一种模式的发展在挤压另一种模式,若不尽快解决这些缺陷,多元化纠纷解决机制的妥善衔接只能是一条漫漫长路。

(三)纠纷解决机制的衔接中具体适用的问题

在诉讼纠纷解决机制和替代性纠纷解决机制的衔接问题中,不光要解决如何将整体中的各部分紧密结合,良性互动的问题,更要解决形成多元化纠纷解决体系之后的具体适用问题。目前我国的立法实践中,各种不同的替代性纠纷解决机制所能适用的案件范围都各不相同,纠纷主体的具体职责和分工也都不明晰,这样一来,很容易导致各纠纷解决主体之间互相推卸责任,导致纠纷不能及时得到解决。例如在诉调对接的程序中,对先行调解的法律规定事实上只存在于两个法条中,第一个是《婚姻法》(已失效)第 32 条,第二个是最高人民法院《关于适用简易程序审理民事案件的若干规定》(已修正)第 14 条,法条非常分散,简单,并且效力也比较低,没有形成一个完整的体系。关于先行调解的适用范围,只在《婚姻法》(已失效)中确定了离婚案件应当进行调解,和在最高人民法院《关于适用简易程序审理民事案件的若干规定》(已修正)中确定了婚姻家庭纠纷和继承纠纷;劳务合同纠纷;交通事故和工伤事故引起的权利义务关系较为明确的损害赔偿纠纷;宅基地和相邻关系纠纷;合伙合同纠纷;诉讼标的额较小的纠纷这些类型的纠纷可以适用先行调解。[②] 先行调解的案件适用范围只适用于简易程序中的某些类型的纠纷,只有离婚案件是不管是普通程序还是简易程序都

---

① 参见黄斌、刘正:《论多元化纠纷解决机制的现状、困境与出路　立足于我国法院的思考》,载《法律适用》2007 年第 11 期。

② 最高人民法院:《关于适用简易程序审理民事案件的若干规定》,载《中华人民共和国最高人民法院公报》2003 年第 5 期。

需要先行调解，但是能否适用先行调解不应当用简易程序的标准来进行划分。虽然适用简易程序的案子通常涉案的标的较小，并且事实认定清楚，纠纷争议也不激烈，但是先行调解程序的适用范围应当考虑案件的性质来决定，虽然有些案件并不符合适用简易程序的条件，但是从性质上，调解程序的适用比诉讼程序的适用更能兼顾效率和公平。对于调解前置程序能够适用案件的范围只在文件中有所规定，2016 年 6 月最高人民法院发布的《关于人民法院进一步深化多元化纠纷解决机制改革的意见》中的第 27 条指出：探索适用调解前置程序的纠纷范围和案件类型。有条件的基层人民法院对家事纠纷、相邻关系、小额债务、消费者权益保护、交通事故、医疗纠纷、物业管理等适宜调解的纠纷，在征求当事人意愿的基础上，引导当事人在登记立案前由特邀调解组织或者特邀调解员先行调解。[①] 在实践中，法院只能根据实际情况来确定是否适用调解前置程序的纠纷类型，并且在该文件中只是一个倡导性的建议，并没有提出任何明确的标准，且该文件所提到的纠纷范围只适用于调解程序，其他衔接机制中的纠纷范围并没有任何的规定，还有待进一步探索。纠纷解决机制衔接的适用案件范围没有明确的标准，导致各地的法院适用程序的做法各不相同，法院自行决定的范围过大，会影响纠纷衔接机制的解决问题的效果，从长期看，都是不利于纠纷解决机制相衔接的。

四、多元化纠纷解决机制衔接的完善

（一）增强替代性纠纷解决机制的效力

在多元化纠纷解决机制的衔接中，替代性纠纷解决机制的社会接受度越高，社会中选择替代性纠纷解决机制来解决争议的民众就会越多，法院诉讼的压力也会随之越小，与诉讼纠纷解决机制的衔接也将会更具有实践意义。由于非诉讼纠纷解决是一种非国家强制性的纠纷解决机制，其存在的最大问题，也是和诉讼纠纷解决机制衔接的最大问

① 参见中国法院网，https://www.chinacourt.org/law/detail/2016/06/id/148740.shtml。

题,是没有公权力的强制措施,人们对非诉讼纠纷解决的权威性不够信任,所以要解决普通民众对替代性纠纷解决机制的信赖问题就必须要确认替代性纠纷解决机制的法律效力问题。① 在与诉讼纠纷解决机制的衔接中,诉讼程序应当保持一定的谦抑性,成为解决争议的最后的手段。对之前的诉讼外纠纷解决机制,尤其是各方当事人经过合意而形成的争议解决结果或者通过仲裁等中立第三方裁决形成的和解协议,法院可以认定其具有法律效力,尊重其结果,除非出现一定不符合法律强制性规定需要予以变更的情形。对于各方当事人达成的调解协议,其都是在自愿平等原则指导下,根据当事人的自由意志的表达达成的协议,因此,无论通过何种形式的调解来达成的调解协议,其本质都是一样的,都是当事人自愿选择的纠纷解决结果。只将司法确认的范围限定在人民调解这一种调解形式上是明显没有合理依据的,人民调解也好,商事调解也罢,不管是何种形式的调解,其达成的调解协议都应该适用同一种规则。如果能通过立法或者最高人民法院的司法解释给予其他调解同样的法律效力,那么就在根本上解决了一些行业调解为了获得人民调解的强制力而挂上人民调解的名字的现象,这也将在很大程度上保证调解方式多样化的发展。民众适用调解这种手段来解决纠纷的选择性也会更多,适用非纠纷解决机制的信心也会更强。只有普通民众都意识到并且承认即使通过替代性纠纷解决机制来解决争议,达成的调解协议或者裁决结果是具有法律上效力的,是没有特殊情况不能随意反悔的,那么才能调动公众选用替代性纠纷解决机制来解决争议的积极性。近些年来,我国的法律规范将调解协议的性质认定为民事合同性质,这比起不承认调解协议在法律上的地位已经有了很大的进步,但是仅仅将调解协议认定为民事合同性质还不足以保证调解协议的强制力,而且直接就将调解协议认定为民事合同也存在一些问题。法院在除了承认和支持各类替代性纠纷解决机制的效力的同时,也应当对替代性纠纷解决机制进行一定的监督和审查。② 目前我国很多诉讼外的替代性纠纷解决机制都没有明确的法律法规规定其应当

① 参见陈丽芳:《解纷机制合理衔接的探讨》,载《中共中央党校学报》2008 年第 4 期。

② 参见梁平:《“大调解”衔接机制的理论建构与实证探究》,载《法律科学(西北政法大学学报)》2011 年第 5 期。

遵守的规则程序，也没有机构或者社会组织来对这些解决机制进行监管，如此混乱的管理和规则也是民众从心理上怀疑替代性纠纷解决机制权威性的一个重要原因。当然从实质效果上来看，没有统一标准的程序规则和管理机制也在很大程度上妨碍了纠纷的公平解决。因此，可以通过立法或者司法解释来确定各类替代性纠纷解决机制解决争议统一的程序规则，包括争议解决的最长期限，收费标准等一系列问题，也可以在程序陷入僵局或者必要时候，要求法院派遣专门的人员到场监督管理[①]，一来可以打破陷入僵局，二来可以在第三方机构恣意裁决，强势地位当事人恶意挤压弱势地位当事人等这些不公正现象产生时及时地进行制止纠正。此外，在增强替代性纠纷解决机制的效力、提高其社会接受程度的过程中，更要重视法院在其中发挥的作用。法院不但要支持承认调解协议等当事人自愿达成的协议的效力，更要保证这些和解协议的执行力[②]，保证协议的执行是增强替代性纠纷解决机制公信力的直接方式之一。法院作为公权力机关，比起普通民众也掌握着更丰富的司法信息，法院可以在进入诉讼程序之前，向更多的普通民众提供关于替代性纠纷解决机制的信息，为各方当事人提供相互交流的相关信息，也可以借此来纠正当事人不信赖替代性纠纷解决机制的心理，最大限度地发挥自己的导向作用。在调解、仲裁或者协商等纠纷解决机制中，法院作为具有公权力的权威第三方，它的介入可以积极促成和解协议，也能够增强替代性纠纷解决机制的效力并且提高其社会接受程度。[③]

（二）完善纠纷解决机制中的衔接程序

多元化纠纷解决机制的衔接中存在的运行障碍的问题，不仅要完善替代性纠纷解决机制和诉讼纠纷解决机制的衔接问题，还要解决替代性纠纷解决机制之间存在的不协调的问题。关于完善替代性纠纷解决机制和诉讼纠纷解决机制之间的衔接首先要实现的是从制度设计上

---

① 参见丁海湖、房文翠：《替代性纠纷解决机制的价值局限性以及完善》，载《法律适用》2006 年第 11 期。

② 参见张卫平：《我国替代性纠纷解决机制的重构》，载《法律适用》2005 年第 2 期。

③ 参见洪冬英：《论多元化纠纷解决体系中法院调解的定位》，载《苏州大学学报（哲学社会科学版）》2013 年第 1 期。

将两者衔接。首先可以建立一个信息互动交流平台，通过信息交流平台不仅可以实现诉讼和替代性纠纷解决机制之间各类信息的交换和互动，还可以实现在替代性纠纷解决机制内部的协调。[①] 如今，随着互联网技术的发展，依赖"互联网＋"完全有能力实现构建诉与非诉衔接信息互动交换平台。目前我国各地法院已经有不少设立了专门的诉调对接中心，信息互动交换平台在建立完善之后，可以和各地法院的诉调对接中心相整合，形成一个完善的多元化纠纷解决机制对接中心。信息互动交换平台可以分为只向法院等司法系统公开的内部平台以及向全社会公开的外部平台。在外部系统中上可以公布各类非诉讼纠纷解决方式的相关信息，法院也可以在该信息平台上向社会公布其承认或者已执行的通过非诉讼纠纷解决方式解决的争议，这也是法院支持和监督替代性纠纷解决机制的一种途径，可以增强替代性纠纷解决机制的公信力，也能更好地保障纠纷的解决。此外，信息互动交换平台上还可以公布法律法规，最新的司法解释以及指导性案例等司法性文件，很多时候非诉讼纠纷解决程序中"无法可依"或者对于同一个条款的理解不同导致同样性质的纠纷存在不同的解决结果，这些法律法规、司法解释、指导案例等可以成为纠纷解决过程中的指导原则。对于某些纠纷解决机构滥用权力，或者纠纷各方当事人有违法行为时，产生不公平的纠纷解决结果的情况，也可以上传至该平台，便于上级机关或者监督机构以及之后要采取的程序的机关了解各类违法行为或者纠正情况。对于只对法院等司法系统内部公开的内部平台，可以收录立案登记的各类案件，首先筛选甄别各类纠纷案件，挑出其中标的数额小，事实认定清晰，并且适合适用调解或者其他替代性纠纷解决机制的案件，将其与适合诉讼程序的案件区别开来。适合诉讼程序的案件可以直接进入诉讼程序，而其他案件则进入多元化纠纷解决机制对接平台，由对接平台专门引导各方当事人根据案件的类型和案情的具体情况选择适合该案件的替代性纠纷解决机制，当事人可以通过对接平台选择调解组织或者仲裁机构等方式来解决争议，不同类型的纠纷争议需要区别对待，分流对待，同时对接中心也可以派遣专门人员跟进非诉讼纠纷解决，在程

① 参见胡仕浩：《中国特色多元共治解纷机制及其在商事调解中应用》，载《法律适用》2019 年第 19 期。

序进行中可以提供指导并且起监督作用，保证整个非诉讼纠纷解决程序合法高效地进行。① 对于当事人在进入法院之前已经自愿选择非诉讼纠纷解决方式进行解决了的争议，对接中心可以根据其达成的和解协议，判断其是否合法，若其协议是合法合理的，对接中心可以出具一份司法确认的文件，承认协议的效力，使该协议能够具有强制执行力。以信息互动交换平台为载体，构建多元化纠纷解决对接中心能够科学地整合社会各界的资源，避免司法资源和非诉讼纠纷解决资源的浪费，能够高效地为当事人提供合适的解决方式，也在很大程度上减轻了法院沉重的审判压力，诉讼外纠纷解决的各类问题，保障了纠纷公正且高效地解决。

信息互动交换平台和多元化纠纷解决对接中心的建立能够解决诉讼纠纷解决机制和替代性纠纷解决机制之间的衔接问题，不但诉与非诉之间的衔接问题需要解决，替代性纠纷解决机制内部各种不同的纠纷解决方式也需要协调。替代性纠纷解决机制内部的协调就是在行政机关和司法机关的支持和引导下，各种非诉讼纠纷解决手段的相互配合适用。从根本上来解决非诉讼纠纷解决手段协调问题应当从立法上根据纠纷解决手段的类型不同确定不同的纠纷类型应当适用何种解决手段，根据类型分类的不同以及涉及的相关领域的差异对此进行合理分类，促使纠纷主体选择最合适的手段来解决争议。此外，行政机关应当承担起引导，说明的职责。随着目前纠纷的专业化程度越来越高，也需要更多的专业机构运用专业知识来进行解决，或者不同专业机构之间有机衔接互补的情况，在这种情况下纠纷主体往往未能选择最适合的机构和手段来进行适用，行政机构在此应当发挥积极的指导作用，不但为纠纷主体提供引导也应当为纠纷解决机构提供指导。

（三）明确可以适用纠纷解决衔接机制的范围

正如前文所述，因为关于替代性纠纷解决机制适用案件范围的规定并不明确，存在着适用手段交叉重合或者推卸责任等情况，在诉调对接程序中，能适用的纠纷类型也被划分了范围。因此，若要促成多元化纠纷解决机制的衔接必须明确衔接机制的适用范围，对不同类型的纠

---

① 参见冯伟、舒秋膂：《“诉调对接”的理论透视及制度建构——司法救济与社会救济的互补性研究》，载《中南大学学报（社会科学版）》2008 年第 1 期。

纷也不可能适用同一套纠纷解决机制。明确纠纷解决衔接机制的适用范围不仅包括明确衔接机制适用案件范围的明确,还包括司法确认范围和管辖法院的范围的明确。虽然在 2016 年,最高人民法院发布了《关于人民法院进一步深化多元化纠纷解决机制改革的意见》,其中确定了可以适用调解前置程序的纠纷类型,但因其是一种建议,并不具有强制的效力,且如何划分这些类型的纠纷标准也并不明晰,所以该意见的实际操作性是比较低的,而且该意见所确定的纠纷类型只适用于调解前置程序,并不适用于其他纠纷解决程序。[①] 因此,对适用纠纷类型应当用具有法律效力的司法解释或者立法来确定,并且不应当只限于某一个程序,而应当确定适用于整个多元化纠纷解决衔接机制的纠纷类型。对于纠纷类型的确定,应当以其纠纷的性质是否是适合适用非诉讼纠纷解决方式或者衔接的纠纷解决方式来解决为标准。除了案件适用范围需要明确,司法确认的范围以及适用的法院也应当得以明确。多元化纠纷解决机制的衔接必然需要各种不同的纠纷解决方式的繁荣发展,人民调解、行业调解、商事调解、仲裁等这些不同纠纷解决方式都有其特有的功能和特性,都有其存在并适用的意义,司法确认是保障这些解决方式能够最后实现的重要途径,也是促进这些纠纷解决方式发展的重要推动力,因此对这些纠纷解决方式不应当限制其司法确认的范围,司法确认范围的扩大是一个必然趋势。[②] 目前,只有调解组织所在地的基层人民法院或人民法庭可以对调解协议进行司法确认,中级以上人民法院或者与调解组织不在一地的委派法院就不能适用司法确认程序。而对于一些只能由中级人民法院管辖的纠纷,如知识产权案件、海商案件等,如对这些案件先进行了调解,还需要去调解组织所在地的基层法院申请司法确认,这对纠纷当事人是极其不便利的,也会导致案件诉讼法院和司法确认的法院是脱节的,这对于两个纠纷解决机制的衔接是极其不利的。因此,申请司法确认的法院限制也应当予以取消,不管是中级人民法院还是委派法院,基层法院都应该赋予它们作出司法确认的权力。

---

① 参见中国法院网,https://www.chinacourt.org/law/detail/2016/06/id/148740.shtml。

② 参见董慧凝、李泽华:《民商事案件替代性纠纷解决机制的思考——解读〈人民法院第三个五年改革纲要〉多元纠纷解决机制》,载《中国行政管理》2009 年第 6 期。

国家治理能力和治理体系现代化作为全面深化改革的总目标，多元化纠纷解决机制的完善是实现国家治理能力和治理体系现代化重要的一环，实现多元化纠纷解决机制的妥善衔接是多元化纠纷解决体系能够公正、高效、便捷适用的关键。社会环境的日益变化，诉讼量的激增使多元化纠纷解决机制的衔接成为必然趋势，我国本就长期存在的和谐理念以及目前境外非诉讼纠纷解决方式的发展也使多元化纠纷解决机制的衔接成为可能。尽管目前我国多元化纠纷解决机制仍旧存在着不少问题，替代性纠纷解决机制本身就存在的制度缺陷导致在诉讼纠纷解决机制和替代性纠纷解决机制衔接时基础不稳，即使一些纠纷解决程序已经有衔接的实践，但在机制衔接中也存在运行障碍，这种运行障碍不仅发生在诉讼与替代性纠纷解决机制的衔接中，在替代性纠纷解决机制的内部衔接中也存在不少，此外衔接程序适用纠纷类型范围不明确的问题也是实践中需要考虑的部分。针对这些问题，笔者认为首先要解决的是替代性纠纷解决机制自身存在的制度缺陷问题，增强其效力和达成结果的执行力，提高这种纠纷解决机制在社会中的接受度和公信力。在衔接机制运行障碍的问题中，充分发挥目前“互联网＋”的优势，以信息交互平台为载体构建一个完善的多元化纠纷解决对接中心是解决运行不畅的有效手段。纠纷类型范围和管辖法院范围的限制是多元化纠纷解决衔接机制不能够普遍适用的一个阻碍，面对这些问题应该合理扩大纠纷类型范围，根绝案件性质来确定是否适用衔接程序，并且应当取消司法确认的法院层级限制，从当事人便利，纠纷高效解决的角度出发来确定允许司法确认的各法院。多元化纠纷解决机制的衔接虽已成为各界的共识，也是必然发展方向，但是其发展的道路还很漫长，困难和阻碍也还很多，需要各界的共同努力，一起打造更完善的多元化纠纷解决衔接机制，保证社会的可持续发展。

CHAPTER 04 >>

第四章

在线纠纷解决体系中的特邀调解制度和委派调解制度

2016 年,随着最高人民法院《关于人民法院特邀调解的规定》(以下简称《特邀调解规定》)的正式出台,特邀调解制度走进司法实践之中。作为一项可以将社会上解决纠纷的资源进行合理整合,将有限的司法资源进行优化配置,使当事人多元的司法需求得到充分满足的全新制度。特邀调解制度是在各地各级法院、在司法实践中得到了洗礼与完善,并在吸取经验教训、吸收理论指导之上,经过最高人民法院的有效整合得出的全新制度成果。过往困扰司法实践的非诉解纷途径不足,非诉解纷方式权威性受到质疑,非诉解纷方式得不到有效规范等问题似乎随着特邀调解制度的建立迎刃而解。但在经济迅速发展的当下,信息技术的不断进步和人民群众法律意识的不断增强,亟须出台新的解纷模式应对如洪水般涌向各地各级人民法院的纠纷。在此之上,畅通纠纷的诉调分流渠道,完善现有的解纷法律制度,打造全新的、适应当今时代的在线纠纷解决平台,并将特邀调解制度合理运用于平台之上成为有效缓解各级法院办案压力的最优解。以经济发达,互联网企业众多,信息产业先进的浙江省为例。杭州市西湖区人民法院通过有效引进社会力量,整合社会解纷资源,增强自身调解队伍力量;与此同时,创新调解方式,设置线上工作平台,有效地将各种纠纷进行诉讼与调解分流。并利用网络调解纠纷,发挥在线纠纷解决机制的作用,并拓宽调解平台,探索线上审判模式。如今,各地有越来越多的法院开始积极探索带有其自身特色的"西湖区法院模式",建立各种合理运用社会力量与线上信息渠道的在线矛盾纠纷多元化解平台,以期为我国多元化纠纷解决机制建设提供更为丰富的"地方在线解纷经验"。

在2015年中共中央办公厅、国务院办公厅印发的《关于完善矛盾纠纷多元化解机制的意见》中提道:人民法院可以选择将现有的矛盾纠纷化解工作以向社会力量购买服务等方式委托其承担相应的解纷工作。与此同时向社会公布对相关社会组织、力量进行的绩效评价。这是当前的特邀调解制度的现实应用的雏形,在当时也可以有效地缓解人民法院在解决纠纷中日益增长的办案压力,同时也使得社会调解资源得到合理的应用,让一些可以现实解决的矛盾化解在诉讼程序之外。而在如今的司法实践之中,法院调解工作则需要全新的模式去有效针对当前的时代发展,向社会资源寻求帮助的模式也逐渐需要被规范化、专业化,过往的模式更需要创新与调整。

而在以互联网领域不断创新推动时代变革的当下,要顺应"互联网+"和数字经济全面推进的新格局,就要创新纠纷解决方式,现如今构建在线纠纷解决机制与委派调解制度、特邀调解制度相融合的新模式成为新的方向。

一、特邀调解制度和委派调解制度

所谓特邀调解,是指人民法院吸纳符合条件的人民调解、行政调解、商事调解、行业调解等调解组织或者个人成为特邀调解组织或者特邀调解员,接受人民法院立案前委派或者立案后委托依法进行调解,促使当事人在平等协商基础上达成调解协议、解决纠纷的一种调解活动。[①] 在2016年7月1日,随着《特邀调解规定》的正式施行,人民法院

① 参见最高人民法院《特邀调解规定》第1条规定特邀调解的概念。

特邀调解制度的法律体系以及整体构架已经构建完成。

（一）特邀调解制度的主体

特邀调解制度的主体由法院、特邀调解员与当事人三方组成，其中的法院与当事人也属于其他调解形式的主体，而特邀调解制度主要讨论的是特邀调解员的范围，所以不包含这两个主体。《特邀调解规定》规定法院在进行特邀调解的过程中，首先组织、建立与管理特邀调解组织及特邀调解人员的名册，在这一基础上调解名册中可以单设不同专业领域的名册，例如婚姻领域、交通领域与医疗纠纷领域。[①] 特邀调解制度中的名册包含组织和个人两种，其中调解组织是由那些依照相关法律规定成立的调解组织，如人民调解组织、商事调解组织等这些主体推荐适合从事特邀调解工作的本组织成员加入名册。个人调解员是由《特邀调解规定》规定的调解员范围明确的，包括人大代表、政协委员、专家学者、仲裁员、人民陪审员、律师、退休法律工作者等具有较强的法律性和专业性知识的人员。除此之外，是否具有良好道德素养与一定调解能力也是评价个人调解员是否合格的标准。根据上述的划分标准，特邀调解名册划分为特邀调解组织名册和特邀调解员名册两种。每个参与特邀调解的个体不再次计算，即如某一个体既是特邀调解组织中的一员又是特邀调解员，已经列入特邀调解员中，将不再重复列入名册。其中值得强调的是，特邀调解员主体仅仅包含上文中提及的主体范围，部分虽然符合相关入册条件但暂未列入名册中的特邀调解组织与特邀调解员不符合狭义上特邀调解员的概念，所以不涵盖在本章的特邀调解组织和特邀调解员范围之中，即本章所提及的特邀调解员仅是名册中准确列出的组织和个人。[②]

（二）特邀调解制度的客体

特邀调解的客体是当事人诉至法院的适宜调解的纠纷。[③] 其主要包含两个方面：一是必须以双方当事人自愿为前提。贯穿特邀调解活动始终的一个基本原则就是当事人自愿原则，无论是启动或终结特邀

---

① 参见最高人民法院《特邀调解规定》第 5 条规定特邀调解名册制度的建立与管理。

② 参见李少平：《最高人民法院多元化纠纷解决机制改革意见和特邀调解规定的理解与适用》，人民法院出版社 2017 年版。

③ 参见最高人民法院《特邀调解规定》第 11 条规定特邀调解的客体。

调解程序，都要以双方当事人的合意为前提。所谓自愿原则，是指当事人可以同意、选择调解也可以拒绝、不选择调解，其中的当事人同意、选择调解包括明示同意与默示同意，默示同意是指当事人未明确拒绝的即可视为其接受调解。如果当事人明确拒绝接受调解的，人民法院不得强迫其进行调解。二是并非所有的纠纷都适用于调解，法院应当先行判断案件性质是否适用于调解，不能一股脑地将所有案件进行先行调解。针对适合调解的案件，法院应当同时征求双方当事人的意见，同意调解的，可以将案件委派或者委托给特邀调解组织或者特邀调解员。但在司法实践中，这个由法院自行界定的案件性质成为法院工作人员的减轻办案压力的"出口"，由于没有具体的界定标准，明确何种案件属于"适合调解的案件"成为一个难题，也客观上造成了所有纠纷案件都存在可以进行诉前调解的可能。针对这一现象，此后相继出台的《关于适用简易程序审理民事案件的若干规定》以及《关于人民法院进一步深化多元化纠纷解决机制改革的意见》对适合诉前调解的纠纷类型进行了列举，这一定程度上缩小了适合调解的案件的范围，也为明确特邀调解案件适用范围提供了相应的参考。

（三）委派调解制度

特邀调解制度一般是以立案为开展特邀调解的时间节点，在登记立案之前所进行的调解活动属于委托调解的范畴，委托调解又称委派调解，这种调解方式早在调解概念产生后就随之产生了，委托调解的主体范围十分广泛，不仅包含现有概念中的特邀调解组织和特邀调解员，同时也包含未被纳入特邀调解名册中的主体，在不同的领域也有不同的划分方式，即理论上存在广义的委派调解与狭义的委派调解，在纳入调解范围内需要事先进行区分。司法实践中，广义的委派调解与狭义的委派调解两者的边缘模糊，目前也已经相互吸收为规范化的特邀调解概念，演变为目前特邀调解制度的分支。

委派调解分属于诉前调解的范畴，最早产生于《关于建立健全诉讼与非诉讼相衔接的矛盾纠纷解决机制的若干意见》第 14 条，其含义是法院在诉讼参与人允许的基础上，将特邀调解组织或者特邀调解员这一主体引入符合调解基本条件的案件中。委派调解具有一定的历史性和现实性，在这一调解制度发展的基础上，特邀委派调解应运而生并不断完善发展。特邀委派调解的进步之处在于将调解主体限定为特邀调解名册中固定范围的组织和个人,更加体现了专业性与科学性。但特邀委派调解的发展也存在一定的阻碍,有人认为,法院主动依职权对当事人的纠纷开展委派调解在一定程度上削弱了法院的中立性,不利于法院和法律的公信力的树立。本书认为,法院通过诉前引导的方式将调解制度引入司法程序中实际上是节省司法成本、加速解决当事人矛盾纠纷的一种方式,法院进行诉前的委派调解是合法的,我国《民事诉讼法》第 122 条规定,除当事人拒绝调解外,法院对适宜调解的民事纠纷,可以进行先行调解。除此之外,法院主动开展特邀调解工作,并不是民间部分声音所说的“推卸责任”的表现,这样的做法不代表这个案件离开了法院或者已经被解决完毕,法院不再插手。特邀调解的整个过程都由法院引导与监督,其工作所在地也在法院内,最终调解成功与否都将由法院登记在案,特邀调解的整个过程都离不开法院的参与。例如江苏省高级人民法院规定诉调对接工作办公室对委派调解案件进行统一登记编号,西湖区法院对立案前调解编立“引调”字号。

司法实践中由法院主导的调解依照诉讼的不同阶段划分为诉前委托调解与诉中委托调解,依照诉讼主体划分为邀请协助调解与合议庭调解。在这些调解方式中,诉前的委托调解受到社会各界的质疑,因为此时案件尚未立案,法院对于案件并没有确定明确的审判权,但却可以委派特邀调解组织和特邀调解员进行调解不符合司法程序。这一问题在 2016 年 6 月出台的《关于人民法院进一步深化多元化纠纷解决机制改革的意见》以及《最高人民法院关于人民法院特邀调解的规定》中得到了回应。这两份文件不仅明确了调解程序中各个概念的准确用词,厘清多个概念之间的内在联系,而且同时明确了多元化纠纷解决机制建立的合理性与合法性,为加强建立多元化纠纷解决机制提供了司法基础,在这一基础上,委派调解的概念和应用更加清晰明确。这两份文件将备受争议的“诉前委托调解”更名为“委派调解”,并定义委派调解为法院在诉讼参与人允许的基础上,将特邀调解组织或者特邀调解员这一主体引入符合调解基本条件的案件中,如果任何一方当事人拒绝接受调解,法院则立即立案,从而保护当事人在调解过程中的合法权利。通过司法机关颁布的《多元化纠纷解决机制改革的意见》与《特邀调解规定》提供的制度基础，委托调解不再包含诉前调解的过程，而是细化为立案之后的委托调解过程，即由法院接收案件后开展的调解过程，在这一阶段开展的调解必然会对法院审判整个案件的流程造成一定阻碍，使得诉讼产生迟延进行的问题，所以委托调解制度需要在双方当事人都同意的基础上才可采用。除此之外，委托调解制度也包含吸收了邀请协调调解制度，变得更加规范化、具体化。

2020 年 1 月，最高人民法院出台了《最高人民法院关于进一步完善委派调解机制的指导意见》（以下简称《意见》）。[①]《意见》肯定了完善在线纠纷解决体系中委派调解制度具有一定的必要性、可行性及重要性，所以应该加大投入力度，完善委派调解制度。在信息化平台的构建方面，法院作为宣传的有力推手应该加大推广调解平台、完善线上平台中诉讼与调解对接的程序。与此同时，对于线上的调解案件，人民法院加强信息共享与信息流通功能，提升信息获取率和利用率，大力改善多元纠纷解决能力。在信息与大数据合理合法利用方面，法院作为数据利用主体，应该整合法院大数据管理平台、信息服务平台与调解平台的资源，实现“多平台为一体”的新理念，完善委派调解管理平台，将委派调解的审判人员业绩水平纳为评奖评优的重要考核指标，为之后的案件审理与纠纷解决提供一定的数据支持，建立健全纠纷风险预判与审查机制，为决策者提供参考数据。

二、特邀调解制度在在线纠纷解决体系中的适用

（一）传统模式的困境

1. 特邀调解员的准入门槛、专业化程度较低

《特邀调解规定》对于特邀调解员的条件限制仅仅强调“公道正派、品行良好”的思想素质，但作为在法院指导下进行特邀调解工作的特邀调解员，《特邀调解规定》所描述的条件有一定的主观性与随意性。就判断调解员是否具备所谓“公道正派、品行良好”的思想素质条件是一

① 最高人民法院《关于进一步完善委派调解机制的指导意见》第 14、15 条规定加强委派调解机制的平台建设及数据利用。

个问题,而即使判断其具备了上述的思想素质条件,又是否适合进行特邀调解工作也是一个问题。同样,难以判断的还有调解组织,依法成立的特邀调解组织是否适合在法院指导下开展调解工作。这些问题在立法上没有明确的界定,实践中存在很大的误区。因此,缺少严格和详细的考核标准与准入程序,在实践中就会出现调解过程中"和稀泥""浑水摸鱼"等现象,这显然不利于司法权威的建立,亦不利于特邀调解制度作用的有效发挥。

2. 特邀调解员在调解中起到的效果十分有限

特邀调解制度中的特邀调解员是这一制度的核心主体,特邀调解员主要由以下三方构成:一是调解组织成员,调解组织由人民调解员组织、行政与商事调解组织以及各个行业组成的行业协会组织推荐道德素养与专业素养较高的成员组成;二是依照个人申请并由法院从中选取优秀的、具有较强调解能力和道德素质高的个体加入这一专业调解队伍;三是法院特意发出邀请参与特邀调解组织的人大代表、学者、退休的高校研究员与法律工作者等。这表明特邀调解员的选派首先一定是拥有自己的本职工作,而将特邀调解员这一工作作为兼职,其次调解员参与调解主要依靠社会职责和个人爱好,收入水平较少,甚至仅包含误工费、交通补助与用餐补助。我国对于专门的特邀调解员资金投入较少,缺少专门专项的经费补贴,重视程度不够。对特邀调解员来说,平衡本职工作与兼职工作之间的关系困难与无法有效地分配时间也成为不选择这一工作的考量因素,兼职工作利润空间小导致特邀调解员缺乏工作的积极性,丧失对该兼职工作的热情,直接影响到其不能够达成化解纠纷的效果,无法帮助法院解决矛盾纠纷,从而使这一制度成为空谈。

3. 社会各界对特邀调解的信任程度低,特邀调解失败率高

人类自产生就有矛盾,而与之相伴而生的就是调解这一解决纠纷的方式,古有部落首长组织解决,今有专门且专业的纠纷解决组织和个人解决,体现了调解历史之悠久。替代性纠纷解决机制司法改革倾向于以调解为主,以调解中坚持自愿合理原则、秉承"以人为本"精神为特点,这一改革方向虽然获得了许多学者与司法从业人员的认同,并且在司法实践中也被大量采纳。但是部分审判者在开展调解活动的过程中

过度重视调解的作用，忽视调解与审判的有机结合，忽视诉讼参与人本身的主观能动性，从而向极端、形而上学的方向发展。需要认清的是，任何国家体制的构建与完善都应该坚持辩证、全面、发展的观点，替代性纠纷解决机制司法改革不应该将调解制度奉为圭臬，不应片面地将调解当成矛盾解决的“万金油”，若忽视司法中纠纷解决的质量问题，仅在制度层面上下功夫最终只会发酵成“人财两失”的结果。虽然调解在解决社会纠纷中的积极效果值得肯定，从源头处出发解决问题的思想也值得推崇，但所依靠的调解理念也值得审视。应该加深调解的深度，拓宽调解的广度，思考调解与审判的关系，正视调解的价值与意义。特邀调解虽然也取得了一定的成果，但其存在的问题也引人深思。特邀调解员准入门槛低，专业性不强，直接导致在调解过程中水平不高，有“和稀泥”的现象。此外，调解员的待遇和保障不到位，使其对工作缺乏热情，无法达到调解的目的。不仅如此，虚假调解、案件范围不明确等这些问题其实也在一次次地打击社会各界的信任感，让民众从内心觉得特邀调解是无效的，是没有结果的。这些问题也是导致特邀调解发展停滞不前的重要原因。①

4. 特邀调解配套保障机制尚未落实

保障机制缺失主要体现在相关岗位人员配置上的缺失、调解机制内硬件保障的缺失以及特邀调解人员奖励经费的缺失。这也是限制最大限度地发挥特邀调解员的专业特点，提升特邀调解的工作实际效率，解决当事群众的解纷需要的一大顽疾，与此同时，这也是人民法院开展特邀调解工作的关键所在。除在人员配备、硬件保障等基础上，经费保障也是一大利刃。许多人民法院的特邀调解员大多属于兼职调解，这也就意味着他们并不享有与法院人员等同的奖励经费。

（二）我国在线纠纷解决体系应用特邀调解制度的基础与优势

1. 制度建设与平台建设相结合，形成在线纠纷解决机制的服务优势

通过制度的方式规范纠纷解决平台建设、对接诉讼与调解、特邀调解与在线纠纷解决，完善体现中国特色的解决纠纷体系，形成包含线上

---

① 参见孙建荣、毕海乐：《我国特邀调解制度研究》，载《山西省政法管理干部学院学报》2017 年第 1 期。

与线下多元化平台,健全和完善平台内设功能,有利于促使诉讼与非诉讼之间的对接转换一体化,以更好地便民利民、服务于民。在具体实践中,首先在全国各级法院设立了具有专门性的诉调对接中心,构建一支专业的程序对接人才队伍,依照规定标准构建与配置特邀调解组织与含有法院正式编制的特邀调解员,其中包含法官与司法辅助人员。通过立案阶段分类整理,划分出适合调解的案件,直接通过调解解决,得以节省时间,提高司法效率。对来自诉调对接中心的司法机关人员配置实现诉讼辅导、分流过滤、调解速裁的职能,从而提升纠纷分级别分门类解决的水平,实现纠纷过滤与分流。[①] 2017 年 5 月,由最高人民法院出台的《关于民商事案件繁简分流和调解速裁操作规程(试行)》,创新地开展"分流 + 调解 + 速裁 + 快审"机制改革。全国多家法院设立了程序分流员,主要在立案阶段负责分流过滤的相关工作。此操作流程出台之后,短短一年半时间里,诉前解决的案件达到 171 万之多,立案后调解案件 120 万件,在诉讼服务中心通过速裁、快审机制解决案件 175 万件。采用特邀调解的方式分流的案件占一审民商事案件总数的 15.3%。特邀调解在解决法院案件冗多,而司法审判人员与司法辅助人员不足的困境中做出杰出贡献。同时司法效率的提高也大大缩短了诉讼与调解的时间,更加有效地解决纠纷,满足当事人的需求,实现"先行调解、调裁一体、即调速裁"的目的。这一多元化纠纷解决机制从微观上看不仅有利于解决矛盾纠纷,同时减少司法成本,提高司法的公信力,从宏观上看也有利于实现群众自治,推动国家强制力与群众自治之间的联动,实现社会治理的现代化。取得的成果以 2018 年为例,全国法院受理司法确认案件 266,962 件,同比增长 35.1%,确认有效调解协议 239,571 件,同比增长 47%。从数据中可以看出司法支持和保障调解组织工作、提升纠纷解决效率、提升法律的稳定性与公信力体现得更加明显。

2. 信息技术与人工智能相结合,形成在线纠纷解决机制的技术优势

随着现代社会的发展,不断提升的信息化水平,使得民间调解形式

---

① 参见胡仕浩:《多元化纠纷解决机制的"中国方案"》,载《中国应用法学》2017 年第 3 期。

从街道、乡镇的调解室或者农村里的田间地头走向以远程视频、在线调解为代表的在线纠纷解决机制以及纠纷解决互联网平台；带动线下走向线上，与此同时将线下与线上重构融合，变成了智慧法院的建设中最为重要的组成部分；调解方式的多样化以及调解模式的灵活化，也对多元化纠纷解决机制改革提出了适应信息化、智能化、便捷化的要求。

截至 2021 年 1 月底，全国 3502 家法院开通了在线调解平台，联合在线专业调解组织 38, 025 家，引入在线专业调解员 166, 600 名，处理纠纷 14, 564, 457 件，实现各类纠纷解决方式线上线下的融合贯通和有效衔接。以杭州各级法院为例，截至 2021 年 1 月底，杭州各级法院已入驻在线专业调解组织 81 个，引入在线专业调解员 2850 名，受理纠纷多达 543, 158 件。①

近些年来，在"智慧法院"建设与互联网裁判层面，人民法院积极推进建设进程。2017 年 8 月，经过中央批准，首家互联网法院，杭州互联网法院设立。有了首家互联网法院的经验，于 2018 年 9 月先后增设的北京互联网法院、广州互联网法院，也寻找属于自身特色及契合时代需求的互联网模式。全新的司法规则配合高效的诉讼流程。在 2018 年，最高人民法院发布《关于互联网法院审理案件若干问题的规定》，在管辖范围、上诉机制、诉讼平台建设、在线诉讼规则等领域对互联网法院作出了更为精确的条文规定，这也大力促进司法制度与互联网技术二者间的深度融合，使网络空间的法治化治理能更为稳健地推进。像作为本就拥有诸多互联网企业的"信息化大省"浙江，浙江各级法院通过利用移动互联网，打造出了让当事群众用手机和办案法官用手机更为便捷地参与诉讼的移动电子诉讼平台——"移动微法院"，以微信小程序功能为载体，将立案到执行的全过程实现在线处理、流转，将诉讼服务事项做到跨区域远程办理、跨层级联动办理、跨部门协同办理，将"最多跑一次"的理念贯彻于当事群众诉讼全过程，甚至在有些时候可以做到"一次不用跑"。以浙江高院为例，通过运用互联网平台、人工智能应用以及大数据技术，将全省的各方解纷主体、解纷资源进行整合，打造并推出了"在线矛盾纠纷多元化解平台"，向更多的当事主体提供便捷、

① 参见人民法院在线调解网，http://tiaojie.court.gov.cn/。

高效、经济的解纷服务。在线矛盾纠纷多元化解平台依照多元化方向，分层级解决矛盾，通过线上咨询、评价、在线调解、在线仲裁与诉讼五位一体，建成过滤型解决机制，促成纠纷解决机制从事后解决到事先预防、事中调解到事后解决方向转化，使纠纷解决方式更加科学合理。首先在线上咨询方面划分为智能与人工两种方式，智能咨询是通过了解当事人咨询的问题方向分门别类，更快捷、便利、准确、全方位地解决当事人咨询的问题，对于具体的常见的问题统一解决，便于提供相关问题的法律法规检索与同类裁判典型案例，大大节省了双方的咨询时间，提高了咨询与矛盾解决效率。当事人通过简单易操作的输入问题即可享受不同类别的纠纷解决服务，有利于实现老百姓“不出家门，就能解决纠纷”的愿望，更加体现便民利民的特点。除此之外，信息之间的流通更加有利于实现共享共用的发展理念，人工智能通过与大数据信息采集结合以及信息对比、管理、分析与共享，提供符合当事人预期与选择方案的参考，摒弃传统的信息不对称的纠纷解决方式，更好地化解当事人纠纷，提高社会治理水平。

（三）现行模式的创新——以西湖区法院线上线下双轨模式为例

1. 模式的产生背景

众所周知，当今我国正处于社会转型期，转型同时也带来机遇，这也决定着现在正处于改革发展的关键期，在经济体制构建、社会结构重塑、利益格局转变等方面都会产生翻天覆地的变革。一方面，人民群众法治意识不断提升，司法需求日益增长，生活纠纷、社会矛盾也频频发生；而另一方面，面对如潮水般涌来的冲突，法院的审判力量显得捉襟见肘，纠纷的及时、有效化解无法得到保障，同时也造成了法院日常的办案压力骤然增加。在各级法院中，基层法院处于处理纠纷、司法裁判工作的第一线，其所承担的办案量占全国总办案量的80%以上。而因优越的地理位置、飞速的城市发展进程等众多因素，东部沿海的基层法院面临的纠纷数量也与日俱增，案多人少的矛盾也日益浮现。同时，超负荷的工作量持续冲击着基层法官的工作状态，这也就意味着案件的裁判结果与司法公正在一定程度上遭受影响，随之而来的是涉诉信访的案件频发。这反映了诉讼的局限性，同时裁判结果和司法公信力也承受着巨大的质疑。诉讼的爆炸式增长变成了新的挑战，寻求有效解决途径成为当务之急。而在众多方法中,运用多元化纠纷解决渠道脱颖而出,它能有效地分流与过滤各种纠纷,从而达到在第一线减轻法院诉讼压力的目的。以浙江省杭州市西湖区人民法院(以下简称西湖区法院)为例,其自身的案件数量逐年递增,司法工作人员面对潮水般的案件,“加班加点”仿佛已是家常便饭。依托在西湖区扎根的无数互联网企业,一场通过互联网进行创新、丰富解纷途径的呼声也不断高涨。为此,西湖区法院依据深刻的社会背景和强烈的现实需求,积极探索建立符合现实司法诉求和社会发展需要的创新型多元化纠纷解决机制。

2007 年 4 月,西湖区法院成立调解组,实行案件繁简分流和立案调解制度,这一措施立竿见影,西湖区法院的民商事案件当年就完成了大约 50% 的分流。到 2007 年的 11 月,由两名人民调解员常驻的西湖区法院调解工作室成立。到了 2011 年,昔日的调解工作室经过整合,已经发展成为集专业调解服务、律师咨询服务、法律援助服务为一体的法律综合工作站,但与此同时,专业调解人员缺乏及经费保障等配套制度亟须完善等问题开始出现。西湖区法院将上述问题总结为:工作站整体规模小、专业人员少、服务专业化差、调解资源不能集中等。在 2011 年 9 月,西湖区法院建立了陈辽敏法官网上工作室,该工作室所进行的是线上诉讼调解的对接工作。在一年后,西湖区法院通过向社会招聘等方式吸纳特邀调解员,以此来解决一直困扰的缺乏专业调解人员、调解资源不能集中等问题。一个经过多轮选拔的,拥有较高业务水平、优秀道德素养的特邀调解员新队伍正式亮相。以勇救坠楼儿童而荣获全国道德模范荣誉称号的“最美妈妈”吴菊萍为代表的道德楷模,在相关领域获得科研成果且具有权威性的法律专家均在这支全新调解队伍之中。2013 年 4 月,在陈法官网上工作室对于诉调对接工作的经验之上,西湖区法院正式建立诉调对接中心。该中心下设有诉前调解工作室和诉调对接工作室,这标志着西湖区法院向着完成诉调对接工作的规模化、系统化、常态化运作迈出坚实一步。与此同时,西湖区法院仍不断借助社会力量与资源和网络线上平台。《浙江法制报》、《钱江晚报》、杭州电视台、FM93 等主流媒体先后与西湖区法院开展合作,同时在微博、微信等线上平台大力宣传西湖区法院特色的特邀调解制度,让更多的人民群众在更丰富的渠道了解特邀调解制度。2014 年年底,西湖区法院向浙江省政府提交了《关于浙江省推进多元化纠纷解决机制的建议》,该《建议》得到了批示肯定。2015 年,西湖区法院的工作成效越发受到重视。作为一项全新的研究课题,多元化纠纷解决机制则被列为重点调研课题,在全省范围内试点推广。2016 年,西湖区法院根据不同的案件类型,将拥有 200 余名的特邀调解员队伍划分成婚姻家庭、知识产权、商事纠纷、医疗人损等专业化的特邀调解团队,最大限度地发挥特邀调解员的专业能力。与此同时,西湖区法院还吸纳优质社会力量,包括心理咨询师、注册会计师、注册造价师、注册评估师等各行各业专家参与,协助专业领域案件的调解工作。在扩充队伍的同时,也在加强对队伍的规范化管理。对此,西湖区法院先后发布了《特邀调解员选任管理办法》、《特邀调解员工作流程》和《特邀调解工作规则》等规范文件,在线下,法院将特邀调解员的基本信息制成名册放置于立案窗口,保障了当事群众选择权;在线上,当事群众也可以通过"陈辽敏网上工作室"查询特邀调解员信息,陈辽敏网上工作室所展示的特邀调解员总共分为六类,分别是婚姻家庭类、房产物业类、劳动争议类、商事合同类、综合类、其他专家。2013 年至今,西湖区法院通过诉前引流机制,分流案件于特邀调解,大幅提升调解成功率,同时也提升了司法效率。社会效益方面,在省市维稳问题较为棘手的重大拆迁工作问题上,西湖区法院的特邀调解员还协助出力,很好地帮助了和谐社会的稳定得到实现,获得人民群众、政府和党委的一致好评。

2. 模式的探索路径

第一,整合相关资源,设置线上工作平台。西湖区法院早于 2011 年 9 月即开通了以当时杭州市西湖区法院副院长陈辽敏命名的"陈辽敏网上工作室",这一工作室以互联网为办案平台,通过线上立案、案件检索、开庭预约、线上咨询与调解一体化的方式,以便民利民为宗旨,在司法领域契合了浙江省"让老百姓最多跑一次"的行政目标,与此同时通过采用先进的高科技信息技术,在审理案件的各个方面与各个过程中实现治理现代化。2012 年,这一工作室正式加入社会服务管理网,得到更加深入的推进,进入群众的视野。工作室自开通以来,就获得了广泛的好评,不仅在杭州地区实现点击量、参与群众成倍递增,同时也辐射到全省乃至全国各个地区,线上线下双渠道办案的优势更加体现了现代化水平的提高,开辟了化解纠纷跨时空、多元化、高水平的新方向。

第二,创新调解方式,利用网络调解纠纷。近年来,“互联网+”成为各行各业的发展方向,西湖区法院也在调解中创新地融入了“互联网+”的形式,通过技术手段探索新型司法纠纷方式,开创了线上调解的先河。西湖区法院创新调解方式的具体举措有:出台《关于网络视频调解工作的若干规定(试行)》,设置网上调解室,加强新型调解方式的普及教育;通过扩大调解方式的内容,完善相关制度与建设新型平台,杜绝矛盾发酵,使矛盾纠纷在源头处得以解决;西湖区法院利用地域与技术优势加强与互联网公司的合作,通过与微软公司的合作打造“公有云”服务平台,通过与阿里巴巴公司合作实现在线调解平台的更新换代。

第三,拓宽调解平台,探索线上审判模式。杭州市西湖区作为高科技水平较高与技术型人才聚集的地区,拥有百余家互联网金融企业,形成了互联网产业链,淘宝、支付宝、蚂蚁金服等线上购物——支付 App 就发源于此。随着互联网与金融行业的不断发展,涉及互联网的金融类案件也在不断增多,由于杭州市是电子商务发展的先行者,西湖区承接的涉及互联网的金融案件数量、种类不断扩大,互联网本身又是新型争端解决发展方向之一,西湖区法院更加聚焦互联网与诉讼业务的结合,也一直重视信息技术在审判中的推动作用。西湖区法院将互联网金融纠纷的核心问题定位为如何利用互联网技术高速、高效、高水平地解决矛盾纠纷,实现当事人双方都满意的理想效果。浙江法院电子商务网在此时机被推出,于 2015 年 8 月 17 日,西湖法院电子商务网上法庭挂牌成立,并于此日审理了两起涉及金融借款贷款的案件,获得了线上线下的一致好评,并借此机会,采用媒体宣传的方式让电子商务网上法庭走入大众视野,“互联网+审判”新模式更加从群众的需求出发,真正做到便民利民,服务于司法工作。这成为继知识产权法庭、海事法庭等专门法庭之后的又一创新之举。其中典型案例杭州爱财有限公司创办的爱学贷网站因经营模式、公司内部管理机制与消费形式都存在较大的风险,西湖区法院通过提出司法建议的方式,帮助该创业公司提升自身抵抗风险的能力,优化产品结构,改善经营管理方式,打造企业品牌效应，从而兼顾合法性与合理性。同时采用调解的技巧建议该公司以和缓的方式化解矛盾，改善双方僵化关系。

第四，利用外部力量，提升督促程序效率。在开展纠纷解决平台工作之前，西湖法院于2015年和阿里巴巴集团、浙江大学光华法学院联合开展调研活动，以支付宝、淘宝争端解决方式作为切入点，将电子督促程序的建立与运用作为重点研究方向，辅以互联网技术，使支付令的线上申请与审核、举证、送达、质询与自动生成过程能够高效实现，更加体现出电子督促程序的快捷与便利，推动了线上纠纷解决机制的创新发展。同年5月，西湖区法院首次将调研成果即电子督促程序付诸实践，该支付令程序从发出到送达仅花费了四个小时，这在以往的线下督促程序中是无法想象的，这是中国首次使用互联网技术实现的电子督促程序。截至目前，电子督促程序已经更新换代实现了系统化、智能化。既提高了司法督促程序的效率，为司法程序减负，同时也实现了"互联网+金融"在法律领域的新跨越，具有跨时代的意义。

3. 模式的运行现状

西湖区法院的特邀调解方式分为两个轨道，第一个轨道是诉前调解与诉调对接两个工作室通过线上的方式启动。第二个轨道是由第一轨道中的线下诉调对接中心和线上的陈辽敏网上工作室共同开展，线上与线下双轨运行。

其一，诉前调解工作室主体是司法局派驻法院的人民调解员和法院的特邀调解员，在诉前进行调解与引导。在立案时发现适合采用调解或其他非诉方式解决的纠纷单独编成"引调"字号分至调解员处进行调解前置，以更加便利快捷地解决纠纷。分流至"引调"字号的案件必须要符合案件基本情况清晰，争议明确、适合调解，并且属于人民法院受案范围以及本院管辖的各类民商事（含知识产权）案件的标准，但不包含：(1)当事人明确拒绝调解；(2)争议标的较大，超过300万元人民币；(3)当事人有一方以上不在法院所在地；(4)确认身份关系、收养关系、婚姻关系的纠纷，确认合同效力的纠纷；(5)起诉时被告下落不明须公告送达或者原、被告被采取强制措施、被监禁的纠纷；(6)起诉时原告申请保全或评估、鉴定的纠纷；(7)其他案情复杂，不适用人民调解的纠纷。

其二,诉调对接工作室同样也是负责案件的分流相关工作,将不同类别的纠纷分门别类,通过与具有调解功能的行政机关、行业协会、各镇街、村委会与居委会等加强联系与沟通,例如浙江省出租车行业协会组织等,达到矛盾纠纷对外分流的效果。

其三,成立并发挥陈辽敏法官网上工作室的优势,完成线上与线下解纷工作对接。西湖区法院顺应"互联网+""在线调解"等时代发展的潮流,建设诉讼调解对接中心,探索方便当事群众解纷的新思路。其具体的成果体现是成立了陈辽敏网上工作室。现实中,诉调对接中心的运转模式概括为"一个中心两个工作室",以线上方式和线下方式将诉讼与调解工作做到无缝衔接。不同于诉前调解和诉调对接两个工作室所开展的线下工作内容,陈辽敏网上工作室在线上进行诉讼与调节的对接工作。丰富的线上服务职能则是其工作室备受好评的主要原因,其主要有:留言咨询;法律建议;网络调解、指导;培训指导;滚动轮训;经验推广等。与此同时,西湖区法院也在陈辽敏网上工作室上建立了特邀调解名册信息,将特邀调解员信息详尽并便捷地进行展示,方便当事群众和网站访客进行查阅。并将网上工作室网站展示的特邀调解员信息按其不同专业、不同领域进行了合理划分,其主要包括:婚姻家庭类、房产物业类、劳动争议类、商事合同类、综合类、其他领域专家。网上工作室还列明了西湖区法院引调的多起典型案件的案号、案由、结案方式等内容,其中还展示调解方式结案成果,其具体分为:达成调解协议(当场履行、申请司法确认、未申请司法确认、申请出具调解书)和未达成调解协议(进入诉讼程序、不进入诉讼程序)。[①]

(四)现行模式的发展方向与完善意见

1. 继续建设与完善在线矛盾纠纷多元化解的平台建设

西湖区法院在 2016 年开启了中央综治办派发的新项目,即在现有线上工作室与线上督促程序的基础上建设多元矛盾解决一体化平台。将互联网技术应用在司法领域,构建线上咨询、评估、调解、仲裁与诉讼五位一体的纠纷解决平台,不仅包含了案件受理与分类,同时之后的解决、处理与最后的反馈过程都涵盖在内,最终达到信息收集、运输与保

---

① 参见陈辽敏:《创新型多元化纠纷解决机制的构建与发展——以浙江省杭州市西湖区人民法院为例》,载《中国应用法学》2017 年第 3 期。

存，举证案卷与数据的分析和整理，预判风险、问题预设与矛盾预警等各方面多领域的理想效果。同时，这一平台可以通过自身的优化升级达到满足各种类型纠纷与各个行业纠纷的需求，实现个性化、专门化、科学化的定制。这在解决纠纷的过程中也更有利于相关纠纷的大数据统计，提供一定的技术支持，减少人力资源成本，优化升级司法资源。目前这一纠纷解决平台已经构建成型，并命名为“在线矛盾纠纷多元化解平台”，推广至西湖区试点运行，再根据各个法院的最新反馈不断更新这一平台的相关细节。

2. 为多元化纠纷解决机制提供广泛的法律支持

西湖区法院采取的多元纠纷解决平台从线上线下多方面加速纠纷解决，不仅更好地实现以人为本理念，同时也有利于倒逼相关的法律制度加以完善，虽然因西湖区法院纠纷解决模式的推广，浙江省随即出台了《关于完善矛盾纠纷多元化解机制的实施意见》，这一意见更加体现出西湖区法院试点的积极效应，目前杭州市将该机制在全市其他区进行调研推广，因地制宜地完善这一机制，优化这一平台，借此机制加速矛盾纠纷多元化解机制建设的地方立法进程。

3. 加大了与街道乡镇、大调解中心的衔接力度

充分运用互联网功能，发动社会力量，调动社会资源是西湖区法院在开展在线解纷工作上的创新点与着力点，这些工作使得西湖区法院的诉调衔接工作走在了浙江全省乃至全国诉调衔接工作的前列。但在与乡镇街道和大调解中心的工作衔接上，西湖区法院则出现了程序烦琐、缺少统一指挥等问题，这是在工作中出现的短板之一。

在下一步工作中，西湖区法院要将化繁为简、分工合作落在实处。将法院的法律指导工作优势进一步的发挥、社会力量的专业服务优势进一步引进以及基层居民自治良性优势进一步融合，可以适当地发展志愿组织，开展志愿服务，加大在线特邀调解工作在基层的宣传。开展培训活动，组织法院审判人员指导特邀调解员，带动特邀调解员队伍，对接乡镇街道综合治理平台，以及社区调解室、“名人工作室”，以点覆面，逐步构建起富有层次的、覆盖西湖区各乡镇街道社区的调解网络，通过完善当事群众全力保障机制，使基层群众的问题可以得到有效反

馈、矛盾化解在基层、合法权益的保障得以实现。①

4. 吸收商事在线调解经验，加强与行业协会及特邀调解组织的沟通合作

虽然杭州各方面发展迅猛、商事组织数量呈井喷式增加，但作为准一线城市，在商事调解方面相较于北上广一线城市仍然存在一定差距。不过杭州在商事组织领域发展有较好的先天优势，杭州是中国跨境电子商务起源地，涵盖阿里巴巴等电子商务龙头企业增加了线上的矛盾纠纷数量，同时也加强了企业对矛盾纠纷解决的迫切心情，从而倒逼线上纠纷解决机制的建立与完善。作为矛盾纠纷的来源地，由各个企业组成的行业协会自然而然地成为诉讼调解机制对接的合作对象。因此，加强行业协会与平台的合作，完善升级省内外诉讼调解机制，发挥各行各业的专业性优势，秉持“调解先行，以解决矛盾为主要目标”的调节理念，带动杭州市各行各业与调解机制共同发展。在这方面，商事在线调解的经验可以提供帮助。

首先，有利于转变传统纠纷解决模式，实现创新型发展。西湖区法院在构建新型纠纷解决平台的道路上越走越好，获得最高人民法院的高度关注与“点赞”。以“智慧法院”的理念建设一体化诉讼、调解服务信息化平台符合最高人民法院适应发展趋势，转变传统纠纷解决模式，实现创新型发展的需求。这一平台将打造立案、起诉、调解、司法确认、督促与送达整个程序线上实现模式，更有利于加速多功能的整合，将传统司法程序中分开处理的调解、仲裁与诉讼更好地衔接起来，加速转型升级，从而构建资源共享共治、包容性与开放性并存，以创新驱动发展的新型线上纠纷解决体系。除此之外，最高人民法院组织其国际商事法庭利用这一线上诉讼调解纠纷解决平台与其他平台为异地当事人提供更加便利的帮助，包括立案、缴纳诉讼费、质证环节与送达等必需的审判流程，获得国际上的一致好评。②

其次，有利于将国内互联网技术应用与国际商事纠纷解决巧妙融

① 参见龙飞：《中国在线纠纷解决机制的发展现状及未来前景》，载《法律适用》2016 年第 10 期。

② 参见胡仕浩：《中国特色多元共治解纷机制及其在商事调解中应用》，载《法律适用》2019 年第 19 期。

合。最高人民法院组织其国际商事法庭利用这一线上诉讼调解纠纷解决平台为异地当事人提供包括立案、缴纳诉讼费、质证环节与送达等必需的审判流程线上实现的选择,针对国际上的商事纠纷,不仅设立了相关的双语网站,同时也将其他各类别的电子诉讼平台构建列入计划,从而提高诉讼效率。在质证环节,国际商事法庭将采用线上调查、收集取证的方式,提供法律查明等相关服务,以开放式、透明式的新型诉讼解决方式便利诉讼参与人。除此之外,针对相关的国际条约和国际惯例与法律数据库的建立,国际商事法庭也在现有法律基础上协同相关部门完善并提出意见。这不仅有利于“一带一路”沿线国家实现法律适用与裁判尺度标准的统一,同时有利于审判主体在适用法律时更能受益于信息化与大数据的智能性,保证法律适用具体、准确,提升司法公信力的提升。至此,中国贸促会调解中心、上海经贸商事调解中心、北京“一带一路”国际商事调解中心目前利用开发的国际商事网上调解系统加深了与瑞士、意大利以及中国香港特别行政区等其他国家和地区的合作,并取得了显著成绩,这离在商事纠纷解决领域建立成熟的在线调解平台这一目标越来越近。目前我国在商事领域的纠纷解决平台建设过程中已经形成具有中国特色的纵横交错、共享共建的新型在线纠纷解决模式。

CHAPTER 05 >>

第五章

在线纠纷解决机制中的司法确认程序

最高人民法院于2020年1月15日发布了《民事诉讼程序繁简分流改革试点方案》和《民事诉讼程序繁简分流改革试点实施办法》，标志着司法确认程序在中国迈入了进一步发展的新阶段。顺应"互联网+"和数字经济全面推进的新格局，要创新纠纷解决方式，构建"在线纠纷解决机制+司法确认"的新模式，以独立型实施方式作为前进的目标和方向。为此，需要坚持司法确认程序系非讼程序的基本性质，从理论、规范和实践三个方面对现行模式进行完善，构建中国"循环式"在线纠纷解决体系，以落实诉调对接和多元化纠纷解决机制建设的要求，最终实现国家治理体系和治理能力的现代化。

调解协议的司法确认程序（以下简称司法确认程序）是指经人民调解委员会等调解组织调解达成调解协议的双方当事人，依法共同向人民法院申请确认调解协议的效力，赋予调解协议强制执行力的程序。司法确认程序的性质问题是所有问题的逻辑起点，直接决定司法确认程序的实施，进而影响整个程序体系。关于司法确认程序的性质，理论上一直争论不休，立法上也曾摇摆不定。首先，在立法层面：最高人民法院于2009年7月24日发布的《关于建立健全诉讼与非诉讼相衔接的矛盾纠纷解决机制的若干意见》（以下简称《2009年诉非衔接意见》）第23条规定："人民法院审理申请确认调解协议案件,参照适用《中华人民共和国民事诉讼法》有关简易程序的规定。案件由审判员一人独任审理,双方当事人应当同时到庭。人民法院应当面询问双方当事人是否理解所达成协议的内容,是否接受因此而产生的后果,是否愿意由人民法院通过司法确认程序赋予该协议强制执行的效力。"表明此时最高人民法院将司法确认程序定性为诉讼程序中的简易程序。但无论是 2012 年修订后的《民事诉讼法》,还是现行的《民事诉讼法》,都将司法确认程序置于第十五章"特别程序"中。其次,在理论层面,司法确认程序的性质众说纷纭,具有代表性的观点主要有以下四种:第一,简易程序说,即司法确认程序系诉讼程序中的简易程序。该观点盛行于 2012 年《民事诉讼法》修订之前,其主要依据便是上文所引《2009 年诉非衔接意见》第 23 条。[①] 第二,非讼程序说,即司法确认程序系审判程序中的非讼程序,这是学界的主流观点。[②] 第三,独立程序说,即司法确认程序系"不同于现行民事诉讼程序立法规定的诉讼程序、非讼程序,以及特别程序的另一类特殊程序,即独立的民事司法确认程序"[③],另有学者指出,"根据其程序的目的、内容及审理方式的特殊性,应当将其界定为一种独立的民事司法程序。"[④]第四,执行程序说,该说认为"我国将司法确认程序置于特别程序之下属于体系错误,因为其原本属于民事诉讼法第三编'执行程序'的内容。"[⑤]笔者认为,从双方当事人共同申请以启动、不存在两造对抗的制度设计上,简便、快捷的价值取向上,以及司法确认程序不解决纠纷的根本特征上三个方面而言,司法确认程序都应当属于非讼程序。司法确认程序属于审判程序,不属于执行程序,法院经审查裁定调解协议有效并赋予其强制执行力或裁定驳回申请,司法确认裁定书同调解书

---

① 参见刘加良:《司法确认程序的显著优势与未来前景》,载《东方法学》2018 年第 5 期。

② 参见潘剑锋:《论司法确认》,载《中国法学》2011 年第 3 期;刘钟琴:《人民调解协议司法确认程序的反思与建构》,载《研究生法学》2011 年第 5 期;占善刚:《人民调解协议司法确认之定性分析》,载《法律科学(西北政法大学学报)》2012 年第 3 期。

③ 廖中洪:《民事司法确认程序若干问题研究》,载《西南政法大学学报》2011 年第 1 期。

④ 郭海洋:《关于司法确认程序若干问题的思考》,载《公民与法(法律版)》2014 年第 1 期。

⑤ 周翠:《司法确认程序之探讨——对〈民事诉讼法〉第 194 – 195 条的解释》,载《当代法学》2014 年第 2 期。

一样可以作为执行的依据。也有学者基于"诉讼法理与非讼法理交错适用论"提出:"诉讼外调解协议的司法确认,从案件性质上言,应该属于诉讼法理与非讼法理交错适用的民事案件,因此,从理论上说,将其纳入诉讼程序或非讼程序都是可以的。至于具体在立法上应该将其规定为何种程序,就取决于立法者的立法政策了。"①笔者认为,此种观点不失为一种新的思路,但是一方面在现有理论体系内,司法确认程序足以得到自洽和发展,引入新的理论视角缺乏必要性。另一方面,这种模糊诉讼与非讼程序界限的"二元论"也会带来很大的问题,主要是会导致司法确认程序实施上的不确定性与复杂性:司法确认程序应当如何启动?采诉讼程序之对抗式构造还是非讼程序之纠问式构造?法院的审查方式与审查形式应为何?应使用何种裁判文书格式?因此,该观点在实施上也不具有可能性。

司法确认程序在中国的发展经历了四个阶段:2007 年甘肃省定西市法院系统进行人民调解协议诉前司法确认机制的试点,揭开了中国司法确认程序的序幕,随后由甘肃省向全国推广,这是司法确认程序的探索阶段。在对实践经验进行总结的基础上,2009 年最高人民法院发布了《2009 年诉非衔接意见》,以规范性文件的形式明确提出了"规范和完善司法确认程序",这是司法确认程序的形成阶段。《人民调解法》和最高人民法院《关于人民调解协议司法确认程序的若干规定》(以下简称《2011 年司法确认规定》)的出台标志着司法确认程序在"人民调解协议"这一范围内以法律的形式得到确立,这是司法确认程序的部分确立阶段。2012 年全国人大常委会对《民事诉讼法》进行修订,《民事诉讼法》(2012 修订)在第十五章"特别程序"第 194 条和第 195 条对司法确认程序进行了规定;紧接着,2015 年最高人民法院发布实施了最高人民法院《关于适用〈中华人民共和国民事诉讼法〉的解释》(以下简称《民诉解释》),其中第 353 ~ 360 条对司法确认程序作出了更为详细的规定,这是司法确认程序的全面确立阶段;最新的 2020 年版《民诉解释》也沿袭了上述规定。2019 年 12 月,全国人大常委会授权最高人民法院在北京、上海、南京、杭州等部分地区的中级和基层人民法院、知识

① 白彦、杨兵:《论司法确认程序的性质》,载《北京大学学报(哲学社会科学版)》2015 年第 2 期。

产权法院、上海金融法院以及互联网法院开展民事诉讼程序繁简分流改革试点工作，最高人民法院于2020年1月15日印发了《民事诉讼程序繁简分流改革试点方案》（以下简称《民诉繁简分流试点方案》）和《民事诉讼程序繁简分流改革试点实施办法》（以下简称《民诉繁简分流实施办法》），正式启动为期2年的试点工作。《民诉繁简分流试点方案》明确试点的主要内容为“优化司法确认程序。健全特邀调解制度，加强特邀调解名册管理，完善诉前委派调解与司法确认程序的衔接机制。合理拓宽司法确认程序适用范围，经律师调解工作室（中心）等特邀调解组织、特邀调解员，或者人民调解委员会依法调解达成民事调解协议的，当事人可以按照程序要求，向人民法院申请司法确认。完善司法确认案件管辖规则，符合级别管辖和专门管辖标准的，由对应的中级人民法院和专门人民法院受理。”此次试点加强了特邀调解制度和司法确认程序的联系，是对十余年来司法确认程序实践的肯定，司法确认程序在中国迈入了进一步发展的新阶段。

一、司法确认程序的新发展

（一）司法确认程序适用范围重新明确

司法确认程序的适用范围，是指适用司法确认程序的调解协议的范围，回答的是什么样的调解协议适用司法确认程序的问题。调解协议系在中立第三方的主持下，当事人自愿达成的关于其权利义务的协议。在形式上，调解协议依“第三方”不同，可分为法院调解（诉讼中调解）达成的调解协议和诉讼外调解达成的调解协议；在实质上，调解协议是以当事人权利义务为内容的民事合同。此次试点工作主要从调解协议的形式侧面，对司法确认程序的适用范围进行了重新明确。

基本达成一致共识的是，司法确认程序只适用于诉讼外调解达成的调解协议，不适用于法院调解达成的调解协议。理由在于，依据《民事诉讼法》第100条的规定，法院调解达成调解协议后，应当以调解书结案，调解书同判决书一样具有既判力，司法确认程序不再具有适用空间。[①] 但问题在于，是否所有诉讼外调解协议都适用司法确认程序？《2009年诉非衔接意见》第20条规定："经行政机关、人民调解组织、商事调解组织、行业调解组织或者其他具有调解职能的组织调解达成的具有民事合同性质的协议，经调解组织和调解员签字盖章后，当事人可以申请有管辖权的人民法院确认其效力……"可以发现，一开始最高人民法院认为，所有具有调解职能的组织调解达成的协议都可以向法院申请司法确认。但随着《人民调解法》的出台和《民事诉讼法》的修订，最终仿佛只有经人民调解委员会调解达成的调解协议，才有向法院申请司法确认的"殊荣"，[②]这主要是因为立法者在立法时采取了较为谨慎的态度，司法确认程序的具体运行状况还有待于在实践中进一步展开。司法确认程序确实在客观上激发了人民调解的活力，但想要进一步完善多元化纠纷解决机制、实现诉调对接、减轻法院办案压力，却显得难以为继。[③] 为更好地发挥司法确认程序的作用，此次试点将司法确认程序的适用范围扩大到特邀调解制度，《民诉繁简分流实施办法》第3条规定："经人民调解委员会、特邀调解组织或者特邀调解员调解达成民事调解协议的，双方当事人可以自调解协议生效之日起三十日内共同向人民法院申请司法确认。"根据《特邀调解规定》第1条规定："特邀调解是指人民法院吸纳符合条件的人民调解、行政调解、商事调解、行业调解等调解组织或者个人成为特邀调解组织或者特邀调解员，接受人民法院立案前委派或者立案后委托依法进行调解，促使当事人在平

① 《民事诉讼法》第100条规定："调解达成协议，人民法院应当制作调解书。调解书应当写明诉讼请求、案件的事实和调解结果。调解书由审判人员、书记员署名，加盖人民法院印章，送达双方当事人。调解书经双方当事人签收后，即具有法律效力。"

② 《人民调解法》第33条第1款规定："经人民调解委员会调解达成调解协议后，双方当事人认为有必要的，可以自调解协议生效之日起三十日内共同向人民法院申请司法确认，人民法院应当及时对调解协议进行审查，依法确认调解协议的效力。"《民事诉讼法》（2012修订）第194条规定："申请司法确认调解协议，由双方当事人依照人民调解法等法律，自调解协议生效之日起三十日内，共同向调解组织所在地基层人民法院提出。"根据文义解释，当事人只能依照法律申请司法确认。而现行法中，除了《民事诉讼法》之外，只有《人民调解法》这一部法律对司法确认程序进行了规定。

③ 2012年以前，调解民间纠纷案件数量从未超过900万件；2012～2018年，调解民间纠纷案件数量基本稳定在900万余件，但未见显著增长。参见国家统计局官网2020年11月13日，data. stats. gov. cn/easyquery. htm? cn = C01&zb = A0S06&sj = 2019。

等协商基础上达成调解协议、解决纠纷的一种调解活动。”可以看出，就本质上而言《民诉繁简分流实施办法》第 3 条批判地继承了《2009 年诉非衔接意见》第 20 条的规定，一方面坚持人民调解委员会外的其他调解组织主持下达成的调解协议可以向法院申请司法确认，另一方面对这些调解组织又进行了“特邀调解组织名册”的条件限制，[①]防止司法确认程序适用范围过度扩张。不仅如此，司法确认程序的适用范围不再局限于“经调解组织达成的调解协议”，而是进一步扩张到经特邀调解员个人主持达成的调解协议也可以申请司法确认，这可以说是司法确认程序适用范围的巨大变革。

（二）司法确认程序案件管辖更加清晰

《民诉繁简分流实施办法》不仅对司法确认程序的适用范围进行了重新明确，而且对司法确认程序的管辖问题作出了更加清晰的规定。《2009 年诉非衔接意见》第 21 条将法院委派或委托调解与当事人自主选择达成调解协议进行了区分，规定法院委派或委托调解的由委派或委托人民法院管辖，当事人自主选择达成调解协议的遵循“专属管辖→选择管辖→法定管辖”的基本地域管辖构造。在级别管辖上，规定当事人自主选择达成调解协议的由基层法院管辖，法院委派或委托调解的可以由中级人民法院管辖。[②]《2011 年司法确认规定》在坚持法院委派调解的由委派人民法院管辖的基础上，对当事人经人民调解委员会达成调解协议的采取“由主持调解的人民调解委员会所在地基层人民法院或者它派出的法庭管辖”的法定管辖模式，选择管辖不再适用。[③]其理由主要在于，最高人民法院认为“人民调解委员会主要调解民间纠

---

① 《特邀调解规定》第 5 条规定：“人民法院开展特邀调解工作应当建立特邀调解组织和特邀调解员名册……”《民诉繁简分流实施办法》第 2 条规定：“人民法院应当建立特邀调解名册，按照规定的程序和条件，确定特邀调解组织和特邀调解员，并对名册进行管理。”

② 《2009 年诉非衔接意见》第 21 条规定：“当事人可以在书面调解协议中选择当事人住所地、调解协议履行地、调解协议签订地、标的物所在地基层人民法院管辖，但不得违反法律对专属管辖的规定。当事人没有约定的，除《中华人民共和国民事诉讼法》第三十四条规定的情形外，由当事人住所地或者调解协议履行地的基层人民法院管辖。经人民法院委派或委托有关机关或者组织调解达成的调解协议的申请确认案件，由委派或委托人民法院管辖。”

③ 《2011 年司法确认规定》第 2 条规定：“当事人申请确认调解协议的，由主持调解的人民调解委员会所在地基层人民法院或者它派出的法庭管辖。人民法院在立案前委派人民调解委员会调解并达成调解协议，当事人申请司法确认的，由委派的人民法院管辖。”

纷,多为婚姻家庭、继承纠纷,相邻关系纠纷,以及简单的民事合同、侵权责任纠纷,而且人民调解委员会与纠纷当事人之间联系密切,与当事人通常就在同一个村或者同一个街道。因此,就人民调解协议的司法确认管辖而言,没有必要规定若干个选择项供当事人选择。直接规定由调解委员会所在地的基层人民法院或其派出法庭管辖人民调解协议司法确认案件,不仅方便当事人申请确认,也方便人民法院开展必要的审查工作。"[①]《民事诉讼法》(2012 修订)以及《民诉解释》沿袭了"法定(地域管辖)+基层(级别管辖)"的模式,并且未对法院委派或委托调解与当事人自主选择达成调解协议进行区分。[②] 2016 年发布并施行的《特邀调解规定》又重新对法院委派调解的管辖问题进行了规定,形成委派法院与调解组织所在地法院共同管辖的局面。[③] 纵观整个立法进程,关于司法确认程序案件管辖的规定十分混乱,多个现行有效的规范作出了互不融洽的规定,这必然导致实际适用中的困惑与迷茫。此次试点,《民诉繁简分流实施办法》在区分委派调解与当事人自主选择达成调解协议的基础上,依据新的司法确认程序适用范围,对司法确认程序的地域管辖和级别管辖作出了全新的规定。《民诉繁简分流实施办法》第 4 条规定:"司法确认案件按照以下规定依次确定管辖:(一)委派调解的,由作出委派的人民法院管辖;(二)当事人选择由人民调解委员会或者特邀调解组织调解的,由调解组织所在地基层人民法院管辖;当事人选择由特邀调解员调解的,由调解协议签订地基层人民法院管辖。案件符合级别管辖或者专门管辖标准的,由对应的中级人民法院或者专门人民法院管辖。"

---

① 卫彦明、蒋惠岭、向国慧:《〈关于人民调解协议司法确认程序的若干规定〉的理解与适用》,载《人民司法》2011 年第 9 期。

② 《民事诉讼法》(2012 修订)第 194 条规定:"申请司法确认调解协议,由双方当事人依照人民调解法等法律,自调解协议生效之日起三十日内,共同向调解组织所在地基层人民法院提出。"《民诉解释》第 353 条规定:"申请司法确认调解协议的,双方当事人应当本人或者由符合民事诉讼法第五十八条规定的代理人向调解组织所在地基层人民法院或者人民法庭提出申请。"

③ 《特邀调解规定》第 19 条第 2 款规定:"委派调解达成的调解协议,当事人可以依照民事诉讼法、人民调解法等法律申请司法确认。当事人申请司法确认的,由调解组织所在地或者委派调解的基层人民法院管辖。"

(三)司法确认程序实施方式与时俱进

随着“互联网+”和数字经济的全面推进,纠纷解决方式也从替代性纠纷解决机制(Alternative Dispute Resolution,ADR)迈向了在线纠纷解决机制(Online Dispute Resolution,ODR)的新阶段。ODR是一种将计算机的信息处理功能与便利的通信网络相结合的诉讼外争议解决模式,是替代性纠纷解决方式(ADR)在网络空间的运用。① 在广义上,ODR不仅包括在线替代性纠纷解决机制,还包括在线诉讼和网络法庭,即ODR是所有线下纠纷解决方式在互联网上运用的集合。ODR主要有在线协商、在线调解和在线仲裁三种纠纷解决类型,一般认为在线调解协议同样具有合同效力。② 在线纠纷解决机制与司法确认程序具有高度的协调性:在微观上,在线纠纷解决机制中的在线调解与司法确认程序具有天然的契合性,司法确认程序可以解决在线调解当事人信任不足、在线调解协议执行困难等一系列问题,为在线调解提供制度支撑。在宏观上,最高人民法院于2019年2月和8月分别发布了《关于深化人民法院司法体制综合配套改革的意见——人民法院第五个五年改革纲要(2019—2023)》和《关于建设一站式多元解纷机制一站式诉讼服务中心的意见》,要求“推广线上线下相结合的司法确认模式”“推动司法确认全面对接人民调解等线上平台”,将司法确认程序正式纳入在线纠纷解决机制之中。在实践中,不仅已经实现了司法确认程序与全国性在线纠纷解决平台“人民法院调节平台(http://tiaojie.court.gov.cn)”的衔接,③各省也纷纷建立起ODR平台,提供了多元化纠纷解决机制的“中国方案”。以浙江为例,网页版的“在线矛盾纠纷多元化解平台”适应“大调解”格局,深入推进在线纠纷解决机制中的司法确认程序,截至2020年11月15日平台注册用户1,782,901人,已受理案件

---

① 参见范筱静:《电子商务中在线纠纷解决机制初探——以信息技术应用和消费者保护为视角》,载《科技与法律》2012年第4期。

② 参见郑世保:《在线解决纠纷机制的类型化研究》,载《郑州大学学报(哲学社会科学版)》2014年第5期。

③ 人民法院调解平台全流程一站式解纷服务流程:提交纠纷→咨询→评估→选择解纷方式:①申请调解,调解成功的,可以申请司法确认;调解失败的,可以申请立案。②也可以直接申请立案。

1,113,359例,调解成功率达76%。[①] 其服务区域涵盖全省11个市,调解方式有法院特邀组织调解、司法调解、人民调解、行政调解、律师调解、仲裁调解、公正调解、行业调解、商事调解、专业调解和其他调节等11种方式。具体流程为:先行调解,调解成功的可以在线申请确认调解协议有效;调解失败的,可以申请转入诉讼程序。移动端则采用"浙江ODR"微信小程序,可由浙江移动微法院直接进入,在技术层面上进一步落实诉调对接的要求。此外,平台还利用人工智能技术提供智能咨询服务,当事人可以就婚姻继承、民间借贷、交通事故、劳动争议等多种纠纷向法律机器人进行咨询,由法律机器人进行专业的解答,既节省了当事人的法律咨询成本,又推动了法律制度的普及。

有法官指出,"'人工智能+在线司法确认'模式是对传统线下司法确认与纯粹线上司法确认的改进创新,具有广阔的发展前景。"[②]但就目前人工智能参与在线司法确认程序的实践情况看,人工智能暂时只能承担辅助性或者咨询性法律服务工作,并未真正直接参与到司法确认程序之中,"人工智能+在线司法确认"的模式尚处于理论设想阶段。不过"在线纠纷解决机制+司法确认"模式已经在实践中得到施行并取得了良好效果,司法确认程序在实施上实现了由线下到线上的跨越式发展,其根源在于司法确认程序具有坚实的实践基础和独特的制度优势,在线纠纷解决机制与司法确认程序相辅相成、相得益彰。

二、"在线纠纷解决机制+司法确认"模式

(一)在线纠纷解决机制与司法确认程序的交互促进

司法确认程序的根本优势在于,调解协议一旦得到司法机关的确认,即可获得强制执行力,这也是制度设置的根本功能所在。我国调解协议的法律效力经历了"无法律约束力→民事合同效力→司法确认赋予强制执行力"的变迁,实现诉调对接、完善多元化纠纷解决机制的现

① 参见浙江解纷码,https://yundr.gov.cn。

② 钟明亮:《人工智能下司法确认的功能定位与风险防控》,载《人民法院报》2020年7月5日,第2版。

实需求使得司法确认程序的制度建设具有必要性,司法确认裁定和相关法律规范使得强制执行之形成力的赋予具有正当性。有学者指出,司法确认程序具有促进人民调解实效化的复兴功能、降低民事纠纷成案率的减压功能、助力行政调解细则化的参照功能和缔造基层治理良善化的善治功能共四大功能。[①] 在线纠纷解决机制与司法确认程序相互融合、相互促进,在线纠纷解决机制为司法确认程序提供了更广阔的适用平台和未来前景,司法确认程序为在线纠纷解决机制提供了坚实的制度基础和实效保障。

一方面,“在线纠纷解决机制 + 司法确认”模式是更好发挥司法确认程序本身制度优势、解决一部分线下司法确认程序现存问题的有效途径。第一,司法确认制度具有程序设计简便快捷、用较低成本定分止争、减少当事人诉累等优势,而司法确认程序与在线纠纷解决机制相结合使得申请人提交司法确认申请材料、法院要求当事人补充材料、裁定驳回或确认调解协议效力的文书送达等程序性事项可以在线进行,进一步节省司法资源和申请人的成本。第二,调解协议的质量和规模一直是影响司法确认程序实效性的重要因素,直接决定司法确认的前置程序——调解的“质”和“量”。司法确认的对象是调解协议,调解的质量和规模没有上台阶,司法确认就是无源之水。“在线纠纷解决机制 + 司法确认”模式既跨越了时间和地域的限制,使调解的场所不再局限于人民调解委员会、特邀调解组织、法院调解工作室等线下地点,扩大了调解的规模,又方便调解员对申请人在线履行询问具体案情、告知权利义务、释明法律后果等法定职责,有利于调解质量的提升。

另一方面,“在线纠纷解决机制 + 司法确认”模式是完善在线调解和在线纠纷解决机制、促进多元化纠纷解决体系建设的必然要求。有学者指出,我国在线调解主要面临两大困境:在线调解规则尚不健全的制度困境和在线调解协议执行困难的实践困境。[②] “在线纠纷解决机制 + 司法确认”模式便是解决这两大现实困境的良好路径,既解决制度前提,又解决执行依据——经司法确认后的在线调解协议具有强制执

① 参见刘加良:《司法确认程序的功能诠释》,载《政法论丛》2018 年第 4 期。

② 参见姜英超:《我国在线调解机制实效化困境及对策》,载《沈阳农业大学学报(社会科学版)》2018 年第 2 期。

行力,任何一方当事人不履行或不完全履行,对方当事人可以直接向人民法院申请强制执行。多元化纠纷解决机制要求形成全方位、多层次、多领域的纠纷解决体系,线上线下并存的纠纷解决方式是未来的发展趋势,"在线纠纷解决机制+司法确认"模式必将大放异彩。

(二)"在线纠纷解决机制+司法确认"模式的现实实施

在线纠纷解决机制中司法确认程序的实施方式,取决于两个因素:其一,司法确认程序的性质,这决定了程序设计的基本方向;其二,在线纠纷解决机制的作用,这决定了"在线纠纷解决机制"这一介入因素对基本程序构造产生的影响。在司法实践和现行规范下,在线纠纷解决机制的作用主要表现为司法确认程序的平台作用,对基本程序构造产生的影响较小,因而在实然层面上在线纠纷解决机制中司法确认程序的实施方式由司法确认程序的性质决定。司法确认程序性质上属于非讼程序,不会因为在线纠纷解决机制的融入而改变,故在具体实施上应当遵循书面审查、法院职权探知主义、不公开审查等基本原则。笔者认为,调解作为司法确认程序的法定前置程序,应当纳入"在线纠纷解决机制+司法确认"模式实施的统一考量之中,因此"在线纠纷解决机制+司法确认"模式在实践中主要有独立型和辅助型两种具体实施方式:

1. 独立型实施方式。独立型实施方式,是指从调解到司法确认的所有程序和实体事项均在线上通过ODR平台完成,与线下司法确认程序及其他纠纷解决方式相互独立的实施方式,这也是真正意义上的"在线纠纷解决机制+司法确认"模式。独立型实施方式可以真正实现从司法确认的"因"——调解程序,到"果"——形成司法确认裁定全方位的与在线纠纷解决机制融合,是建设"一站式"纠纷解决平台的内在要求。独立型实施方式的优势在于,由于从调解到司法确认大概率是在同一ODR平台之下,方便法院对调解质量的把握和监督,调解程序和调解协议的质量便能有所保障。进而,法院在审查时可以贯彻形式审查的原则,甚至对某些事项简单处理、某些材料免于审查,更彻底地发挥司法确认程序便捷、高效的制度价值。严格意义上来讲,当在线调解协议达成之后,当事人有权决定是否合意启动在线司法确认程序。只有当事人共同在线申请启动司法确认程序,才构成"在线纠纷解决机制+

司法确认”模式中的独立型实施方式。

2. 混合型实施方式。混合型实施方式，是指调解或司法确认的程序及实体事项采取线下现场进行和线上 ODR 平台相结合的实施方式。混合型实施方式包括但不限于以下几种类型：(1)线下达成调解协议，指定或允许当事人在特定 ODR 平台上进行司法确认程序；(2)当事人线下申请司法确认，被告知、要求、指导在线上 ODR 平台上申请并进行后续流程；(3)当事人在线上申请司法确认，被要求线下进行现场确认、补交材料、接收文书等程序性事项；(4)当事人在线上申请司法确认，被要求在线下进行询问案情、开庭审理等实体性事项。混合型实施方式是线上线下相交融的司法确认程序实施方式，在某些环节上采取线下“面对面”而非线上“屏对屏”的方式进行，可以使整个程序更具有真实性，一定程度上利于防范计算机算法漏洞等科学技术风险。但是这样一来，会增加程序的实施成本，与司法确认程序的制度设计目的以及未来发展趋势不相符合。

需要明确的是，独立型实施方式与混合型实施方式司法确认的裁定都需要由有管辖权的法院审查并作出，其划分依据在于整个过程是否完全在线进行。程序完全在线进行且裁定由人工智能独立作出判断的实施方式在现行规范体系和技术条件下是不存在的，短时间内也很难实现。有学者从在线平台应用程度和司法确认审核方式的角度将在线司法确认实践总结为三种模式——“模式一：网上预约，现场审核；模式二：网上预约，书面审核；模式三：网上预约，视频审核。”①其中，模式一属于混合型实施方式，模式二和模式三都属于独立型实施方式。这表明实践中法院也倾向于独立型实施方式，以彰显司法确认制度本身的价值。但我们需要清醒地认识到，无论是采取独立型实施方式还是辅助型实施方式，目前的“在线纠纷解决机制 + 司法确认”模式都存在一定的风险和问题。

(三)“在线纠纷解决机制 + 司法确认”模式存在的问题

我们不能期望任何一种制度设计能解决所有的纠纷，现实情况甚至是制度本身的目的可能都难以实现。世上不存在完成时态的“绝对

---

① 钟明亮：《“人工智能 + 在线司法确认”的实践观察与前景展望》，载《法律适用》2020 年 15 期。

完美的制度”,只有进行时态的“与时俱进的制度”。“在线纠纷解决机制+司法确认”模式是在线纠纷解决机制与司法确认程序的有机统一,在线纠纷解决机制是外在形式,司法确认是内在本质。按照这个逻辑推理,“在线纠纷解决机制+司法确认”模式主要存在以下三个方面的问题:

第一,司法确认程序本身固有的问题。从司法确认程序开始探索之日起,程序性质、调解质量、启动条件、管辖、审查方式、救济方式等理论和实践问题一直备受热烈的讨论和争议。其中,部分问题已经得到解决,例如司法确认程序的性质问题。非讼程序说已经基本得到理论和实践的一致认可。部分问题随着“在线纠纷解决机制+司法确认”模式的推进,可能将不再构成问题,例如司法确认程序的启动问题。司法确认程序的启动需要双方当事人共同申请,这样就会陷入“调解达成协议后,如果义务方有意履行,申请司法确认则显得毫无必要;如果义务方不打算履行,双方则难以达成向法院申请确认的合意,司法确认也无法进”[①]的悖论。在独立型实施方式下,当事人达成调解协议后不能即时履行的,可以在线申请司法确认程序的启动,不会增加新的负担和成本,司法确认程序启动率不高的局面将大大改善。但是仍有部分问题没有得到解决,例如司法确认程序的管辖问题。《民诉繁简分流实施办法》明晰了试点地区司法确认案件的管辖问题,但试点以外的地区法院管辖当依何确定?《2009年诉非衔接意见》、《2011年司法确认规定》、《民诉解释》和《特邀调解规定》都是现行有效的规范性文件,但其规定的级别管辖和地域管辖各不相同,实践中到底如何适用?再如司法确认程序在各地法院的适用率极不均衡的问题。司法确认在赋予调解协议法律强制力的同时,也将错案风险从调解组织转移到了法院和法官身上。很多地方并未建立起有效的激励机制,调解员的素质参差不齐,法官所承担的风险过高,极大地挫伤了法官启动司法确认程序的主动性。司法确认程序本身固有的问题势必会对“在线纠纷解决机制+司法确认”模式产生冲击,如若不加以重视并妥善解决,则会动摇“在线纠纷解决机制+司法确认”模式的制度根基。

---

① 邵华:《论调解协议的司法确认:效力、价值及程序审查》,载《政治与法律》2011年第10期。

第二,在线纠纷解决机制本身固有的问题。数字技术作为变革"接近正义"的一种方式的同时,也给"接近正义"制造了障碍。[①] 在线纠纷解决机制本身主要有以下几个问题:首先,ODR 在我国属于新兴领域,法律规制尚不完备,适用范围比较局限。现行《民事诉讼法》中没有单独的"ADR"一章,更遑论一部单独的 ADR 或者 ODR 法律。在规范层面上,目前主要还是依据传统的法律法规及司法解释,在线纠纷解决机制仅是纠纷解决的工具而非模式。中国国际经济贸易仲裁委员会(China International Economic and Trade Arbitration Commission, CIETAC)根据授权下设网上争议解决中心,但只解决域名等特定范围内的争议,其提供的争议解决方式也十分有限。私人机构发起成立的"中国在线争议解决中心(China ODR)"存在与 CIETAC 同样的问题,网站开通后基本处于搁置状态。[②] 其次,法院、当事人、调解员等各方参与人对在线系统的不熟悉增加了实际操作的困难。这可能是由宣传学习效果差、程序设计过于复杂、参与人自身情况等多种因素造成的。各方参与人对线上操作模式的陌生会直接导致对"在线纠纷解决机制＋司法确认"模式的质疑,进而影响具体的实施和落实。最后,在线纠纷解决机制依托于现代互联网技术,其自身可能存在的算法和系统漏洞,是在线纠纷解决机制难以避免的巨大风险。这里说的"难以避免",是就科技与法律的关系以及法律的局限性而言。对于科学技术的瑕疵,法律只能采取增加侵权成本、打击网络犯罪等措施从侧面对网络和系统安全进行保护,技术进步和创新才是解决问题的根本途径。

第三,司法确认程序与在线纠纷解决机制的融合问题。司法确认程序与在线纠纷解决机制的融合,一方面可以弥补部分现存的缺陷,但另一方面也会带来一些新的挑战。其一,现行的司法确认制度和在线纠纷解决机制在某些方面并不契合。例如,《民诉解释》第 358 条第 1 款规定:"人民法院审查相关情况时,应当通知双方当事人共同到场对案件进行核实。"这与在线解决机制独立型实施方式的发展趋势背道而

---

① 参见[美]伊森·凯什、[以色列]奥娜·拉比诺维奇·艾尼:《数字正义:当纠纷解决遇见互联网科技》,赵蕾、赵精武、曹建峰译,法律出版社 2019 年版,第 232 页。

② 参见丁颖、李建蕾、冀燕娜:《在线解决争议:现状、挑战与未来》,武汉大学出版社 2016 年版,第 28 页。

驰。其二,司法确认制度的某些重要程序并未能在 ODR 平台上得以体现。例如,《民诉解释》第 374 条规定的当事人对调解协议不予确认的救济和司法确认损害第三人利益的救济程序,现在的 ODR 平台及各法院的线上调解平台中均未涉及。

三、“在线纠纷解决机制 + 司法确认”模式的完善对策

“在互联网背景下,纠纷解决的方式因为科学技术而转型,但是这种转型并非只是简单地将科学技术运用到传统的纠纷解决模式中,而是以科技和互联网思维为基础,重新构建出一种新的在线纠纷解决体系,更加方便当事人解决纠纷、更好地实现公平正义以及更能适应新时代的要求。”[①]“在线纠纷解决机制 + 司法确认”模式现存的问题可以归纳为理论认识问题、规范缺失问题和实践混乱问题,因此笔者将针对性的从理论、规范和实践三个方面,对“在线纠纷解决机制 + 司法确认”模式进行完善。

(一)理论层面的构建:从在线纠纷解决机制到在线纠纷解决体系

完善在线纠纷解决机制中的司法确认程序,首先要实现在线纠纷解决机制从工具到模式的转变,构建在线纠纷解决体系。在线纠纷解决体系就横向广度上而言,包括技术运作体系、法律规范体系、宏观政策体系和社会意识体系;就纵向深度上而言,包括纠纷预防体系、纠纷解决体系和追踪评价体系。中国的在线纠纷解决机制开始时间较晚、发展时间较短,要形成高效便捷、安全有效、普遍接受的在线纠纷解决体系还有很长的距离,然路虽远,行则将至。

1. 横向在线纠纷解决体系的构建。首先,要构建安全稳定的技术运作体系,技术运作体系是在线纠纷解决体系的内在前提。构建安全稳定的技术运作体系,一方面要注重系统的稳定性和流畅性,提升法院、调解组织、当事人等各方参与者的使用体验;另一方面要确保系统的信息安全和网络安全,免除参与者的后顾之忧。其次,要构建权责明

---

① 于志强、董培雯、Robert D. Roderick、Qu Xiaoqi:《在线纠纷解决体系的实践探索与发展路径(英文)》,载《中国法学(英文版)》2019 年第 4 期。

确的法律规范体系，法律规范体系是在线纠纷解决体系的外部保障。构建权责明确的法律规范体系，核心是保障网络自由与维护网络秩序，并以此作为各方权利义务划分的依据。再次，要坚持国家的宏观政策，为在线纠纷解决体系的发展提供引导和方向。最后，要构建普遍认同的社会意识体系，社会意识体系是在线纠纷解决体系的现实基础。法律的生命在于实施，制度需要得到人民的拥护才能够落实。构建普遍认同的社会意识体系，是在线纠纷解决体系的出发点和落脚点，也是在线纠纷解决体系的最终归宿。

2. 纵向在线纠纷解决体系的构建。英国在线纠纷解决顾问小组在对全球 ODR 系统进行研究整理的基础上，以“纠纷预防→纠纷控制→纠纷解决”为设计理念，对英国在线法院作了三个层级的设计——第一层级：在线评估，第二层级：在线辅助，第三层级：在线裁判（如图 5 - 1 所示）。[1] 笔者认为，英国在线法院的设计模式对中国在线纠纷解决体系的纵向构建具有较大的参考意义。要实现从在线纠纷解决机制到在线纠纷解决体系的蜕变，不仅要从广度上形成“四位一体”的横向体系建设，更要从深度上建成“纠纷预防→纠纷解决→追踪评价→纠纷预防”的中国特色循环式争议解决模式。具体而言，追踪评价环节是纠纷解决与纠纷预防的桥梁，既要评估争议解决的实效性，又要对争议的产生原因、法律规制、解纷途径等多个方面进行溯源追踪，以实现纠纷预防的目标（如图 5 - 2 所示）。追踪评价环节的存在，使在线纠纷解决体系从线性争议解决模式转变成循环式争议解决模式，更加符合中国国情和 ODR 发展趋势。相较于传统的线下评价体系，追踪评价在 ODR 中具有更强的可操作性和更低廉的成本，是在线纠纷解决体系发展的未来方位。

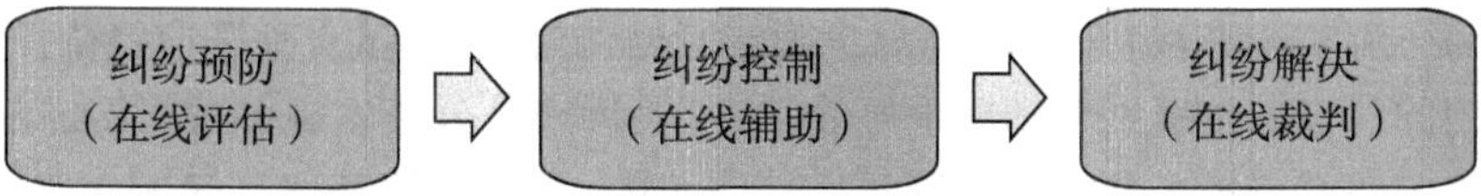

图 5 - 1　英国在线法院“线性”争议解决模式

---

① 参见英国在线纠纷解决顾问小组：《英国在线法院发展报告（节选）》，江和平、蒋丽萍译，载《人民法院报》2017 年 5 月 5 日，第 8 版。

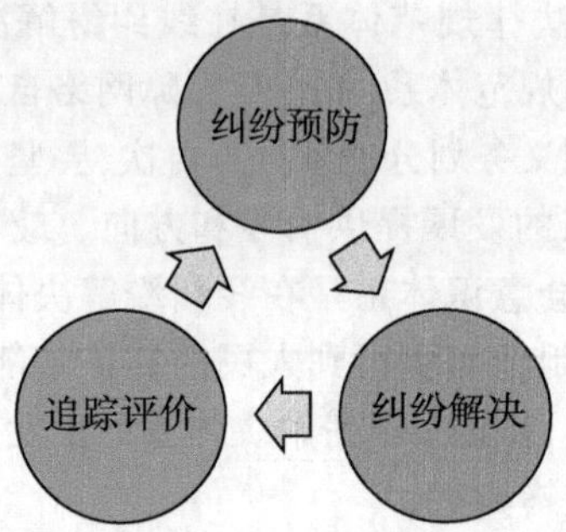

图 5－2　中国“循环式”在线纠纷解决体系

（二）规范层面的自洽：解释论视角下司法确认程序的在线实施

当两种制度相互接洽而生成新的制度时，现有规范体系的局限性会显得格外明显。处理这一问题，应当首先考虑对现行制度中可以继续适用的部分进行移植，因为这是成本最低、操作最为简单且最有利于维护法律稳定性的途径。其次，不能直接进行移植的，应当运用多种合理的方式对现行法律规范进行解释，减少新制度对现有体系的冲击，使其能基本融洽于现有规范体系，这便是“解释论”的方法。最后，如果经由以上两种途径仍无法解决，就不得不以“立法论”的方法创制新的规范，填补法律的漏洞。在此，笔者尝试以解释论的方法，使存在于“在线纠纷解决机制＋司法确认”模式中的若干问题在规范层面得以自洽。

1. 在线纠纷解决机制中司法确认程序的管辖。随着《民诉繁简分流试点方案》和《民诉繁简分流实施办法》的发布与施行，司法确认程序的管辖呈现“双轨制”的现实局面，在线纠纷解决机制中司法确认程序的管辖也应当遵循这一路径。具体而言，在试点地区应当依照《民诉繁简分流实施办法》第 4 条的规定确定管辖法院，在非试点地区应当依照旧的规定确定级别管辖和地域管辖。《民诉繁简分流实施办法》第 4 条规定的试点地区的管辖规则是比较明确的，在此不再赘述。问题在于，非试点地区司法确认程序的管辖应当如何确定？规定司法确认程序管辖问题的现行规范包括《2009 年诉非衔接意见》第 21 条、《2011 年司法确认规定》第 2 条、《民诉解释》第 353～354 条和《特邀调解规定》第 19 条第 2 款，所规定的管辖规则不尽相同。笔者认为，应当遵循以下解释路径：首先，就规范的效力层级而言，《2011年司法确认规定》、《民诉解释》和《特邀调解规定》皆属于司法解释，系属同一位阶，效力层级较高；而《2009年诉非衔接意见》属于最高人民法院发布的其他规范性文件，效力层级较低，若出现冲突，应当以前三个司法解释为准。[①] 因此，《2009年诉非衔接意见》中关于当事人选择管辖和法院委派管辖的规定不再适用。其次，就规范的适用范围而言，《2011年司法确认规定》适用于人民调解协议，《特邀调解规定》适用于特邀调解，与《民诉解释》系特别法与一般法的关系，在其各自的适用领域应当优先适用。《2009年诉非衔接意见》与《民诉解释》都是关于司法确认程序一般性的管辖规定，依照"新法优于旧法"的原则，应当以《民诉解释》为准。

综上所述，在线纠纷解决机制中司法确认程序的管辖应当与线下司法确认程序的管辖保持一致，实行"双轨制"的管辖模式。在试点地区，依照《民诉繁简分流实施办法》第4条确定级别管辖和地域管辖。在非试点地区，分三种情况：在线申请确认人民调解协议效力的，依照《2011年司法确认规定》第2条确定；在线申请确认特邀调解协议效力的，依照《特邀调解规定》第19条第2款确定；在线申请确认其他调解协议效力的，依照《民诉解释》第353～354条确定。

2. 关于《民诉解释》第358条第1款的解释方案。《民诉解释》第358条第1款所规定的"共同到场核实"制度，直接目的是确保司法确认程序的启动系基于申请人的共同合意，间接确认双方达成调解协议的自愿性。该项制度在"在线纠纷解决机制＋司法确认"模式中应当予以坚持，但如果在线纠纷解决机制中司法确认程序的启动需要双方当事人到法院或其他地点进行现场核实，又与在线纠纷解决机制的初衷相悖，也与独立型实施方式的发展趋势不符。消弭这一问题，首先需要对《民诉解释》第358条第1款"双方当事人共同到场对案件进行核实"中的"场"进行解释。场，即场所，不仅包括线下的场所，还应当包括线上的场所。正如学者所言："网络空间已经成为人们进行私人生活以及参与公共事务的主要场所，现实空间与虚拟空间并存互生的双层社会已

① 最高人民法院《关于司法解释工作的规定》第6条第1款规定："司法解释的形式分为'解释'、'规定'、'规则'、'批复'和'决定'五种。"

然成型。”①信息技术的发展深刻影响了社会存在和社会意识,在这一背景下,将“场”解释成包括线上场所可能已经很难说是扩大解释,而更接近于文义解释。其次,《民诉解释》第358条第1款的“共同”要求,也早已不是问题。在线纠纷解决机制中的实时在线会议、多人语音通话等技术手段,完全可以实现双方当事人“共同到场”。

3. 在线纠纷解决机制中司法确认程序的救济。司法确认程序的救济,包括申请人对裁定不予受理或驳回申请的救济以及案外人(利害关系人)对司法确认裁定侵害其合法权益的救济两个方面。② 申请人的救济程序基本不存在争议,并且在独立型实施方式中,由于调解和司法确认系在同一ODR平台中进行,法院裁定不予受理或驳回申请的可能性较小,所以应当着重关注案外人的救济程序。关于案外人的救济,《民诉解释》与《2011年司法确认规定》作出了不同的规定。《民诉解释》第374条规定:“适用特别程序作出的判决、裁定,当事人、利害关系人认为有错误的,可以向作出该判决、裁定的人民法院提出异议。人民法院经审查,异议成立或者部分成立的,作出新的判决、裁定撤销或者改变原判决、裁定;异议不成立的,裁定驳回。对人民法院作出的确认调解协议、准许实现担保物权的裁定,当事人有异议的,应当自收到裁定之日起十五日内提出;利害关系人有异议的,自知道或者应当知道其民事权益受到侵害之日起六个月内提出。”《2011年司法确认规定》第10条规定:“案外人认为经人民法院确认的调解协议侵害其合法权益的,可以自知道或者应当知道权益被侵害之日起一年内,向作出确认决定的人民法院申请撤销确认决定。”可以看出,对于案外人救济的方式和期限,《民诉解释》采用的是“提出异议”,且要在知道或者应当知道其民事权益受到侵害之日起六个月内提出;《2011年司法确认规定》采用的是“申请撤销”,自知道或者应当知道权益被侵害之日起一年内提出。那么在线纠纷解决机制中司法确认程序的案外人救济,应当依何确定呢?

---

① 于志刚主编:《网络法学》,中国政法大学出版社2019年版,第1页。

② 《民诉解释》与《2011年司法确认规定》用词略有差异,《民诉解释》使用“利害关系人”一词,《2011年司法确认规定》使用“案外人”一词。主要原因在于,《民诉解释》的救济程序条款涉及包括司法确认程序在内的所有特别程序,使用“利害关系人”一词更为妥当。为体现司法确认程序的特色,下文统一使用《2011年司法确认规定》中“案外人”的称呼。

笔者认为,由于《民诉解释》与《2011 年司法确认规定》在司法确认程序方面是一般法与特别法的关系,《民诉解释》适用于所有调解协议司法确认案件,《2011 年司法确认规定》仅适用于人民调解协议司法确认案件。所以二者并不冲突,只存在适用范围上的区别。因此,应当按照以下方式进行:案外人认为人民调解协议司法确认裁定侵害其合法权益的,既可以依照《民诉解释》第 374 条的规定在 6 个月内提出异议,也可以依照《2011 年司法确认规定》第 10 条的规定在 1 年内申请撤销;案外人认为除人民调解协议以外其他调解协议司法确认裁定侵害其合法权益的,只能依照《民诉解释》第 374 条的规定在 6 个月内提出异议。并且,案外人救济期限的起算点皆为自知道或者应当知道权益被侵害之日起。

(三)实践层面的落实:平台建设、观念革新和国家治理的同时推进

"在线纠纷解决机制 + 司法确认"模式需要在实践中发展和完善,回应时代的需求,解决实在的问题。解决在线纠纷解决机制与司法确认程序的融合问题,打造全面依法治国背景下的"在线纠纷解决机制 + 司法确认"模式,需要综合推进平台建设、观念革新和国家治理,铸就从微观到宏观、从法律到政策、从器物到思想全方位的新格局。

1. 加强 ODR 平台建设,完善 ODR 平台中的司法确认程序。其一,要将司法确认程序作为 ODR 平台在线调解的必然设置。司法确认程序与在线调解具有天然的统一性和内在的一致性,脱离了在线司法确认程序的在线调解将回到"调解难、执行难、成本高"的困境之中,脱离了在线调解的在线司法确认程序便如无本之木、无源之水。其二,要完善 ODR 平台中司法确认的程序机制。现有的在线司法确认程序设置过于简单,与线下司法确认流程相去甚远。必须在 ODR 平台中形成申请、受理、裁定、救济的完整司法确认体系,才能更好发挥在线司法确认程序的作用。其三,要加强 ODR 平台与其他平台的衔接。中国在线纠纷解决机制的发展趋势之一便是"在线纠纷解决平台的统一化与多元化"。[①] 要完善各省 ODR 平台与中国移动微法院及各省微法院、网上争议解决中心、人民法院调解等平台的衔接,进而形成全国统一的 ODR

① 龙飞:《中国在线纠纷解决机制的发展现状及未来前景》,载《法律适用》2016 年第 10 期。

系统，建设在线纠纷解决体系。

2. 提升司法确认程序的普遍认同，做好从 ADR 到 ODR 的观念衔接。首先，要增强法院和调解组织对司法确认程序的认同。调解员的素质和能动性极大影响了调解协议的质量，法官的作为体现了公权力对司法确认程序的态度。既要建立有效的激励措施体系，又要完善业绩考核体系；既要倾听法官、调解员的内心声音，又要提高他们的思想认识。其次，要提升申请人及普通群众对司法确认程序的认识。司法确认程序不仅保障调解协议权利方合法权利的实现，也保障调解协议义务方承担义务不被非法扩大。对于普通群众而言，在遇到矛盾纠纷时，司法确认程序既具有定分止争的形成力，又具有省时、省力、省钱的效果，不失为一种良好的途径。最后，要做好从 ADR 到 ODR 的观念衔接。ODR 不是 ADR 简单的在线复制，而是所有纠纷解决方式的在线运用，进而产生独立的解纷原则、独立的思维方式，最终形成独立的体系。

3. 深入推进多元化纠纷解决机制建设，实现国家治理体系和治理能力现代化。一方面，在线纠纷解决机制中的司法确认程序是多元化纠纷解决机制中的有机组成部分，为多元化纠纷解决机制建设提供了新的选择和可能；另一方面，多元化纠纷解决机制建设的总体要求为在线纠纷解决机制中的司法确认程序提供了宏观政策保障，为司法确认程序提供了恢宏的发展前景。在数据信息高速发展的时代背景下，推动形成司法确认程序线上线下共同繁荣，丰富和完善多元化纠纷解决机制建设，是实现国家治理体系和治理能力现代化的应然之义。

CHAPTER 06 >>

第六章

在线仲裁机制应用困境与完善

近年来，随着经济的飞速发展，民众权利意识的觉醒，我国基层法院也开始面临“诉讼爆炸”的难题，替代性纠纷解决机制中，灵活性、公正性强的仲裁开始与互联网技术相结合，产生线上仲裁。线上仲裁的实践已经开展了一段时间，但仍然面临着难以应用、案源不足的种种困境。本章从在线仲裁的产生、优势、应用难题各方面展开分析，从完善立法、增强实践两个角度探求在线仲裁的困境突破。

一、在线仲裁概述

（一）在线仲裁机制的产生

互联网时代到来后，人们越来越多的行为在互联网中完成，电子商务贸易逐渐成为全球商品流通的主要方式之一。2020 年“双 11”购物节，天猫商城交易额突破 4982 亿元，京东商城交易额突破 2431 亿元，数字经济已经是我国经济发展的重要引擎。[①] 电子商务贸易蓬勃发展的同时也带来了海量的新型纠纷，在

① 参见温婷：《“双 11”行至第 12 年：让“中国的市场”成为“共享的市场”》，载新华网，http://paper.news.cn/2020-11/12/c_1210883025.htm。

线纠纷的解决也逐渐走入大众视野。网络纠纷往往具有当事人距离远,争议金额小,维权成本高等特点,人们无法通过传统的纠纷解决机制使纠纷得到快速解决,大大损害了互联网交易的正常环境。

在此背景下,20 世纪 90 年代,ODR 开始出现在当时电子商务活动最先进的美国。为了提高纠纷解决效率,人们开始尝试将高效的仲裁机制与网络技术相结合,作为 ODR 之一的在线仲裁开始兴起。1996 年,美国仲裁协会推出虚拟法官项目以解决网上争议。世界知识产权组织于 1999 年 12 月开始采用在线仲裁机制解决域名争议,并在 2005 年开发了电子案件工具以便世界各地的当事方、仲裁员和仲裁机构对案件进行搜索、查看、归纳、整理。国际商会组织在 2004 年就将仲裁与信息技术相结合,于 2005 年开始使用在线案件管理工具"Netcase"。CIETAC 于 2000 年成立了域名争议解决中心,并于 2009 年发布了《网上仲裁规则》。2015 年 3 月,广州贸易仲裁委员会(以下简称广仲)成立了我国首个互联网仲裁服务平台,被称为广州网络仲裁院,目前已经在深圳、湛江、衢州等地的仲裁机构开设了网络仲裁业务,并于 2015 年发布网上仲裁规则,主要受理互联网相关的纠纷,特别是互联网金融纠纷。①

(二)在线仲裁的界定

1. 在线仲裁的定义

仲裁,是当事双方自愿将争议提交给独立公正的第三方,由第三方对争议进行裁决的过程。我国立法对在线仲裁没有作出具体规定,一般认为,在线仲裁是借以互联网模式展现运行的仲裁活动,是仲裁活动的线上变形。广仲发布的《网络仲裁规则》将网络仲裁定义为利用互联网等网络技术资源提供仲裁服务的网上争议解决方法。

对于"在线"的定义,学界仍然有所争议,大致可以分为"全部在线"和"部分在线"两类。②

"部分在线"的在线仲裁,即将传统仲裁的某些步骤放到线上运行,

---

① 参见魏沁怡:《互联网背景下在线仲裁的适用机制研究》,载《河南社会科学》2020 年第 7 期。

② 参见陈健、蔡超静、王梦华、张奕婕:《ODR 理论视域下在线仲裁模式研究》,载《北京仲裁》2019 年第 2 期。

如网上申请、网上受理、在线通知、在线送达裁决书等。

"全部在线"的在线仲裁,也是理想化的在线仲裁,即将整个纠纷解决过程全部放在线上进行,如线上举证质证、线上送达仲裁裁决等,每一个环节都在网上,不在线下另行进行仲裁流程。

笔者认为,不能完全割裂线下和线上的民事纠纷解决机制,因为现今互联网技术的发展水平,还不能轻松运行所有复杂的纠纷解决环节,不能对在线仲裁的范围进行限制。对于在线仲裁,目前不应当要求其"全部在线",在线仲裁的关键在于以互联网技术作为仲裁程序运行的主要工具手段,但仲裁过程仍然可以运用某些传统的线下仲裁环节如线下邮寄,电话通话等。

2. 在线仲裁与传统仲裁的联系和区别

随着在线办公的发展,在线仲裁与传统仲裁的界限逐渐模糊:在传统仲裁中,也会使用计算机技术辅助办公,如使用计算机进行文件的归档、备案、整理等;同时,在线仲裁也可以包含传统仲裁程序环节,如贸仲的《网上仲裁规则》第 33 条显示,一般情况下,仲裁庭应采用网上开庭模式,但根据案件实际,仲裁庭可以选择采用常规的开庭模式进行案件审理。

在线仲裁与传统仲裁的主要区别在于对于仲裁程序的设计。[①] 传统仲裁受限于时间、空间等因素,程序设计不够高效,信息反馈不够及时,而在线仲裁依赖信息网络技术在虚拟空间中运行,能实现即时的交流沟通和信息上传,可以通过独特的仲裁程序节省时间成本和经济成本,有利于提高当事人在案件审理过程中的参与程度。

(三)在线仲裁分类

当前学界根据仲裁裁决的效力,将在线仲裁分为约束性在线仲裁与非约束性在线仲裁两类。

约束性在线仲裁,即仲裁裁决可以向法院申请强制执行,是具备国家约束力的仲裁。学界对在线仲裁的裁决是否具有强制执行力依旧保持着谨慎的态度,实践中,当事人对于在线仲裁也非常的慎重。但是,上文提到,许多仲裁机构如贸仲、广仲等已经在在线仲裁领域做出不少

---

① 参见高薇:《论在线仲裁的机制》,载《上海交通大学学报(哲学社会科学版)》2014 年第 6 期。

的尝试,相信随着互联网技术和社会的发展,为了解决越来越多的网络纠纷,推进社会主义法治国家的建设,约束性的在线仲裁最终会在替代性纠纷解决机制中占据重要地位。

非约束性在线仲裁,即仲裁机构作出的最终裁决不具有强制执行力,并且不能排除诉讼,一方选择申请仲裁的,另一当事方仍可选择提起诉讼。此类仲裁在司法上没有约束力,主要依靠平台中的保证金、信誉等机制而非国家强制力使双方当事人履行裁决。非约束性在线仲裁的仲裁结果,在诉讼中也不能作为证据使用,更不能看作司法上的先例。回顾传统仲裁的发展历程,传统仲裁在一开始也是民间的争议解决方法之一,在发展中逐渐获得国家认可,从而获得了国家强制力的保障。非约束性在线仲裁也是在线仲裁发展中的新兴产物,虽然没有国家强制力保障裁决的执行,但是在网络上具有相应配套的履行监督奖励和惩罚机制,在某种程度上,这种机制对从事电子商务贸易的各方可能产生不亚于司法约束力的效果。

近年来,随着电子商务纠纷的日益增多,电子商务平台纷纷推出淘宝小二、闲鱼小法庭等纠纷解决机制,由平台或平台邀请用户而非仲裁机构进行仲裁,并由平台保障裁决的履行,如设立保证金、信誉评价制度等。虽然不是仲裁机构作出的非约束性在线仲裁,但都具有类似非约束性在线仲裁的属性,是解决电子商务纠纷的良好尝试。

二、在线仲裁的优势

(一)案件成本低廉化

1.降低当事人成本

随着贸易全球化和互联网技术的发展,更多的纠纷发生在相隔万里的当事人之间,如果要求双方当事人选择传统线下方式进行纠纷解决,无疑会让当事人付出巨大的时间成本和经济成本。对于消费者而言,一次电子商务交易的争议金额往往较小,如果诉诸法院或者申请线下诉讼,当事人在此付出的交通费、误工费、诉讼费或申请费等成本很可能远远大于争议金额。这会让许多消费者放弃维权。目前,在线通信工具的发展已经成熟稳定,可以支持双方当事人在不同地理位置进行实时沟通对话,并免去当事人许多不必要的成本,能更好地对消费者进行救济。

2. 降低仲裁成本

在线仲裁可以让案件的各个环节变得简单易执行。传统仲裁受地域环境、大众素质、地区发达程度等的影响很大,所以在程序推进过程中难免会出现很多的不方便。以北京仲裁委和贵阳仲裁委的送达作对比就会发现:北京仲裁委的送达比较顺畅,因为地区经济发达,仲裁委的经费多、发展时间长,所以对区域内居民的门牌号等信息把握比较准确,邮寄送达非常方便;贵阳仲裁委由于政府扶持相对较少,当地居民对仲裁的认可度不高,所以邮寄送达也一直得不到贵阳市中院和社会的广泛信任而比较麻烦。① 在线仲裁可以让双方当事人约定好网上接收地址,只要双方都同意,送达就可以很好地完成。此外,在线仲裁可以让不同地域、具有不同专业知识的仲裁员参与到发生在世界各地的仲裁案件当中,更加有利于仲裁员利用专业知识对案件进行仲裁。在具有涉外因素的民事纠纷当中,由于跨境贸易缺乏统一的法律规范,案件处理往往要面临国际私法上的准据法选择问题,而准据法的查明和适用又往往需要耗费极大的成本。在线仲裁能让熟悉准据法的仲裁员参与到仲裁当中,也为当事人选择适用准据法提供了方便。

(二)案件处理高效化

对比其他 ODR 解决方式,仲裁最大的优势就在于案件处理的高效性。在线仲裁的程序价值被定位为“在公正的基础上追求最大效率”。对比诉讼的繁累,仲裁具有的自愿仲裁、一裁终局的特性大大提高了案件的处理效率;对比调解的不确定性,在线仲裁的强制性和仲裁员的选任使其具有更大的公正性和约束力。在线仲裁没有脱离传统仲裁的法律框架,但又比传统的仲裁更加方便快捷。在线仲裁使案件的处理免去琐碎的案件归档,翻找等环节,能够将更多时间放到案件实际的处理上来。对于送达难的问题,在线仲裁中只要当事人授权进行网上送达,确定送达地址,送达完成就很简单。对于一些证据清楚,事实简单,数

① 参见孙其琛:《在线仲裁研究》,贵州大学 2018 年硕士学位论文,第 11 页。

量巨大的案件,如银行批量的小额贷款案件,就能由系统自动批量对案件进行审理,并做好固定的、格式化的内容部分。仲裁员只需要针对案件的具体案情,如借款金额、利息等处进行特殊的修改,不需要将时间浪费在大量同质化的案件中,使案件处理的效率大大提高。

(三)案件处理透明化

在线仲裁可以提升案件处理的透明程度,如双方当事人信息、案件是否受理,一目了然,对于仲裁员的选任,仲裁员的个人背景,也更容易被当事人查明。同时,借助在线通信工具,更有利于当事人参与到庭审当中,而非委托代理人参加,更有利于查明案件事实,解决争议纠纷。当事人不必在家焦急等待材料文书的送达,可以主动24小时关注审理动态,并且提交补充证据。

(四)案件处理智能化

因在线仲裁案件多为电子商务纠纷,在线仲裁可为此类纠纷设立特别的程序,如冻结当事人在电子商务平台的保证金等,从而保证在线裁决的执行。通过对比大数据案件纠纷解决方案,仲裁机构工作人员可以利用互联网技术进行相似案件检索和学习,更好地进行法律适用,作出最佳裁决方案,并且对案件进行类型化解析,从而更好地作出程序设计。同时,在线仲裁也可以分析预测案件的处理结果,为双方当事人提供更为简单直观的纠纷解决方案,从而更好地化解纠纷。

三、在线仲裁的发展现状与困境分析

(一)在线仲裁的发展现状

尽管在线仲裁在理论上具有诸多益处,然而,在线仲裁作为ODR中最核心的一种纠纷解决方式,却没有得到人们预想之中的重视。一份调查了115个ODR网站的研究报告表明,在这些网站当中,已经有30个网站不再提供服务,而剩下的网站即便仍然处于运作状态,也并不活跃。[①] 尽管世界上受案量最大的国际仲裁机构——贸仲早在2009年

① 参见高薇:《论在线仲裁的机制》,载《上海交通大学学报(哲学社会科学版)》2014年第6期。

便通过了第一版《网上仲裁规则》,但案件数量也不乐观。其工作报告显示,贸仲于2019年开通了在线立案入口,2019年贸仲受理案件3333件,其中网上立案仅为190件,并且并非网上立案案件全程都在线运行。此外,贸仲设立的网上争议解决中心由2005年之前的域名争议解决中心改名而来,争议解决范围仅限于域名抢注纠纷、通用网址抢注纠纷、无线网址抢注纠纷和短信网址抢注纠纷,大量的电子商务纠纷未能得到专门的重视。2015年3月,我国第一个在线仲裁平台在广州成立,为许多地区的仲裁机构开设了在线仲裁业务。从上可知,大部分案件仅仅是在网上受理,主要环节仍在线下进行。在线仲裁的优势无法发挥。

2020开年以来,一场突发的新冠肺炎疫情席卷全球,在此之前人们从未想过,"见面"成了最难的一件事,网络开庭逐渐被法院和各个仲裁机构所接受和呼吁。在此背景之下,在线仲裁机制的应用问题又开始浮出水面。

(二)在线仲裁的困境分析

1. 法律规定缺位

我国《仲裁法》并未对在线仲裁进行规定,也没有特别的立法对在线仲裁的法律地位予以明确。法律对于在线仲裁仍然采取观望态度,既不明文禁止,也不立法承认。根据"法无禁止即自由"的思想,在线仲裁应当是被允许的。然而由于法律的模糊,在线仲裁面临着许多尴尬的不确定性,仲裁条款是否有效,仲裁程序是否合法,仲裁裁决作出后能否得到司法系统的承认和执行等问题悬而未决,这也让许多当事人对在线仲裁望而却步,不愿承担其可能带来的风险,阻碍了在线仲裁的发展。

(1)仲裁协议问题

仲裁协议是对纠纷通过仲裁的方式进行解决的基础,即仲裁程序要想启动首先必须具有有效的仲裁协议,仲裁协议是非常重要的一个环节。而在线仲裁也是如此,纠纷双方当事人签订的仲裁协议是进行在线仲裁的基础。许多学者对于仲裁协议的形式问题存在疑问。因为无论在《仲裁法》还是《纽约公约》①中,都要求仲裁协议以书面形式订

① 《纽约公约》系1958年在纽约制定的《承认及执行外国仲裁裁决公约》的简称,该公约是当前仲裁领域缔约国最多、影响最大、运作最成功的国际条约。我国于1987年4月22日加入该公约。

立,那么在线仲裁中,是否要求必须具有书面的仲裁协议才能进行在线仲裁?在实践中,在线仲裁条款一般都以电子形式存在。此时仲裁条款的有效性便打上了问号。《电子签名法》第4条规定:能够有形地表现所载内容,并可以随时调取查用的数据电文,视为符合法律、法规要求的书面形式。在法律上对书面形式做出了解释。但是,由于当事人签订了仲裁协议,限定了仲裁的管辖和仲裁权的行使,具有排除法院管辖的结果,在线仲裁协议能否直接适用该条规定认定为书面形式,仍然具有争议。

另一个值得深思的是仲裁协议的实质效力问题。电子商务引起的争议数量庞大且案件事实较为简单,非常适合以在线仲裁的方式进行争议解决。然而,在许多消费平台上,在线仲裁协议往往作为格式条款,由平台掩藏在用户协议之中。消费者若不接受仲裁条款,则无法获得商品服务。对于此类格式条款,国内外实践中存在两种标准:在美国等国,无论仲裁协议的一方是否为消费者,仲裁协议对当事人均有约束力;在欧盟等地,当仲裁协议的一方当事人为消费者时,仲裁协议对消费者不发生效力,或消费者可以申请该仲裁条款无效。[①] 在我国相关规范当中,2014年原国家工商总局发布的《网络交易平台合同格式条款规范指引》第14条规定:"网络交易平台合同格式条款可以包含当事各方约定的争议处理解决方式。对于小额和简单的消费争议,鼓励当事各方采用网络消费争议解决机制快速处理。"由此可知,我国采取第一种标准。消费者的弱势处境依然是个不容忽视的问题。此外,现在许多未成年人网上交易的现象已经屡见不鲜,而网上仲裁协议还存在签署主体的资格确认问题,如何确认当事人的意思表示的效力也是一个亟待解决的问题。

(2)在线仲裁的仲裁地问题

仲裁地是一个法律概念,仲裁机构所在地、裁决作出地、仲裁程序进行地等都可能成为"仲裁地"。传统理论认为,当事人在仲裁协议中约定仲裁地的,从其约定,当事人未约定仲裁地或约定不明的,按照适用的仲裁规则确定仲裁地。我国采用以仲裁机构所在地为仲裁地的规

---

① 参见陈健、蔡超静、王梦华、张奕婕:《ODR理论视域下在线仲裁模式研究》,载《北京仲裁》2019年第2期。

则。确定仲裁地以后，并非必须在仲裁地开展仲裁事项，为了方便仲裁程序的开展，仲裁庭可以在任何国家和地区对案件进行审理。也就是说，一个仲裁案件的各个程序环节可能在不同的国家和地区进行，但仲裁地却只有一个。而网络的虚拟性为在线仲裁带来快捷、经济、方便等诸多优点的同时，也为其带来了一个与传统仲裁理论无法衔接的问题，即仲裁地真空问题。①

在线仲裁多数环节都在线上进行，当事人和仲裁员无须共处一地进行面对面的交流。仲裁“悬浮”于网络空间，不在任何特定地点进行。此时，传统的仲裁地的形式意义并不存在。所以，在线仲裁的当事人很少就仲裁地作出约定。当事人未选择时，仲裁机构是否有权确定仲裁地，多数在线仲裁规则都未作规定。②

但这并不意味着在线仲裁问题中不需要讨论“仲裁地”。在线仲裁造就了仲裁地的“真空”问题，由于在线仲裁对当事人空间距离的突破，在线仲裁的双方当事人可能相隔天南地北，处于不同地理位置，而仲裁地点的法律规则要求仲裁地点必须具有唯一性，这就为在线仲裁的相关规则适用造成了困难。

仲裁地是国际商事仲裁的重要连结点。场所支配行为，仲裁地承载了重要的法律意义：首先，在程序法方面，如果当事人没有进行约定或者约定不明时，仲裁程序将使用仲裁地法，在实体法方面，若当事人没有选择具体的程序法，仲裁庭将以仲裁地的冲突规范进行准据法的选择，直接影响仲裁的法律结果，而且必须遵从仲裁地法的强制性规范。其次，仲裁地国的法院对仲裁程序有强大的控制力，对财产和证据进行保全，对仲裁员的指定、更换和异议等，都需要仲裁地国法院的支持和协助。并且，仲裁地国法院有权审查和撤销仲裁裁决，使其无法在其他地区和国家得到承认和执行。最后，仲裁地决定仲裁裁决的国籍问题，以我国为例，以我国为仲裁地作出的仲裁即为我国裁决，以外国为仲裁地作出的仲裁即为外国裁决，从而决定裁决的承认和执行问题。

国内外的仲裁法律都规定当事人可以自由约定仲裁地，在线仲裁

---

① 参见赵玲：《浅议在线仲裁的法律问题》，载《北京仲裁》2005 年第 2 期。

② 参见钟丽：《在线仲裁的界定及其仲裁地问题探讨》，载《社会科学》2002 年第 3 期。

的当事人自然也可以对仲裁地作出约定。那么在线仲裁的当事人是否可以选择世界上的任何地点作为仲裁地？从仲裁的基本规则来看，如果没有限制则属于意思自治的范围，但是有学者认为在线仲裁的仲裁地选择需要具有一定的正当性，否则可能会引起国际私法意义上的法律规避问题。此外，也有观点认为，在线仲裁本身就不需要实体的地理位置，如果强制在线仲裁的当事方选择或者通过其他方式确定仲裁机构，则在线仲裁仅仅是传统仲裁的附庸，而选择仲裁地实际上会导致一些当事人不期待发生的结果，甚至会引发当事人对在线仲裁灵活性的质疑。事实上，仲裁地选择的实质是确定不同的法律后果，当事人完全可以通过协议约定适用不同的仲裁法律以及选择不同的法院执行机构，这种不依赖仲裁地的在线仲裁在现行法律框架内面临很大的挑战。

(3)仲裁裁决的形式与送达问题

在线仲裁裁决与传统仲裁一样受到法院的支持。在传统仲裁中，仲裁裁决通常以书面形式作出，并由仲裁员签名确认。在线仲裁的裁决，实践中也往往要求书面形式。例如贸仲的《网上仲裁规则》第39条就要求裁决书应当以书面形式制作，由仲裁员签署，并加盖仲裁委员会印章。有学者认为，根据《电子签名法》，符合条件的数据电文可以看作书面形式，仲裁规则中也没有禁止电子签名，因此，在线仲裁裁决可以以电子形式做出，也符合在线仲裁灵活高效的要求。如广仲的网上仲裁规则中就规定，“决定书、裁决书、调解书由仲裁员电子签名，并由本会电子签章”，认可了裁决的数据电文形式与仲裁员电子签名的效力。

实际上，仲裁裁决的形式与仲裁裁决的送达方式紧密相连。我国仲裁法对于送达问题没有作出专门的规定。《民事诉讼法》(2017年修正)第87条对于电子送达做出了规定，将文书以传真、电子邮件等“能够确认其收悉的方式送达”的，即为有效送达。但是，该条款同时也设置了限制，电子送达要同时满足两个条件：第一，电子送达要得到受送达人的授权；第二，不能送达判决书、裁定书、调解书。因仲裁裁决一裁终局，直接产生法律效力。对于在线仲裁裁决能否电子送达，司法实践中仍然存在很多疑问。

2. 在线仲裁存在技术保障与信息安全问题

在线仲裁的全过程都在网上进行，技术保障和信息安全便成了一个绕不开的问题。喜欢使用仲裁程序的往往是不愿意被诉讼拖累的上市企业,其纠纷往往伴随许多商业秘密,这也是传统仲裁以不公开为原则,公开为例外的原因。在网上仲裁中,当事人的身份确认、信息资料的接收和证据的完整性等都需要得到安全的保障。尽管当前信息技术发展已经日渐成熟,但是信息资料篡改、泄露的风险始终无法忽视。由于在线仲裁目前都是在仲裁机构自己建立的网站上进行,当事人的信息安全完全取决于仲裁机构的技术能力。而这些风险只能让当事人来承担。《中国广州仲裁委员会网络仲裁规则》第 29 条第 2 款明确:对因不可抗力、计算机病毒或者黑客攻击、系统不稳定、网络故障等原因,造成收件人以外的他人获悉有关信息而导致的损失,本会不承担责任。

对比传统仲裁和诉讼方式,在线仲裁的审理环境也难以得到良好保障。与传统的线下的现场封闭审理环境不同,在线仲裁难以保障线上的信息资料不被泄露,庭审时当事人身边没有其他人等,当事人的信息安全无法得到保障。

3. 在线仲裁市场定位模糊,相对优势不足

纠纷解决机制的拓展在实践中一直是个热门话题,一种纠纷解决机制的适用性,取决于纠纷解决服务市场的需求。在与其他纠纷解决机制的比较中,在线仲裁并未展现出独特的市场定位和优越性。

(1)在线仲裁与传统纠纷解决机制的比较

面对线下纠纷,相较于传统的替代性纠纷解决机制,在线仲裁难以展现优势。传统商业社会长久以来已经习惯通过替代性纠纷解决机制来解决商业争议。对这个群体而言,ODR 不过是争议地点而非方式的改变,ODR 不太会影响企业对企业(business-to-business,B2B)纠纷解决。具体情况下对于 ODR 和 ADR 的选择不过是基于经济上和方便的考虑。学者大多认为,ODR 很难胜任那些大额、复杂纠纷的解决,争议不太可能仅仅在网上解决,使律师和仲裁员欢迎这种方式的想法过于天真。[①] 互联网构造的虚拟环境并不像传统的纠纷解决方式一样,将当事人和中立方置于同一现实封闭环境,而是让各方在自己的生活场景中参加案件审理。现实中的干扰因素使人们无法全身心投

---

① 参见高薇:《论在线仲裁的机制》,载《上海交通大学学报(哲学社会科学版)》2014 年第 6 期。

入庭审中,也无法保证当事人参加庭审时没有他人加以指导造成当事人的虚假陈述,很有可能造成审理程序混乱,影响仲裁的公正和效率。

(2)在线仲裁与其他在线纠纷解决机制的比较

在解决在线争议时,在线仲裁同时面临其他网络上的纠纷解决方式的竞争。而网上交易多为消费者在电子商务平台中发生的,大多数纠纷的标的较小,这注定了其对应的纠纷解决机制的成本不能太高。而在线仲裁的机制本身决定了其运行成本存在下限,比如聘请有专业知识的仲裁员,对仲裁员的资格进行审核等都要耗费较高的人力成本。并且在线仲裁本身无法保障裁决的直接履行,只能申请法院强制执行,如此也会产生执行成本。对于消费者来说,这些维权成本过高。根据贸仲的网上仲裁规则,案件争议额10万元以下的,仲裁费用为争议金额的5%,仲裁费用最少不低于4000元。如果是涉外案件,要另收立案费1万元。而采用网络视频会议开庭(调解)或常规现场开庭(调解)的案件,以及由快速程序变更为简易程序或普通程序或者由简易程序变更为普通程序的案件,仲裁委员会除按照仲裁费用表收取仲裁费外,还可能按照仲裁委员会仲裁规则的有关规定收取其他额外的、合理的实际开支。

尽管广仲规则中对于争议金额1000元以下的案件,收取案件受理费为40~100元,但是根据《广州仲裁委员会仲裁收费办法》第5条:广州仲裁委员会收取下列案件处理费:(1)仲裁员因办理仲裁案件出差、开庭而支出的食宿费、交通费以及其他合理费用;(2)复制、送达案件材料、文书的费用;(3)其他应当由当事人承担的合理费用。前款规定的案件处理费,由申请人按案件受理费的30%,与案件受理费一并向广州仲裁委员会预交,按照合理的实际支出情况在结案时进行结算,具体办法由广州仲裁委员会自行制定。并且,如果案件中产生鉴定、翻译、勘验等费用,需要当事人额外承担。这些高昂的费用显然不是消费者可以轻松承担的。一旦仲裁程序的使用成本无法降低,将难以适用于解决网络上大量出现的小额纠纷。

此外,对比在线调解,在线仲裁的程序更加严格,更加烦琐。在线调解中,当事双方可以对程序进行任意修改,不需要对案件的证据和事实作出认定,还可以修改请求来互相妥协,而在线仲裁虽然可以从机制设计上对传统仲裁做出一些简化，但是在审理过程中仍然要严格按照相关规定进行，仲裁员不能任意修改仲裁程序，需要对案件事实进行认定才能最终作出裁决，这使在线仲裁的时间周期较长。并且，出于灵活的程序，在线调解收取的费用较低，也弱化了当事双方的对抗性，可以保持轻松的争议解决氛围，维持争议双方的良好关系。这些都是在线仲裁无法做到的。

在线仲裁在面临上述双重的制度竞争时难以获得替代性优势。面对线下争议，在线仲裁与传统替代性纠纷解决机制相比没有明显优势。在解决线上争议方面（主要是涉及消费者的争议），还受到其他根植于在线环境中的在线纠纷解决机制的挑战。由此，不难理解在线仲裁遭遇的缺乏案源的困境。

4. 在线仲裁机构与仲裁人员管理缺失

在消费者与商家的电子商务纠纷中，由于在线仲裁的协议仲裁条款往往隐藏于商家提供的格式条款之中，商家在仲裁机构的选任上有了更大的权力，因此，仲裁机构出于增加业务量，招揽生意的目的，很可能偏向商家一方。

在仲裁人员的选任上，电子商务平台方的人员更容易凭借“关系”获得参与仲裁的机会，对于仲裁员的选任程序并不公开透明。尤其在非约束性仲裁程序中，仲裁员的任职资格难以审查，其独立性和公正性都难以得到保证。此外，许多线上仲裁平台并不公布其所提供的仲裁服务的具体规则。如广东深圳在 2018 年开设了“E 仲裁”网上仲裁服务平台，用以处理劳动争议，但是此类仲裁机构并没有专门的在线仲裁规则。

我国针对在线仲裁的监督也并不到位。由于在线仲裁发展起步较晚，而且宣传力度不到位，大多数人对在线仲裁不熟悉，导致目前社会各界并没有普遍关注在线仲裁。并且，在线仲裁各个环节都发生在虚拟的互联网环境中，没有配套的监管，这些因素一定程度上催生了仲裁员收受贿赂、偏袒某一方当事人并为其谋求“福利”的乱象。可以说在线仲裁已经成为仲裁员品行不端的重灾区。[1]

---

① 参见关涛：《在线仲裁庭审程序研究》，湖南师范大学 2018 年硕士学位论文，第 3 页。

5. 民众在线仲裁意识的淡薄

事实上，上文已经分析过，尽管在线仲裁现今还有许多缺陷，但不可否认，在互联网纠纷的解决上，在线仲裁有许多独特的优势，如灵活、高效、保密、公正等。但是实践中，当事人对于在线仲裁的信任感不足，有时即使事先约定了仲裁解决，当事人也可能不选择仲裁。

根据中国互联网网络信息中心2020年6月发布的第46次《中国互联网络发展状况统计报告》，我国的互联网用户数量已经高达9.4亿，其中农村网民规模为2.85亿，占网民整体的30.4%；城镇网民规模为6.54亿，占网民整体的69.6%。[①] 我们必须看到，由于经济、文化发展不平衡，我国城市地区和农村地区的互联网应用发展存在明显差异。在线仲裁的门槛仍然较高，在某些区域无法得到良好的运用。因此，许多地区的民众在无法熟练使用网络时，要求其具有将纠纷提交在线仲裁的意识，无异于痴人说梦。并且，若一方当事人因技术条件无法良好地应对在线仲裁，那么必然会导致公平性的丧失。

再者，对比域外民事纠纷提请仲裁的比例，我国民众整体对仲裁的认可度仍然偏低，还是更加认可诉讼的权威性，但又被诉讼的繁复所累，争议无法得到有效解决。对于在线仲裁，民众更感陌生，认可度更低。在全球最大的中文搜索引擎——百度中搜索“在线仲裁”，百度自动联想以下几个问题“在线仲裁什么意思”“在线仲裁怎么执行”等，而搜索“在线诉讼”“在线调解”等词时，并没有此类的疑惑出现。并且，虽然互联网技术发展如火如荼，人们已经逐渐习惯了即时通信带来的种种好处，但是对于纠纷解决，许多人仍然具有“见面协商”的传统观念。面对面的交流能让纠纷当事人更好地沟通和理解。通过通信设备建立起的沟通途径始终无法丝毫不差地展现当事人的语气、神态、表情、动作等。当事人之间的陌生隔阂并未被消除，甚至可能加重，导致纠纷无法得到良好的解决。

① 参见网络信息中心，http://www.cnnic.net.cn/hlwfzyj/hlwxzbg/hlwtjbg/202009/P020200929546215182514.pdf。

四、在线仲裁机制的完善建议

(一)完善立法

1. 明确在线仲裁协议的效力

在实践中,各个提供网上仲裁服务的仲裁机构都将电子合同中的仲裁条款解释为书面形式,如广仲的《网络仲裁规则》第6条规定:网络仲裁协议应当采取书面形式,包括但不限于:(1)当事人在纸质或者电子合同中订立的仲裁条款;(2)当事人在纠纷发生前或者纠纷发生后达成的纸质或者电子仲裁协议;(3)当事人通过同意网站服务协议的方式达成的电子仲裁条款。在实践中,“书面形式”的要求没有阻碍在线仲裁的实现。因此,更应当在法律上明确电子仲裁协议的合法性,对《仲裁法》加以修改,增添在线仲裁的内容。法律应当跟上实践的脚步,不应阻碍在线仲裁的发展。

仲裁协议是否有效的问题,从根本上是当事人是否存在真实的仲裁合意的问题。对格式条款效力的质疑,也是因为格式条款往往只体现一方当事人的意志。既然我国已经确认了格式合同中仲裁条款的效力,对消费者也应当加以相应的保护,尊重消费者的意志表达。因此,隐藏在用户协议的仲裁条款,在起草前相关企业应当征求社会广大用户意见,约定后,对于此类条款应进行专门的提示、说明,最大限度保护消费者的利益。

2. 限制仲裁条款的滥用

由于立法没有对在线仲裁作出特别规定,在线仲裁的受案范围理论上与传统仲裁相同。贸仲发布的《网上仲裁规则》第1条第2款:本规则适用于解决电子商务争议,也可适用于解决当事人约定适用本规则的其他经济贸易争议。即在线仲裁的受案范围不仅限于电子商务纠纷,也可以运用于线下纠纷争议解决。目前,国内外电子商务中出现了在线仲裁条款泛滥的现象。例如,加利福尼亚大学洛杉矶分校法学院的 Jeffrey H. Dasteel 经过调查指出:“我们审查的网站中约有48%在其合同条款规定了具有约束力的仲裁条款。”支持者认为在线仲裁有助于实现消费者和企业的"双赢",消费者可以更加方便快捷地获得救济,而企业则可以赢得客户的善意并避免集体诉讼。但是,由于仲裁的优先适用,仲裁条款又往往作为格式条款隐藏于商家或者电子商务平台的合同当中,在线仲裁条款的广泛滥用很可能被用来阻碍诉讼,甚至排除集体诉讼的机会,这导致消费者寻求救济的机会减少,从而可能损害弱势一方的权益。①

为此,一些国家和地区制定了更为严格的消费者仲裁规则。例如,在英国,如果争议标的的价值低于5000英镑,此类仲裁条款就可能被认为不公平;欧盟《关于消费者合同中不公平条款的指令》明确规定,成员国应确保消费者与交易者之间达成向替代性纠纷解决机制投诉的协议,如果实体协议在争端解决之前达成,并且具有剥夺消费者向法院提起诉讼以解决争端的权利,则该实体协议对消费者没有约束力。② 总的来说,传统仲裁更加追求高效,是根据商事效率建立起来的替代性纠纷解决机制,但是这种效率的追求可能会对消费者的利益造成损害,所以域外立法已经对这种消费合同的在线仲裁作出了一定限制。

笔者认为,在线仲裁程序可以允许消费者以较低的成本提起仲裁,更能节约维权的时间成本,但是在仲裁机构由商家选定且仲裁员对消费者利益保护不足时,则可能导致在线仲裁被强势的一方所滥用。所以,当在线仲裁在经济地位显著不平等的争议双方之间适用时,应当对在线仲裁机构提出更加严格的要求。为限制商家或平台对仲裁机构的选择权,可以通过消费者保护组织或者法律规定的形式对提供在线仲裁服务的仲裁机构予以限制,并且对在线仲裁的仲裁庭组成规则作出特别安排,从而维护仲裁的权威性和公平性。就此,我国未来立法应当明确商家不能通过格式条款等方式来事先约定在线仲裁的纠纷解决方式。

3. 明确在线仲裁地

笔者认为,虽然《仲裁法》没有关于在线仲裁地的规定,但根据当事

---

① 参见魏沁怡:《互联网背景下在线仲裁的适用机制研究》,载《河南社会科学》2020年第7期。

② See Karolina Mania, *American and European Perspectives on Arbitration Agreements in Online Consumer Contracts*, 36 Journal of International Arbitration 659(2019).

人意思自治原则，当事人可自由约定在线仲裁的仲裁地；与此同时，通过仲裁机构仲裁规则的规定，可将我国所有仲裁机构进行在线仲裁案件的仲裁地均确定为仲裁机构所在地，从而有效避免法律没有规定、当事人也无法达成合意时可能导致的风险。若当事人选择的仲裁地导致了法律的规避，则应由申请执行的法院进行相应的审查。但是，当前各个仲裁机构的仲裁规则中，并没有对仲裁地作出相应规定，因此，各个仲裁机构进行在线仲裁服务时，应当明确仲裁地的选择方法，以便在当事人未约定仲裁地时确定一个唯一的仲裁地。我国商事仲裁制度应当秉承“当事人约定优先，仲裁立法或仲裁规则为补充”的确立模式，主要考虑当事人所在地、交易发生地等案件密切联系地。

4. 设立在线仲裁特别机制

总体而言，在线仲裁是传统仲裁的线上演变，应当在机制上体现其独特性。对在线仲裁的程序应当重新进行设计，不应一味照搬传统的仲裁程序。在价值定位上，在线仲裁的机制应当以保证公正性为基础，设计独立、公正的制度；同时，要追求审理的高效性，采取比传统仲裁和诉讼更灵活的程序和更短的审限；另外，要兼顾保密性，坚持不公开原则，保护当事人的隐私。

在仲裁程序上，在线仲裁也要做出独特的设计。我国现行《仲裁法》以开庭审理为原则，以不开庭审理为例外。为体现在线仲裁的灵活性，对网上一些金额较小，案件事实并不复杂的案件，为了体现在线仲裁的灵活性和便捷性，可以以书面审理为原则，以开庭审理为例外，当事人没有作出特别约定或仲裁规则中没有特别规定的，应当以书面审理形式进行。而对一些争议金额较大的纠纷，则应当以开庭审理为原则，以书面审理为例外，因为此类案件的结果会对当事人的经济利益产生重大影响，当事人往往也更愿意参加庭审，便于仲裁庭查明事实、公正裁决。然而，为了应对现实环境中的种种因素，在线仲裁的开庭必须做出特别的要求。对在线庭审的现实环境，虽然无法实现线下庭审中的安静封闭，但可要求当事人只能在安静不受打扰的室内参加在线仲裁，防止外界因素的干扰。对采用视频通信的，应当对当事人的网络环境和硬件设施作出要求，保证庭审流畅，不出现停顿、掉线的情况，录入视频的设备必须要能保证画面清晰、像素水平较高，并且要采用不同机位录入当事人的周围环境，最大限度保证庭审不受干扰。

虽然对在线仲裁的环境、设备、网络情况等做出了基本要求，但是，纷繁复杂的社会情况对在线仲裁的应急预案提出了很高的要求。在线审理可能的突发状况比传统审理更多，如突然断电断网、网络故障、设备损坏等。在线仲裁的中止、延期审理现象将常态化。因此，对于在线仲裁中止、延期的决定，应当简化申请和决定的步骤，方便在线仲裁及时停止和重新进行。

另外，如今的电子商务纠纷爆发，消费者对比商家和平台往往处于弱势地位，对在线仲裁的信任度也有限。在保证公平公正的前提下，在线仲裁中可以适当设计一些有利于消费者维权的仲裁程序，并简化仲裁步骤，缩短审限，及时作出裁决，减少仲裁申请费用，成为消费者维权的最佳选择。

5. 明确在线仲裁裁决的形式和电子送达效力

虽然最高人民法院在《关于人民法院办理仲裁裁决执行案件若干问题的规定》中对于送达作出了规定，仲裁庭根据仲裁规则进行送达，当事人以该送达不符合民事诉讼法为由提出执行异议的，法院不予支持。但是各个仲裁机构的规则不一，如贸仲虽然规定要以书面形式作出裁决，但在送达规则中仍规定“一切文书”都可以通过传真、电子邮件等方式进行送达。因此，其中的书面形式是否包括数据电文形式，又有许多争议。在实践中，有些法院仍然认为法律规定不明确，认为仲裁文书的送达应当符合民事诉讼法的规定，并认为“裁决书采用电子送达会影响仲裁裁决的公信和权威以及当事人的权利”。因此，应当在立法上对在线仲裁裁决的形式和送达方式作出明确规定，解决实践中不同法院因不同理解造成的裁决无法良好执行的问题。笔者认为，为了顺应仲裁全程在线化的趋势，应当认同裁决的电子送达效力，并对送达的确认，当事人的授权，仲裁员的电子签名等作出细化规定，进一步推动在线仲裁的发展。

（二）增强实践

1. 加快技术发展，保障信息安全

（1）建立线上身份确认系统。通过人脸识别、数字认证等相关技术，确认仲裁申请人的身份，这样才能保证仲裁协议签署人的身份和意思表示的真实性。

(2)保护当事人信息安全。在双方资料、案件材料上传过程中,通过信息加密技术、数字编译码技术、安全系数较高的云储存系统等,对双方当事人的相关材料信息的隐私进行保护。该技术可配以关联当事人邮箱、手机号、微信等辅助工具进行加固式保护。如果系统遭遇攻击,可以在第一时间迅速做出反应,冻结相关系统。同时,不断对安全交易技术协议、安全超文本传输协议、UN/EDIFACT 标准等进行完善,以保障在线仲裁在传输等方面的安全可靠性,进而更好地保护当事人双方的隐私最大限度上不被泄露。①

2. 统一在线平台,推进智能仲裁

在仲裁平台上,由于在线仲裁突破了固有的地域限制,我国完全可以建立统一的在线仲裁服务平台,各个仲裁机构统一在此平台上提供仲裁服务,并且由专门的网络安全部门对网站的数据信息进行保护。该平台可以采取 24 小时在线审核机制,对于申请材料,应先由系统进行自动的初审,再由相关人员进一步审核,发现材料缺漏的,可以及时向申请人发出通知,要求其补齐。申请成功后,申请人统一在该平台上进行缴费,并由系统按照缴费成功顺序生成唯一固定的案件编码,将案件数据导入网站数据库。随后,双方当事人可以在该网站上选任仲裁员、进行证据补充等操作。同时,该平台还可以开发 App、公众号、小程序等手机平台服务,使双方当事人和仲裁员都可以随时查看案件进度。

随着大数据时代的来临,司法领域也应当重视大数据的作用,对大量的案例进行储存分析,能够更加高效地化解纠纷。推进在线仲裁智能化,必须要加强对司法大数据的利用,将海量的案件进行标准化、精确化的分类和管理,促进同案同判,量化裁决,提高案件处理效率。另外,仲裁机构也可以通过大数据进行反馈,对各类案件纠纷进行源头分析,提升社会治理水平,从根源上减少矛盾的发生。

3. 强化仲裁监督,保证仲裁公正

相比法院和法官的严格管理,仲裁作为一种非正式的纠纷解决途径,在我国受到的监督一直相对宽松。从正当程序的理念来看,任何的

① 参见孙宏臣:《论电子商务中个人隐私权的保护》,载《山东教育学院学报》2010 年第 1 期。

程序都应该满足其独立、公正的设计要求，在线仲裁机制的设计也不例外。要想符合正当程序理念，除了对实体和程序规则进行修改完善，还要对执行主体即在线仲裁员和机构进行严格规定。

从境内外实践来看，在线仲裁服务可以由传统仲裁机构提供，也可以由网络服务提供商进行。但我国目前只承认仲裁机构提供的在线仲裁服务。至于网络服务提供商，如淘宝里有类似非约束性的在线仲裁中仲裁员定位的“淘宝小二”，之所以得不到我国大多数机构和法律法规的支持，就是因为其具有仲裁员性质，却没有仲裁员资质，难以公正地进行裁决。淘宝小二背后的腐败也被频频爆出，只能依靠阿里巴巴的公司内部惩戒机制进行处罚。另外，网络服务提供商建立的在线仲裁业务，为了平衡其运作成本，收费也不能太低甚至免费，费用过低也会产生商家里面的“仲裁员”私自收费等现象，影响其信誉。所以，在认定网络服务提供商指定的在线仲裁服务中的“仲裁员”时，一定要做好资格准入审核，并加强监督。对于频发类型且关系到消费者切身利益的案件，可创立集体投诉及合并处理的机制。[①] 如上文中提到的建设的统一在线仲裁服务平台中，案件审理结束后，双方都可以对仲裁机构和仲裁员的公正性、专业性进行评价，若当事人认为仲裁员有明显偏袒某方影响裁决公正的，应当基于当事人在该平台进行申诉的权利，申请专人对案件进行复核，对在线仲裁员进行监督，将当事人的评价纳入仲裁员的评价体系当中。若仲裁员有严重违规的行为，如违反回避制度的，应当明确具体的惩罚机制，如撤销仲裁员资格等。

综上所述，我们应明确在线仲裁的仲裁员和在线仲裁机构的职责，加强法律监督、行业监督和大众监督，真正让在线仲裁获得大多数人的信任，发挥其积极影响。同时，对于在线仲裁员，应当对其进行与线上仲裁相关的计算机技术和法律知识的培训，并严格进行选拔，提高在线仲裁员的准入门槛，发挥仲裁员的专业优势，邀请具有专业知识技能的人来担任仲裁员并保证仲裁的公平公正。

4. 增强公众信任，推广在线仲裁

公众对于在线仲裁的陌生和不信任，是在线仲裁案源匮乏的重要

---

① 参见邓杰：《电子商务法研究：以争议解决为中心》，兰州大学出版社 2008 年版，第 358 页。

原因。因此,要推动我国在线仲裁法律机制的顺利实施,必须要先解决民众仲裁意识缺乏与信任不足的问题。第一,充分利用新闻媒体,大力宣传在线仲裁小知识,比如利用微博、微信公众号等常见的媒体;第二,深入地方企业,采用开办宣传栏,发放宣传册等多种形式,普及在线仲裁流程,推广在线仲裁服务,帮助广大公众了解在线仲裁的机制和优点,增强公众信任;[①]第三,在线仲裁可以与政府部门展开合作,帮助政府部门实现行政裁决的线上化,并利用政府部门的权威性推广在线仲裁,更好地开展仲裁业务。

① 参见胡炜:《我国在线仲裁法律机制研究》,安徽大学 2020 年硕士学位论文,第 24 页。

CHAPTER 07 >>

第七章

跨境商事纠纷多元化解决体系探究

自1978年我国实行对外开放以来,我国的对外贸易飞速发展;2013年我国又提出“一带一路”倡议,进一步提高了我国的国际影响力,该倡议也得到国际社会的高度认可与关注。随着我国与世界商业行为的增多,与此相关的贸易纠纷也频频发生。但是,国内现有的纠纷解决机制还未与频繁的国际商事交流相适应,我国亟须相关解决纠纷的法律制度予以规制和应对。此外,西方个别国家为维护本国利益大搞单边主义,全球范围内的制造贸易摩擦不断冲击现有的多边贸易体制。目前,国际上的仲裁、调解大多数是在西方国家的主导下构建,不利于我国“一带一路”倡议中出现纠纷时的解决。如何打破西方的纠纷解决壁垒,建立一套以我国为中心的多元纠纷解决体系,为我国的涉外商事贸易提供法律基础和良好的营商是本章要探究解决的问题。本章将从我国对外商事交易的现状入手,分析目前国内和国际争端解决方式的利弊,同时对近年建立的国际商事法庭、2019年加入的《新加坡调解公约》进行逐一分析,探讨其中的优势和劣势,为我国建立跨境纠纷的多元解决体系提供理论建议。

一、国际商事交易的现状

1978 年我国开启了改革开放的伟大进程。1980 年我国在深圳、珠海等四地建立经济特区，改革开放的序幕正式拉开。我国经济也从此开启了跳跃式的发展。为了实现从封闭到半封闭再到经济全方位发展的伟大转折，沿海、沿江、沿河、内陆地区陆续开放，形成了分步骤、多层次、逐步开放的格局。2001 年我国加入 WTO，对外开放进入了新的历史阶段。2013 年，习近平总书记在党的十八大提出共建“一带一路”倡议。在同年我国在上海成立中国（上海）自由贸易试验区，探索对外开放的新路径及新模式。2018 年在博鳌亚洲论坛上，习近平主席宣布了一系列对外开放的重大举措。改革开放四十多年来，我国的对外贸易实现了跨越式发展，中国开放的大门越开越大，中国的经济深度融入全球经济。[①] 中国对世界的影响越来越大，中国逐渐走进世界舞台的中央。

1978 年到 2017 年我国的货物进出口总额从 355 亿元增长到 27.8 万亿元，增长 782 倍。货物进出口总额从改革开放初期占全球份额的 0.8%，在全球货物贸易中排第 29 位。之后逐渐超越英国、法国、德国和日本，2017 年我国的进出口总额占全球份额的 11.5%，重回全球第一。服务贸易国际地位大幅提升，从 1982 年的世界排名第 28 位到 2017 年跃居世界第 5。与此同时，我国不断优化外商投资环境，2017 年外商投资企业进出口额达 12.4 万亿元，实有注册的外商投资企业近 54 万家，中国是全球第二大外资流入国。外商投资企业在增加财政收入等方面也发挥着不可忽视的作用，2017 年缴纳税收 2.9 万亿元，占全国税收收入的 18.7%。对外投资和经济合作是中国与世界各国经济深度融合，实现互利共赢的桥梁。改革开放初期我国只有少数国有企业走出国门，2000 年我国提出“走出去”战略后，对外投资进入快速发展阶段，2017 年我国的对外直接投资额为 1246 亿美

① 参见国家统计局：《改革开放 40 年经济社会发展成就系列报告之三》。

元，是15年前的46倍，对外直接投资分布在全球190个国家（地区），成为全球第三大对外投资国。[①] 2013年习总书记在出访哈萨克斯坦和印尼时提出“一带一路”的倡议，随后得到了世界各国的赞成与认可，据中国“一带一路”官网发布的数据统计，截至2019年7月底，中国累计同136个国家、30个国际组织共签署了195份相关的合作文件，“一带一路”所形成的“朋友圈”已遍布世界各个地方。随着改革开放的不断深入，“一带一路”倡议的日趋成熟，一方面国际贸易合作不断深化，另一方面国际上有针对性的贸易保护主义也不断加剧，国际贸易摩擦和国际争端越来越频繁。

根据中国裁判文书网的数据调查，2009年涉外民商事案件的裁判文书仅有80件，而2012年为871件，2013年提出“一带一路”倡议后我国对外开放的大门越开越大的同时涉外纠纷也在不断增多，其中2013年的涉外纠纷为2391件，2014年激增为9080件，2019年的涉外纠纷已经增长为14,486件。根据各仲裁机构2019年发布的仲裁数据：ICC（国际商会仲裁院）2019年将市场扩大到了所有大洲，处理了来自147个不同国家或地区的2498位当事人的869件新案件，2018年为842件，同比增长3.21%。国际商会仲裁院在1991年受理的案件为333件。HKIAC（香港国际仲裁中心）2019年共受理503起案件。CIETAC（中国国际经济贸易仲裁委员会）2019年共受理涉外案件617起，同比增长18.19%；双方均为境外当事人案件66件，同比增长83.33%。标的额为1亿元以上的案件211件，同比增长23.39%；10亿元以上案件19件。[②]

改革开放以来我国积极参与全球经济建设，一方面吸引外资、努力提升我国的经济实力，另一方面又积极“走出去”，以适应经济全球化的大势。“一带一路”倡议的提出表明我国愿以更积极的态度融入世界。根据以上分析可以看出，我国融入世界的过程中商事争议也不断增多，这对我国以及国际贸易安全的稳定性都带来了挑战和不确定性。全球化大势不可逆转，而保证商事贸易稳定健康发展的一个关键因素是争端机制的完善。解决贸易交往过程中产生的贸易摩擦，保护我国商事

① 参见国家统计局：《改革开放40年经济社会发展成就系列报告之一》。

② 参见2019年仲裁机构发布的仲裁数据。

主体的合法权益是我国在对外开放进程中不容回避并亟须解决的现实问题。因此，我们要加强推动构建诉讼、仲裁、调解等多元化争端解决机制，为国际商事贸易的双方当事人提供公平且高效的法律服务，营造一个公开、透明化的法治营商环境。

二、商事跨境纠纷解决体系的困境

当今世界面临经济全球化、政治多极化、文化多样化的发展趋势，中国乃至世界都在推进全方位、多层次、立体化的治理格局。一个和谐稳定的社会需要公正、高效、权威的司法系统来维护国际贸易秩序，同时也需要非诉程序的纠纷解决机制，诉讼与仲裁和调解等非诉程序相衔接。跨境纠纷的解决涉及不同法域，不仅在实体法上存在较大的差异，在司法管辖权、跨国的文书送达、取证、法律查明、判决、仲裁以及调解的相互认可与执行上也存在很大的差异，各国的法律制度不同导致各个国家又有独特的法律规则和原则，送达难、取证难、执行难导致跨国纠纷的解决烦琐耗时，困扰当事人及涉及的法院。

（一）我国跨境商事纠纷解决体系

纠纷多元解决体系是指由各种程序和形式不同的纠纷解决机制共同构成的整体系统，在这种多元化的系统中，各种制度或程序既有其独立的运行空间，又能形成一种功能互补，以满足社会和当事人的多元化需求和选择自由。①

1. 我国常见的跨境纠纷解决方式

（1）诉讼程序：通过诉讼程序是解决纠纷是纠纷多元解决体系中权威性最高的纠纷解决机制，我国《民事诉讼法》对涉外民商事诉讼程序作了相对于其余纠纷解决机制较详细完备的规定。《民事诉讼法》第5条第1款规定，外国人、无国籍人、外国企业和组织在我国法院起诉应诉，同中华人民共和国公民、法人和其他组织享有同等的诉讼权利和义务。这首先表明了我国涉外诉讼的主体组成并赋予涉外主体同我国当

---

① 参见李少平：《努力构建具有中国特色的多元化纠纷解决体系》，载《人民法院报》2016年7月6日，第5版。

事人同等的权利和义务，但在第2款中又对这项权利加以限制，外国法院如果对我国当事人的民事诉讼权利加以限制，我国采取对等措施。在《民事诉讼法》第270条和《民诉解释》第528条和第529条对外国当事人委托诉讼代理人给予限制，外国当事人只能委托中国律师以律师身份代理诉讼。外国委托人出具的授权委托书必须履行一定的手续，诉讼语言上限制为必须是中文。管辖方面受实际联系原则的限制（除海事纠纷外）。

（2）仲裁程序：仲裁是双方当事人在争议发生前或发生后达成协议自愿将他们之间的争议提交给第三方居中评判，由第三方依据相关法律或仲裁规则作出对双方均有约束力的裁决。[①] 仲裁中的法律适用由双方当事人协商，双方当事人无法达成一致的，适用仲裁地法律或仲裁机构所在地法律。仲裁最终的裁决能否执行关键在于能否得到法院的认可。

（3）调解程序：调解是在中立的第三方的协助下，纠纷双方就争议的问题和争议的事实进行协商。[②] 我国常见的调解形式是法院调解、仲裁调解、单独调解。

2. 我国跨境商事纠纷多元解决体系的困境

我国现有的跨境纠纷解决体系，在一定程度上能够为多样的商事纠纷提供帮助，促进纠纷双方解决争端。但是在实践中，这几种方式都存在或多或少的问题，无法真正满足我国当前发展的需求。

（1）诉讼程序：以诉讼作为纠纷解决的最后手段目前没有得到国际社会的普遍认可，但我们不得不承认解决国际商事纠纷诉讼仍是最重要的手段。对于私法主体，向法院寻求司法救济解决纠纷是所有方式中最有效、最可靠的方式。但诉讼程序也存在较多弊端：第一，世界各国制度不同经济发展水平不同，势必导致各个国家的法律制度不同，纠纷双方没有统一的法律适用的标准。此外，从事跨国贸易的当事人绝大多数不能正确理解所在地法律，这在一定程度上不能使自己的权益得到有效的保护。“一带一路”倡议提出后，沿线国家商事纠纷增多，沿

① 参见陈治东：《国际商事仲裁法》，法律出版社1998年版，第2页。

② 参见宛姝：《在线解决争议机制研究——以跨境电商零售争议为视角》，云南大学2018硕士学位论文，第14页。

线国家大多是发展中国家,对外法律不完善,可能没有可供选择的解决涉外纠纷的法律规范以及没有完善的法律冲突规范,这时就会进入到无法可依的窘境。第二,跨国纠纷中选择诉讼程序极有可能会受到不公正的待遇。对外国人采取的司法程序与本国人不同,纠纷解决中故意偏袒本国人。第三,诉讼程序本身的弊端。诉讼程序持续时间长、进度缓慢与快节奏的商事贸易有巨大的矛盾,不利于商事贸易的快速恢复;法院存在执行难的问题,而判决一旦无法执行也就意味着纠纷并没有真正得到解决。

(2)仲裁程序:仲裁相比较诉讼,在纠纷解决的效率上有所提高,此外仲裁双方当事人有权指定仲裁员在一定程度上可以规避诉讼中法官偏袒本国公民的情况。此外,仲裁的语言不局限为中文,赋予双方当事人选择语言的权利。选择仲裁方式的前提是存在有效的仲裁协议。有效的仲裁协议是仲裁程序能够顺利进行、仲裁裁决能够获得承认和认可的基础。而我国现行仲裁立法的不足主要表现在以下两个方面:第一,仲裁裁决的效力问题。我国关于仲裁协议的有效要件的规定过于严格。仲裁法要求准确的仲裁协议,有效的仲裁协议必须同时具备仲裁的意思表示、仲裁的事项以及明确的仲裁机构。在实践中,双方当事人往往只约定了仲裁地点而没有约定详细的仲裁机构,①此时根据我国的仲裁法就会因为仲裁协议没有约定明确的仲裁机构而无效。但许多国际著名仲裁机构推荐的仲裁条款并不要求指定仲裁机构。这就会导致一些没有明确约定仲裁机构的仲裁协议在国际仲裁机构获得仲裁裁决后,申请我国法院执行时会因为仲裁协议的无效而被拒绝承认和执行。第二,仲裁裁决的国籍问题。解决商事仲裁的国籍问题主要原因在于,我国对外国裁决和本国裁决的处理方式不同。我国法院只对本国仲裁裁决行使撤销权而对国外仲裁的裁决只能承认或拒绝执行。我国对于仲裁裁决的国籍认定与国际仲裁规则的差别就导致了一个仲裁裁决的国籍不明。② 我国《民事诉讼法》第

---

① 参见乔慧娟:《关于一起确认国际商事仲裁协议效力案的几点思考》,载《商事仲裁》2006年第00期。

② 参见乔慧娟:《关于一起确认国际商事仲裁协议效力案的几点思考》,载《商事仲裁》2006年第00期。

290 条规定："国外仲裁机构的裁决，需要中华人民共和国人民法院承认和执行的……或者按照互惠原则办理。"从这条规定上看，我国对仲裁裁决的国籍是依照仲裁机构确定。但根据《国际商会仲裁规则》第 25 条第 3 款的规定："裁决应视在仲裁地点和裁决书上写明的日期作出。"从本条可以看出，仲裁裁决的国籍也可以根据仲裁地来确定。根据仲裁规则，仲裁地可以由双方当事人确定，如果双方当事人约定仲裁地为中国，则作出的仲裁裁决是中国裁决，而根据我国《民事诉讼法》第 290 条的规定此份仲裁裁决为外国裁决。当事人拿着此份裁决书向我国法院申请执行时，我国法院是否可以行使监督权？我国法院是否可以对该份裁决行使撤销权？还是只能执行或拒绝承认？

(3)调解程序：调解程序相对于仲裁和诉讼，其最大的优势在于能更好地减少分歧以实现双方利益的最大化。开放合作、互利共赢、和谐包容理念是贸易全球化进程中各国达成的共识，商业贸易不是一锤子买卖，商业关系需要长期地维持。通过诉讼或仲裁方式解决纠纷很大概率会破坏现有的商事合作关系，不利于双方后期合作。调解与仲裁和诉讼相对比效率更高、简单易行，调解作为一种非诉方式纠纷解决机制，应该承担更多缓解司法压力的功能。但是，我国目前的商事调解体系也存在一定的局限性。第一，我国没有完善的商事调解法。我国调解相关的法律规范分散在各个法规之中，没有形成完善的体系。商事纠纷有其特殊性而现存调解类规范缺少普适性和刚性的规定，这种缺少针对性的调解规定很难在实践中发挥其真正的作用。立法上的短缺与国际商事调解蓬勃发展所要求的需要用法律去规制涉外商事调解的法治化倾向不相符，也与我国蓬勃发展的对外贸易不协调。第二，调解人员的素质亟须提高。这里的调解人员专指调解委员会的人民调解员。我国人民调解员任职资格的取得主要是通过群众选举或聘任的方式，往往这类调解员具有非常强的亲和力和生活经验，但是缺少技巧和专业。如果只是从事家庭纠纷等民事调解，他们完全可以胜任，但是如果从事商事调解就会面临知识储备的严重匮乏。一旦涉及跨境商事调解，很可能发挥不出其应有的作用。第三，国际商事调解协议的执行问题。目前在我国现有的法律规定中，商事调解协议的执行力因调解模式而不同。法院、仲裁机构主持下的调解协议可以转化为法院的判决或仲裁机构的裁决。而单独调解（专门的调解组织）所作出的调解在法律上没有明确的定论，因此在很大程度上相当于合同，不具有强制执行力。实践中，跨境纠纷双方当事人处于不同的地域和国别，此类调解协议能否实现依赖于当事人的自觉。这就使调解的效力不得不依附于仲裁和诉讼，从而阻碍了调解制度的进一步发展。第四，法院调解和仲裁调解在调解前法官和仲裁员会和当事人进行充分的交流，一旦调解不成功转入诉讼或仲裁程序，法官和仲裁员很可能对先前双方争议的问题有成见，在判决和裁决的时候很容易出现感性判断导致司法不公正，调解失败转入诉讼或仲裁程序也增加了司法压力。

（二）国际跨境商事纠纷解决体系

在经济全球化的浪潮下，世界各国经济稳步发展，各国间的交流也越来越频繁。各国都在寻求贸易合作，国际商事贸易争端是各国在寻求贸易合作中无法避免的。目前国际争端适用的解决机制中，都有其一定的局限性，不能完全适用新的国际形势，不能完全适用我国“一带一路”倡议下的纠纷解决。

1. WTO 争端解决机制

WTO 争端解决机制是世贸组织在四十多年的实践基础上创设的一套新颖的争端解决机制，[①]在国际纠纷的解决上起到重要作用，被誉为“现代国际法皇冠上的一颗明珠”。[②] WTO 争端解决机制包含两个部分：一是由 3～5 人组成专家小组针对成员国的违法行为进行裁决；二是争端当事国可以就专家小组报告中的法律问题向由 7 名成员组成的上诉机构上诉。上诉机构可推翻专家小组的调查结果，保障了当事方进一步救济的权利，具有公正性和合理性。WTO 中“否定性协商一致”的通过原则确保纠纷双方当事人纠纷解决的效率及现实有效性。针对执行问题，WTO 争端解决机制严格规定了“平行报复”“跨部门报复”“跨协议报复”，一方面保证受损方的利益，另一方面也防止报复权利的

---

① 参见赵柯：《WTO 争端解决机制述评》，载《当代法学》2003 年第 7 期。

② 张超、张晓明：《“一带一路”战略的国际争端解决机制研究》，载《南洋问题研究》2017 年第 2 期。

滥用。随着“一带一路”倡议的提出,WTO 争端解决机制也暴露出一定的局限性。第一,适用范围有限,WTO 争端解决机制只适用于 WTO 成员国之间。而“一带一路”的沿线国家有的不属于 WTO 成员,因此涉及这些国家的纠纷时不能适用。第二,适用主体有限,WTO 争端解决机制仅适用于国家与国家之间,而国际贸易中私人主体的纠纷,私人主体与国家的纠纷不能适用。[①] 现实情况是“一带一路”的纠纷中私人主体与东道国的纠纷比主权国之间的纠纷更加常见。第三,上诉机构审查范围有限,上诉机构仅审查法律问题而将事实问题排除在外。[②] 将事实问题排除在外有利于上诉机构负担的减轻,同时也能提高纠纷解决的效率,但只注重效率就容易忽视公平公正。

2. ICSID(国际投资争端解决中心)

ICSID 是世界上第一个专门解决国际投资争议的仲裁机构,通过仲裁和调解的方式专门解决政府和外国私人主体之间的投资纠纷。ICSID 的优点在于他为私人投资者通过国际争端机构解决纠纷提供了可能。[③] ICSID 规定,一旦双方当事人同意,仲裁则会产生以下效力:第一,当事人所在的缔约国不享有对该案的管辖权;第二,任何一方当事人不得单独撤销仲裁申请;第三,仲裁中任何一方当事人缺席不影响程序的继续进行。第四,仲裁具有终局性,一旦作出不得上诉也没有其他的补救措施。ICSID 的局限性在于能否有效地解决外国投资者和东道国之间的争端的前提是要对此案有管辖权,而 ICSID 的管辖权仅适用于与投资有关的商事纠纷,但是对“投资”却没有明确的定义,这成为管辖权异议的焦点之一,当事双方也经常以此来抗议 ICSID 的管辖。ICSID 的局限性还在于裁决的不公开导致没有判例或案例作为裁决的依据进而导致仲裁裁决缺乏一致性。在类似甚至相同条约以及商业背景和政府措施也相似的情况下,由于仲裁庭组成不同对条约解释不同,导致仲裁裁决各异损害条约应有的庄重感以及

---

① 参见张营营、吴允杨:《构建“一带一路”框架下公正合理的争端解决机制》,载《仲裁研究》2019 年第 3 期。

② 参见桂娟:《“一带一路”倡议下国际投资争端解决机制的构建》,沈阳工业大学 2019 硕士学位论文,第 14 页。

③ 参见张营营、吴允杨:《构建“一带一路”框架下公正合理的争端解决机制》,载《仲裁研究》2019 年第 3 期。

当事人对条约的信赖。ICSID 缺少上诉机构，事实问题和法律适用错误均不在审查范围内，一旦出现此类情况，投资者获得的裁决也是不公正的裁决。

3. CAFTA（中国—东盟自由贸易区）争端解决机制

CAFTA 内的临时性仲裁庭，一旦纠纷解决仲裁庭就会解散，没有一个专门解决争端的机构。CAFTA 的临时仲裁庭的仲裁员要求是争端解决中的贸易专家，[①]但案件具有特殊性以及仲裁员缺乏经验，最终可能会影响仲裁的及时性和公正性。没有常设机构降低了仲裁效率并且难以保证争端解决的协调和稳定。CAFTA 中的争端解决机制能够作出对双方有约束力的裁决，但是当裁决过程中出现了程序或实质问题时又缺少解决措施。例如，仲裁庭的组成不符合相关规定、仲裁的理由不清楚、仲裁庭在仲裁中出现过激行为等。

无论是全球性的纠纷解决机制还是区域性的解决机制都有其自身的特色和不同程度的缺陷。"一带一路"的倡议下，我国与"一带一路"沿线国家的交往日益密切，沿线国家法律环境复杂，有些不是 WTO 成员，有些法律规定不完善，如果在处理纠纷时盲目照搬单纯模仿已有法律制度，对"一带一路"倡议下的争端解决则没有意义。

（三）新形势下我国跨境商事纠纷多元化解决体系的发展

面对复杂多变的国际形势，新的国际商事纠纷解决机制要适应国际经济的发展，不断创新提高纠纷解决的效率和可执行性以维护商事交易的稳定发展。基于国际形势以及我国自身发展的需要，我国成立了国际商事法庭，并促成《新加坡调解公约》的实施，推动构建一套公正、高效、多元的贸易争端解决体系，创造一个互相包容的营商环境，促成我们与合作国家更深层次的合作，也为国际社会创造良好的贸易环境。

"一带一路"倡议作为国家政策的顶层规划，其短板在于没有与之相对应的争端解决机制，缺少争端解决机制应对沿线贸易纠纷，可能会导致纠纷升级，甚至阻碍沿线国家的商业发展，失去"一带一路"倡议原有的意义。建立中国国际商事法庭是顺应发展的举措，能够更好地服

---

① 参见齐皇：《论 CAFTA 建立常设仲裁机构的必要性》，载《黑河学刊》2011 年第 11 期。

务于"一带一路"背景下的商事纠纷。

1. 国际商事法庭设立的必要性

2018 年中共中央办公厅、国务院办公厅发布《关于建立"一带一路"国际商事争端解决机制和机构的意见》提出建立公正、合理、高效的国际商事争端解决机制，同年 6 月最高人民法院颁布实施《关于设立国际商事法庭若干问题的规定》[①]之后在深圳和西安设置最高人民法院第一国际商事法庭和第二国际商事法庭。[②] 国际商事法庭的设立创新了中国国际商事纠纷解决的体系，为建立公正、高效的纠纷解决提供了保障，顺应国际经济发展和国际商事交往的需要。我国设立国际商事法庭基于以下考虑：第一，国际商事法庭经过长期的历史积淀已经形成了较为成熟的商事法庭制度体系，为我国建立国际商事法庭提供了历史基础。第二，目前国际现存的纠纷解决体系（和解、调解、仲裁、诉讼）都有其或多或少的局限性，难以有效应对新形势下的国际商事纠纷。第三，为谋求司法主动权，国际上多数国家开始建立国际商事法庭，2004 年迪拜设立国际金融中心法庭，2015 年新加坡设立国际商事法庭。基于国际新形势以及"一带一路"倡议的提出，我国于 2018 年设立中国国际商事法庭。

中国国际商事法庭相比较其他国家商事法庭的创新之处在于：一是我国设立国际商事专家委员会。国际商事专家委员会由来自不同国家和地区的精通国际法且具有丰富实践经验和拥有较高声誉的中外法律专家组成，主要职责是调解国际商事案件，对国际商事法庭适用域外法律时提供法律查明和适用等咨询意见。[③] 也对最高人民法院的司法解释和国际商事法庭的发展提供建议。二是调解、仲裁、诉讼相结合的争端解决体系，三者相结合充分发挥自身优势，节约司法资源，提高纠纷解决的效率。双方当事人可选择调解机制解决争端，根据司法解释，国际商事专家委员会调解的案件可以被国际

① 最高人民法院《关于设立国际商事法庭若干问题的规定》，载最高人民法院网 2020 年 11 月 7 日，http://www.court.gov.cn/fabu-xiangqing-104602.html。

② 最高人民法院《关于设立国际商事法庭若干问题的规定》中最高人民法院设立的国际商事法庭是最高人民法院的常设审判机构。

③ 最高人民法院《国际商事专家委员会工作规则（试行）》第 3 条。

商事法庭根据双方当事人的调解协议制作调解书和判决书，调解协议从而获得执行力。国际调解协议执行难是双方当事人将国际商事争端提交调解中心的最大阻力，而且国际上其他商事法庭虽有创新但并未引进调解，我国这一改革措施带动我国商事纠纷解决水平和法律环境的提升。

2. 国际商事法庭纠纷解决机制的若干问题

国际商事法庭是在"一带一路"背景下提出的，面向国际商事纠纷的解决积极参与国际司法服务的竞争，提高我国在国际领域的司法竞争力和影响力。司法主权竞争的核心是管辖权和法律适用方面的竞争。国际商事法庭自成立以来受理了13起案件，已经审结的5起中1起做出判决，1起诉讼驳回，3起仲裁效力的确认都被驳回，尽管案件基数少，但结合相关的规定仍然可以反映出我国国际商事法庭纠纷解决体系的不足。

第一，管辖权局限。我国国际商事法庭受理的"国际商事案件的定义"是当事人一方或者双方是外国人、无国籍人、外国企业或者组织；当事人其中一方或双方居住在我国；商事关系的产生、变更、消灭的法律事实发生在我国领域外；标的物在我国。① 以上可以看出国际商事法庭排除对离岸案件的管辖，也将受案主体限定为自然人、法人、组织等私法主体而将东道国的国际投资案件排除在管辖范围之外。表明我国在国际商事法庭的具体建构上还是偏向保守。通过对比新加坡国际商事法庭和迪拜国际金融中心法院，二者都可基于协议管辖受理离岸案件。允许当事人协议管辖恰恰体现了国际商事法庭的国际性和中立性，也体现了当事人对裁判公正性的认可。管辖权的竞争实际是法律规范适用的竞争，管辖权的限缩不利于我国商事法律的最大化适用，在全球商事法律的竞争中也会处于相对比较劣势的状态。扩大国际商事法庭的管辖权有利于为我国在国际商事争端的解决中提供更多的话语权。

第二，一审终审。我国国际商事法庭是最高人民法院建制意味着一审终局。诉讼相比仲裁的一个最大优势在于诉讼有上诉权，可以为

① 最高人民法院《关于设立国际商事法庭若干问题的规定》第2条和第3条。

当事人提供上诉机会。我国将国际商事法庭设立为一审终局能够高效解决商事纠纷,提高案件的审理效率,但是缺乏上诉机制,一旦判决适用法律错误、程序适用错误或事实认定错误,当事人就要通过最高人民法院的再审程序实现公正,似乎有滥用再审之嫌,并且再审程序本身的启动也具有严格的审查程序,最后可能导致无法实现司法公正。世界上现行的国际商事法庭大多会采用上诉机制来保证当事双方合法的诉讼权利,而我国的一审终局不符合司法审判的通常规律。从短期看一审终局是我国商事法庭的特色,但长远看商事法庭审理案件日益增多如何保证在此种状态下一如既往的公正?判决不公正申请再审会使我国的生效判决出现更多的不确定性,更甚影响我国的司法形象违背商事法庭建立的初衷。

三、我国跨境商事纠纷多元解决体系的完善

(一)完善我国的商事立法

我国商法是在经历了计划经济的停顿后面对改革开放对商事法律建设的迫切需求的情况下应急式的分散立法。虽然民法和商法有许多重叠交叉部分,但确是两个独立的法律部门。随着我国对外贸易的蓬勃发展,完善商法有利于保障商业市场的运行。商法的完善促进程序法的完善。目前,我国没有完善的商事调解法,但商事调解的需求潜力巨大,我国的涉外案件亟须与之相配套的商事实体法和程序法用以规制涉外商事行为。

(二)建立跨境商事纠纷多元解决机构

我国2013年提出“一带一路”倡议,而目前沿线国家大多数不是WTO的成员国,WTO的争端解决规则并不适用我国企业与沿线国的纠纷,并且沿线国的政府和企业纠纷也被多数纠纷解决机构排除在外,我国的国际商事法庭将非中国当事人排除,多种限制并没有一个合适的纠纷解决机制。商事纠纷的增多却没有合适的纠纷解决机构势必会使我们“一带一路”计划受阻,从而影响我国的国际地位。在此背景下,建议以我国为主导建立跨境商事纠纷的多元解决机构。建立独立的国

际商事法庭，将调解、诉讼、仲裁相衔接，调解先行，受理的案件不局限为双方都是非中国当事人。当然，机构设立的前提是有有效的国际条约作为支撑，同时结合目前各国的实际情况和法治经验，避免以上分析中存在的盲区。我国应秉持“一带一路”倡议者的定位，在充分调研沿线国的基本国情和诉求后，建立一套有效的多元纠纷解决机构，维护双方当事人的利益。

（三）我国国际商事法庭的完善

1. 我国国际商事法庭完善方式

第一，扩大管辖权。国际商事法庭是在“一带一路”背景下提出的，我国作为“一带一路”的牵头人决定了国际商事法庭不能只立足于解决与我国相关的涉外纠纷，还应扩大管辖权为沿线国家提供相应的法律服务。(1)通过国际条约扩大管辖权，允许将我国作为缔约国加入的双边条约和多边条约约定的争端诉诸我国法院。(2)明确商事的定义，扩大对商事定义的范围。明确商事定义，要把握好度既要给新的商事关系留好余地也要将非商事法律关系排除在管辖之外，可以借鉴新加坡的“不完全”列举，或者采用兜底条款。明确商事定义也要将投资者与东道国的投资纠纷纳入“商事范围”，我国目前是世界第三大投资国。而“一带一路”建设中多数投资是我国私人主体与沿线国政府签订，扩大管辖权一方面有利于维护我国商事主体的利益，另一方面有利于输出我国的法律制度扩大司法影响力，为我国的商事调解和商事仲裁吸引案件。商事定义对接国际标准也有利于我国的判决和裁定得到其他国家的认可，树立我国国际商事法庭的中立形象，促使我国国际商事法庭成为全球商事纠纷解决体系中重要的一部分。(3)淡化管辖权中“实际联系”的要求，允许当事人通过协议将纠纷诉诸我国法院以获得对更多国际商事案件的管辖权。我国《海商法》并不局限实际联系，国际商事法庭应向其学习，可以先从“自贸区”开始试行并逐步放宽乃至取消实际联系的限制。初建时我国商事法庭管辖权受制于专业国际法官数量和经验的限制，但从长远看，经验的更加丰富、解决纠纷机制的不断成熟，取消实际联系的限制利大于弊。

第二，建立独立的商事审判体系。国际商事法庭实行一审终局剥夺了当时人的上诉权且有滥用再审之嫌，应将商事法庭建设纳入整体的审判体系之中,可以参照海事案件设立专门的商事法院为高级法院建制,或者在中院以上级别设立专业的合议庭针对大量、小额的商事纠纷。第一种设立专门的国际商事法院(高院级),即将目前的"一站式"商事纠纷解决的国际商事法庭下沉为高院级的法院,承担起国际商事诉讼、仲裁和调解。可以参考知识产权法院的设立模式"知识产权法院+"该种模式可以跨行政区设立,以国际商事争端的解决为参考在全国设立。

德国在2018年推出的《设立国际商事法庭的法律草案》中明确指出商事法庭对经济具有巨大的推动作用,因此商事法庭就承担起商事法治发展的远期目标,不能局限于提供优质的法律服务而应借此引领中国商事法治的发展。

2.《新加坡调解公约》对我国跨境商事纠纷解决体系的影响

2019年8月我国作为《新加坡调解公约》(《联合国关于调解所产生的国际和解协议公约》)的首批46个缔约国之一在新加坡签订该公约于2021年9月18日生效。《新加坡调解公约》被法律界人士称之为"调解领域的纽约公约",其目的在于促进国际商事调解,直接执行经调解产生的国际商事和解协议。[①] 该公约为国际以调解方式解决跨境商事纠纷打开了新大门。我国虽是公约首批的建立国之一,但该公约目前还没有经过国内的程序批准尚未在我国生效,但相信未来该公约会对我国的商事活动产生一定的影响。

(1)《新加坡调解公约》的中国贡献

我国作为《新加坡调解公约》首批签订的46个成员之一,对公约的建立作出了相当的贡献。2015年我国向联合国贸易法委员会提交《中国关于跨境执行国际商事和解协议的法律框架》,之后商务部协同外交部等派出代表团参与到该协议制定的商讨中,为《新加坡调解协议》的制定奉献了中国智慧,为公约的制定提出了建议和意见,许多被工作组采纳成为公约的最终条款。例如要求要以书面的形式准确界定和解协议的适用范围,适用范围准确、界限划定清晰更有利于保障公约的适用对象。界限的清晰也能避免将个人消费者的纠纷纳入公约中,防止司

① 参见李韵石:《跨境商事纠纷的"中国建议"》,载《法人》2020年第10期。

法资源的浪费。书面形式便于留存,对于争议的减少也有重要的意义。2018 年习近平总书记提出的“人类命运共同体”为全球法律化提供了理论基础。经济全球化、文化多样化以及信息的高速流转不可逆,交流的增多势必造成纠纷的增多,而人类“命运共同体”提倡追求人类共同利益和共同价值,实现可持续发展,提倡以和平的方式解决纠纷。中国提倡多边主义,反对单边主义、霸权主义,中国人民自古提倡“和为贵”,在中国积极参与公约制定的过程中,中国传统优秀文化理念和中国的全球治理观对于公约的建立发挥了独特作用,注入了中国的声音,为国际商事纠纷解决的创新做出了中国特色的历史性贡献。

(2)我国加入《新加坡调解公约》的必要性

《新加坡调解公约》给国际贸易等国际商事活动增加了活力,为以和平方式解决国际纠纷开辟了新路径。商事活动不是一锤子买卖,在商事纠纷的解决中调解制度能最大化地满足双方的利益,通过调解的方式解决纠纷有利于长期交往。

第一,有利于推动我国商事调解制度的完善。调解作为一种解决纠纷的方式,在我国的纠纷解决中发挥着重要作用。我国自古提倡“和为贵”“无讼、息讼”,通过家族长老解决纠纷。例如,明朝时建立申明亭,民间纠纷通过乡绅主体以调解的方式解决纠纷,后面随着时代发展逐渐演变为“人民调解员”。据统计,2018 年我国人民组织调解案件 900 多万件。调解在我国一直发挥着重要的作用,但我国并未形成专门的调解法,现有调解制度散见于诉讼、仲裁,内容上也缺乏普适性。加入公约有助于倒推我国商事调解与国际商事调解的衔接从而促使我国加快制定有关商事的法律。通过加入公约这个契机将有利于我国建立更多的商事调解中心迎合国际调解发展的趋势,从而推动更多调解专业人员加入我国调解中心,推动商事调解费用的明晰。成熟的商事调解体系离不开完备的法律制度和专业人才,国际商事涉及金融、建筑等多方面的知识,加入该公约对于我国商事调解类人才的培养也能起到推动作用。

第二,有利于进一步改善我国的营商环境。在商事纠纷的解决中调解是其中成本最低、效率最高备受国际社会在解决纠纷时推崇,《新加坡调解公约》为这一方式扩大了国际的法律基础。中国作为世界第二大经济体,2018 年提出"人类命运共同体",2020 年 11 月 27 号举办中国—东盟博览会和中国—东盟商务与投资峰会,频繁的商事贸易将引发更多的纠纷,中国加入该公约为中外当事人在诉讼和仲裁之外又提供了又一个解决纠纷的选择,这无疑将大大改善我国的营商环境。

2020 年新冠肺炎疫情席卷全球,航班停运国际贸易受阻,商事纠纷增多,目前各国都实行出入境的限流,在此情况下以往的跨境纠纷的解决方式将会受到限制,而调解制度的优势明显。通过调解的方式解决跨境纠纷促进双方沟通和互相理解,使国际社会在疫情的影响下更加团结。疫情的突然来袭,中外双方当事人通过调解来解决纠纷是实现"双赢"的最好方式。

(四)加入《新加坡调解公约》对完善我国跨境商事纠纷解决机制的思考

我国加入公约一方面有利于推动我国商事调解制度的建立,另一方面也有助于改善我国的营商环境,提供良好的法律氛围。但是也不应忽视由此为我国带来的挑战。

第一,商事调解立法不完备,难以与国际调解形成有效的衔接。在形式上我国目前没有一部完整的规制商事调解程序的法律,目前的商事调解规则分散在诉讼法、仲裁法以及调解法中。在内容上目前只有《民法典》合同编对调解可以作为解决商事纠纷的方式之一而予以肯定,但也并未对此有详细的内容。与我国商事调解的窘境相反,国际商事调解正蓬勃发展,《纽约公约》《新加坡调解公约》等都在以法律的形式规制涉外商事调解。由于没有一部法律来确认调解的地位,调解往往在诉讼和仲裁面前显得"底气不足"。国内的法律制度不健全,我国在加入《新加坡调解公约》后如何与国际商事调解相衔接值得深思。当事人通过国际调解达成调解协议拿到我国执行,然而我国并没有完备的法律为其提供保障,使得调解协议实则一纸空文。因此需要通过立法规范调解程序的科学性减少随意性,在发挥涉外商事调解的灵活性的同时依然保持公平、公正。我国应当由全国人大常委会制定与诉讼、仲裁相衔接的商事调解法,借鉴国外商事调解立法和国际公约的优势并结合中国国情,充分利用我国商事调解中人民调解员的优势建立中国特色的商事调解制度,在立法上清楚规定商事调解的适用范围、机构、程序、效力还有执行。明确商事调解协议的效力问题就解决了商事调解发展的一大“瓶颈”，当事人在接受调解时达成的调解协议和自行达成的和解协议本就属于双方的意愿，是对自己权利的处分，理应得到尊重和执行，除非是违背法律的强制性规定。通过立法明确相关程序减少双方当事人的重复举证程序，发挥调解制度原有的优势。

第二，商事调解亟须专业队伍。法治社会的建设，离不开优秀的法律人才。目前我国的调解主要是三种，仲裁前的调解、法院调解、人民调解员调解，调解作为一种独立的纠纷解决方式需要从诉讼和仲裁中分离就离不开专业的调解队伍。人民调解员调解作为一种独立的调解方式，调解员的法律专业性亟须提高。我国人民调解员的资格取得是通过群众选举或聘任的方式产生，主要标准是在群众中有一定的威望，而是否具有专业知识和调解技巧则几乎不在考虑的范畴内。无论是诉讼调解还是人民调解只参与自己熟知的领域的纠纷调解，很少参与涉外案件，更不具备涉外商事调解中的外语能力，以至于很难组建一只专业的涉外商事调解纠纷队伍。从学科建设上看，我国注重对国内法的专业法律人才培养，国际法学占比较低，而涉外商事案件的成功解决不仅需要扎实的实体法和程序法也需要相对应的国际法知识作为支撑。与我国不同的是，欧美国家非常注重对调解员的培训，培训的内容包括职业道德和调解技巧而不仅仅局限在法律知识的传授，例如在对调解员职业道德培训中加入心理学和人际关系方面的知识，国际贸易知识和重要的商事习惯，各国的文化习俗知识等，通过全方位的培训使调解员能面对复杂的跨境商事纠纷。

第三，商事调解除了需要专业的调解员，涉外律师的调解能力培训也必不可少，此外还需要向外贸企业普及国际商事调解，提高公众对调解的认同。国际法教学中也应加入商事调解知识的教育，通过运用自己所学传播正确的调解思维。通过多种途径对商事调解进行宣传，增强民众的调解意识，当他们面对跨境纠纷时首先主动运用调解的方式解决纠纷，这有助于实现“双赢”，维持其国际声誉。重要的是从事商事调解可以通过颁发资格证的形式验证专业性，持证上岗、持证调解，避免调解团队的混乱和无序。

第四，跨境商事调解的执行问题。目前我国法律对调解协议的认可和执行只面向法院等常设机构作出的裁决和调解协议，而对于个人或者临时机构作出的调解协议的效力尚不认可。目前个人之间达成的调解只是作为合同的一种，不具有执行力。相对比其他国家，印度的调解法规定，只要和解协议经双方当事人签字就具有终局性，对双方当事人产生约束力。印度规定和解协议与仲裁庭主持下达成的和解具有相同的效力。欧盟也规定不能因为和解协议能否执行取决于当事人，其效力就低于司法程序。成员国应该给予相同的地位，确保书面达成的和解协议具有执行力。[①] 根据我国的相关法律，和解协议必须要通过公证转化为债权、支付令或者司法确认的程序才能得到认可执行，不能直接就该协议向法院申请强制执行，一方不执行只能就原来的纠纷提起诉讼或仲裁，这种形式实际上是对原调解的否定使其归于无效，也耗费了当事人大量的时间和物质成本。

给予商事调解协议以执行力，促使调解制度脱离仲裁和诉讼独立发展成一种高效的纠纷解决机制，可以通过以下方式进行完善。第一，确定商事调解的有效的构成要件。具备这些要件的商事调解协议就赋予其执行力，只要不损害国家和第三人的合法利益以及法律的强制性规定和公序良俗就应当给予其确定力。这样当事人就不能随意处分自己的权利，一旦达成协议就要承担为此带来的法律后果。第二，赋予法院对调解的监督权。一旦发现调解协议中存在侵犯他人权益，有恶意串通、欺诈和胁迫情况存在的就应及时撤销。第三，建立信用体系，严格惩戒失信人。对商事调解协议违约方以信用惩戒，将大大增加违约成本，把失信企业作为失信人名单予以公布，从而遏制恶意违约拒不履行调解协议的情况的发生。

第五，成立专门的商事调解机构，中国商事调解机构的数量较少，无法满足“一带一路”背景下商事调解的巨大潜力。如果商事纠纷全部都通过诉讼或仲裁方式解决无疑增加了司法压力。因此，应当构筑一套以商事调解为基础的非司法性的商事调解体系并从法院中脱离。我国商事交易中有以商会为中心的商事交易团体，结合我国的调解传统建议以商会为基础建立中国的商事调解中心。随着对外开放的不断深

---

① 参见祁壮：《“一带一路”建设中的国际商事调解和解问题研究》，载《中州学刊》2017 年第 11 期。

化,经济外向型程度提高,每年都会发生大量的跨境纠纷,应该鼓励商事调解市场化运作,鼓励建立商事调解组织,费用上通过市场来调节并由国家予以管理和监督,规范涉外的调解行为,为当事人提供更多可以解决纠纷的组织和机构。因此,笔者建议可以建立以法院调解为中心,商会调解作为重要支撑,社会组织和个人调解为补充的中国商事调解体系。

我国商事调解制度处于萌芽,有关商事调解的立法几乎空白且对国际商事调解更缺乏科学的认识,许多人会将跨境商事调解这一专业性要求极高的纠纷解决机制同我国的人民调解法所规制的民间纠纷相混淆。此外,司法部门也对中国加入该公约后在执行国际调解协议时产生的虚假调解侵害公共利益和第三人利益的情况深表担忧,更甚是否有企业会利用这一公约作为规避法律义务和个人债务的不法手段等都是我国在批准加入该公约前不得不考虑的风险。是否赋予跨境纠纷商事调解协议同仲裁裁决相同的法律效力,以及我国的企业是否愿意通过调解方式解决纠纷都值得深究。此外,与《纽约公约》不同的是,该公约本身还有一些禁止保留的基础性条款,例如不设置仲裁地法院的司法审查机制,非签约国的当事人亦可援引该公约到公约缔约国境内申请强制执行其达成的商事调解协议。我国目前还未签署批准加入《新加坡调解公约》,但以上种种都是我们目前面临的风险和挑战,都是在批准前或批准后我国必须面对的一项艰巨任务。通过以法律为主导,辅之以监督制度和信用体系助力调解走出困境。

2013 年我国首提“一带一路”倡议,2018 年第一届中国国际进口博览会在上海举办,我国积极提倡同各国携手合作、互利共赢,积极倡导构建共同体,是新时期我国应对全球化的新举措,“一带一路”倡议突破传统的区域合作模式,沿线国家经济、法律、文化各不相同,贸易增多的同时争端也必然增多,健全跨境纠纷解决体系是保障我国对外贸易战略顺利进行的基础。我国目前已经建立了国际商事法庭,等待批准的《新加坡调解公约》、国内涉外诉讼程序和仲裁程序存在制度以及技术的不足,还需要更新和调整。在国际商事诉讼上,突破传统的诉讼制度的限制,发挥诉讼的优势结合调解的优势,建立专门的中级人民法院或高级人民法院级别的国际商事法庭保障当事人的上诉权;在国际商事仲裁上，完善国际仲裁裁决执行程序，完善国际仲裁的管辖制度同国际相关规定的衔接；在国际商事调解上，制定商事调解法，注重专业商事调解人才培养，建立专业商事调解机构，同时完善与诉讼、仲裁制度的衔接。在国际贸易日益频繁的今天，结合我国国情发挥我国在“一带一路”倡议者的主导作用，在不违背合作共赢的基础上融合诉讼、仲裁、调解的优势建立跨境商事纠纷多元解决机构，提升我国的司法影响力。提高涉外法律服务水平，为我国的对外贸易打造一个公平、透明、公正的营商环境。

CHAPTER 08 >>

第八章

互联网法院的发展现状及完善路径

互联网法院的设立是我国网络领域司法建设的重大创新。其意义不仅在于网上案件网上审理,更在于通过对网络案件的专业化审理探索互联网新类型案件的裁判规则,为互联网空间的治理提供司法保障。回顾过去几年的司法实践,互联网法院在网络司法平台建设、互联网司法模式以及互联网案件审判规则的探索方面取得了一定的成就,突破了时空的限制,便利了当事人,提升了诉讼效率。然而,互联网法院的发展也存在一些问题。随着互联网法院的发展,立法和司法实践应当重视互联网法院的专业化审判职能,对互联网法院的定位予以明确。同时应当完善互联网法院的诉讼规则,探索与互联网法院诉讼匹配的管辖制度,构建电子证据规则体系,完善电子送达效力规定,创新电子送达方式,以应对互联网法院的审判需求。

一、互联网法院的发展现状

互联网的飞速发展对我们的生活方式产生了巨大影响,社会正由线下向线上发展。为适应互联网发展大趋势,应对互联网时代出现的一系列司法问题,自 2017 年以来,我国先后在杭州、北京、广州设立了三家互联网法院。互联网法院秉持“网上案件网上审”的思维方式,“涉互联网案件的专业化审理,是互联网法院成立的最大亮点”。[①] 可以说,互联网法院是法院对互联网案件的专门化建设。在过去几年的司法实践中,依托互联网信息技术,互联网法院充分发挥了互联网司法的“试验田”和“样板间”作用,[②]并在网络司法平台建设、互联网司法模式以及互联网案件审判规则的探索等方面积累了一定的经验。

(一)互联网法院司法平台建设和技术运用情况

历经两年多的试点建设,三家互联网法院基本建成智慧法院体系,并通过对人工智能、区块链、大数据等新型互联网技术的运用提高了互联网司法治理能力。

杭州互联网法院诉讼平台集成电子送达、电子证据、电子卷宗等多个业务系统,以及司法区块链、智能合约、智能证据分析等多个审判辅助系统,[③]为案件的在线审理提供了有力的技术保障。针对电子数据问题,2018 年 9 月,杭州互联网法院发布了全国首家司法区块链。该技术保障了电子数据的不可篡改性,有利于电子数据的安全流转。2019 年,杭州互联网法院推出“5G + 区块链”涉网执行新模式,发布了基于司法区块链技术的智能合约司法应用,并将网络购物和互联网金融这两个领域纳入其中。北京互联网法院建设实现身份认证、起诉应诉、调解、交费、送达、举证质证、庭审、上诉、执行等全流程在线诉讼的电子诉讼平台,于 2018 年推出了利用“天平链”的电子证据平台,“天平链”利用时下热门的区块链技术建立,实现电子数据的全流程记录、全链路可信、全节点见证,有利于提升电子数据的证据效力和审判效率。广州互联网法院依托信息化软硬件核心技术,建成“六个一键”智慧审理平台、“网通法链”、“在线纠纷多元化解平台”、“类案批量智审系统”、“E 链

① 陈增宝:《构建网络法治时代的司法新形态——以杭州互联网法院为样本的分析》,载《中国法律评论》2018 年第 2 期。

② 参见《全国首部〈中国法院的互联网司法〉白皮书发布》,载中国长安网,http://www.chinapeace.gov.cn/chinapeace/c53734/2019-12/05/content_12307243.shtml。

③ 参见杜前、曾宪未、戴敏敏:《杭州互联网法院在疫情防控期间的应对与思考》,载《人民司法》2020 年第 7 期。

智执”、“E 法亭”等创新样本，全面提高司法能力和司法公信力。[①]

互联网法院在司法实践中已基本建成完善的互联网司法平台，同时利用前沿科技为互联网司法治理提供技术支持，加强大数据建设，甚至探索出类案智能化审判辅助工具，推进科技与司法的深度融合，提高了司法效率和质量。

（二）互联网法院在线审理模式的形成

最高人民法院出台的《关于互联网法院审理案件若干问题的规定》第 1 条的规定[②]体现了我国互联网法院的审理模式以在线庭审为原则，以线下审理为例外。2018 年 4 月，杭州互联网法院推出了异步审理诉讼模式，并在《涉网案件异步审理规程（试行）》中将“异步审理”界定为：涉网案件的各审判环节分布在互联网法院网上诉讼平台上，法官与原告、被告等诉讼参与人在规定期限内按照各自方便的时间登录平台，以非同步、非面对面的方式完成诉讼的审理模式。[③] 根据《人民法院在线诉讼规则》第 14 条的规定：人民法院根据当事人选择和案件情况，可以组织当事人开展在线证据交换，通过同步或者非同步的方式在线举证、质证，各方当事人选择非同步在线交换诉讼证据的，应当在人民法院规定的合理期限内，分别登录诉讼平台，查看已经导入诉讼平台的证据材料，并发表质证意见。一方面，异步审理便利了当事人，也有利于提升诉讼效率；另一方面，也受到了理论和实务界的广泛争议。异步审理作为一个新事物，对我们一直以来遵循的诉讼规则和理论造成了一定的冲击。有学者认为，在线视频庭审不过是传统诉讼的技术演变形式，两者均为法院主导下的争议解决程序，只是进行的场所、借助的技术手段、采取的信息传输及交换的载体或介质等有所不同。[④] 但异步审理不仅突破了时空的界限，更对直接审理原则和司法亲历性造成了冲

① 参见王伟：《信息化让互联网法院领跑法治时代》，载《人民法院报》2020 年 3 月 21 日，第 2 版。

② 最高人民法院《关于互联网法院审理案件若干问题的规定》第 1 条规定：“互联网法院采取在线方式审理案件，案件的受理、送达、调解、证据交换、庭前准备、庭审、宣判等诉讼环节一般应当在线上完成。根据当事人申请或者案件审理需要，互联网法院可以决定在线下完成部分诉讼环节。”

③ 参见杭州互联网法院《涉网案件异步审理规程（试行）》第 1 条。

④ 参见邓杰：《电子商务法研究：以争议解决为中心》，兰州大学出版社 2008 年版，第 291 页。

击。因此,异步审理的法理建构以及实践规则仍需进一步探索。此外,为了突破自然人法官裁判的身份限制,缓解案件数量剧增与有限的司法工作人员的矛盾,智能审理也是当下的一种趋势。运用互联网、大数据、人工智能等技术研发智能化审判系统,通过大数据挖掘、知识发现、图谱识别和风控点提取,智能生成包含判决主文的裁判文书,实现特定案件从立案到裁判全程的较高智能化,减轻法官处理大量简单案件的负担。①

(三)互联网法院的案件审理情况

根据最高人民法院 2019 年底对外发布的《中国法院的互联网司法》白皮书统计,截至 2019 年 10 月 31 日,杭州、北京、广州互联网法院全流程在线审结 80,819 件互联网案件,在线庭审平均用时 45 分钟,案件平均审理周期约 38 天,比传统审理模式分别节约时间约 3/5 和 1/2,一审服判息诉率达 98.0%。② 可见互联网法院在一定程度上提升了诉讼效率及审判质量。此外,三家法院审理了大批具有填补制度空白、完善规则内容、先导示范意义的新型互联网案件,实现了以司法裁判树立裁判规则和尺度,明确互联网行为边界,促进互联网空间治理。③ 例如北京互联网法院审理的全国首例暗刷流量案,杭州互联网法院审理的全国首例大数据权属案和首例公共数据不正当竞争案,以及广州互联网法院审理的网络虚拟财产被盗侵权案都是对互联网催生的新型法律问题的回应,通过个案的裁判探索对新型涉网案件的审判规则,起到了良好的典范作用。④

二、互联网法院的优势

(一)提高诉讼效率

目前,我国存在案件数量剧增引发的"诉讼爆炸"与司法资源供给

① 参见朱新力:《互联网法院这一年》,载《人民日报》2019 年 2 月 1 日,第 9 版。

② 参见中华人民共和国最高人民法院:《中国法院的互联网司法》,人民法院出版社 2019 年版,第 6 页。

③ 参见赵骏:《互联网法院的成效分析》,载《人民法院报》2020 年 10 月 25 日,第 2 版。

④ 参见张新宝:《互联网法院典型案件彰显网络时代司法智慧》,载《人民法院报》2020 年 10 月 14 日,第 2 版。

增长缓慢共同引发的人案矛盾。[①] 同时，随着互联网经济的发展，涉网案件在类型与数量上都与日俱增，这对传统法院造成了较大的压力。而互联网法院的设立有利于缓解传统法院的压力，互联网法院积极研发各类智能化辅助办案系统，实现了智能化立案、庭审语音自动识别、电子卷宗随案同步生成、裁判文书自动生成、诉讼文书一键电子送达等功能。[②] 通过利用技术优势，将智能化审判辅助工具运用在互联网法院的审理中，对提高诉讼效率，节约司法成本，减轻法官处理该类简单重复工作的压力起到了积极作用。

（二）突破时空限制，便利当事人

在线视频庭审的出现使庭审模式突破了空间的界限，当事人可以异地完成诉讼，不需要消耗在途时间和为庭审而支出的路途费用。而异步审理模式的出现使法官与原告、被告等诉讼参与人能够分别自主决定方便的时间登录平台，不必在同一时间内共同参加在线庭审。这一模式打破了当事人必须同步参加庭审的限制，进一步为当事人提供了便利。互联网法院在跨国案件以及疫情等特殊时期尤能发挥其优势。疫情防控工作限制了人员流动，可能会出现当事人和法官无法按时到庭的情况，同时庭审属于聚集行为，也可能造成疫情传播的风险，而互联网法院的线上审理模式避免了人员的流动和直接接触，为疫情期间纠纷的解决提供了极大便利。截至 2020 年 2 月 15 日，杭州互联网法院共受理各类案件 359 件，办结 1019 件，互联网司法工作有序进行。[③] 而在跨国案件中，由于双方当事人可能分布在世界各地，采取传统线下审理模式将会给当事人的时间和金钱带来较大压力，而线上诉讼使当事人不必花费时间和金钱在往返的路途上，足不出户就可以参加诉讼，极大地便利了当事人，也有利于诉讼的顺利进行。

（三）对涉网案件的专业化审判

互联网法院的意义不仅在于通过对新型互联网技术的运用，在互

① 参见左卫民：《中国在线诉讼：实证研究与发展展望》，载《比较法研究》2020 年第 4 期。

② 参见胡钧淇：《中国互联网法院的创新意义和实践特色》，载《人民法院报》2019 年 12 月 2 日，第 2 版。

③ 参见杜前、曾宪未、戴敏敏：《杭州互联网法院在疫情防控期间的应对与思考》，载《人民司法》2020 年第 7 期。

联网平台上完成各个诉讼环节,从而达到高效便民的目的,更在于对涉网案件进行专业化审判,探索涉网案件的裁判规则,起到“试验田”“样板间”作用。正如有学者指出:互联网法院是虚拟网络与实体法院揉碎重组的新型法院,其根本目的在于通过专业化审理,“探索涉网案件诉讼规则”“完善审理机制”,进而实现新时代涉网案件裁判规则的统一。[①]

北京互联网法院审理的暗刷流量案就是对涉网案件裁判规则探索的典范。“JS 暗刷”“雇佣点击”“机刷”等技术都是产生于互联网经济的新概念,北京互联网法院通过技术问题看到该行为的法律本质,认定暗刷流量行为“具有明显欺诈性质”“违反商业道德底线,违背公序良俗”,因此判定当事人签订的合同属于绝对无效,并对合同履行过程中的获利全部予以收缴。[②] 该案对互联网合同履行纠纷进行了专业化的审判,透过互联网技术看到本质的法律问题,阐明了法律对于网络产业灰黑地带的否定态度,有利于治理网络领域乱象。杭州互联网法院审理的全国首例大数据权属案和首例公共数据不正当竞争案是对解决当前大热的大数据产业出现的法律问题的有益探索。目前,我国立法对涉及数据权益的规范还不完善,而通过此案的判决,确认平台运营者对原始数据只享有使用权,对其研发的大数据产品享有独立性财产权利,以个案的裁判确立了权利边界。互联网法院的这一专业化审判可以为将来大数据权益的司法保护路径提供示范作用。

三大互联网法院通过对涉网个案的审理,能够以其专业的司法裁判填补法律在网络催生的新型法律问题方面的空白,完善涉网案件的裁判规则,形成示范作用,这也是互联网法院的核心优势之一。

三、互联网法院存在的问题及分析

目前,我国对互联网法院的运行尚未制定相关的法律,最高人民法

① 参见李怀胜:《杭州互联网法院的历史意义、司法责任与时代使命》,载《比较法研究》2018 年第 3 期。

② 参见北京互联网法院民事判决书,(2019)京 0491 民初 2547 号。

院颁布的《关于互联网法院审理案件若干问题的规定》是最为权威的相关规范性文件。三大互联网法院也各自发布了相关规则以指导实践，如广州市互联网法院发布的《关于在线庭审若干问题的规定（试行）》《诉讼平台线下认证指引》，杭州市互联网法院发布的《诉讼平台审理规程》《案件管辖指引》《涉网案件异步审理规程》，以及北京互联网法院发布的《在线庭审规则》《电子诉讼庭审规范》等。从内容上看，《关于互联网法院审理案件若干问题的规定》仅对程序性规则进行了较为宽泛的规定，尚未涉及详细的实施规范，三大互联网各自发布的文件又存在规定不统一的问题。而对于涉网案件的具体裁判规则，也没有相关的法律文件提供指导作用。而在司法实践中，互联网法院尽管积累了一定的审判经验，但也面临着诸多程序和实体上的问题。

（一）受理案件中程序性处理比重较大，缺乏裁判规则探索

通过中国裁判文书网进行检索，以“互联网法院”为关键字，限定“基层法院”，截至2020年11月19日，共检索到57,832份裁判文书，其中判决书22,539份，约占总裁判文书的39%，而裁定书34,497份，约占总裁判文书的60%。从这一数据可知，互联网法院作出处理的或与互联网法院有关的案件中，实体处理只占了不足一半，而超出一半的案件是以裁定方式作出的程序性处理。对裁定书进一步梳理可以发现，主动撤诉或者按原告撤诉处理以及简易程序转普通程序的裁定书占了绝大多数。此外，在上述裁定中还出现了“串案”现象，即多个原告分别对同一个被告提起相同或类似标的的诉讼或者同一原告对多个被告提起相同或类似标的的诉讼。例如，多个原告以浙江淘宝网络有限公司为被告提起网络购物合同纠纷或产品责任纠纷；北京爱奇艺科技有限公司分别以天津广播电视网络有限公司、厦门天元君隆大酒店有限公司、上海美豪酒店管理股份有限公司等多个被告提起侵害作品信息网络传播权纠纷。而在这种“串案”诉讼中，原告申请撤诉或者法院按原告撤诉处理的比例较大。这类民商事案件类型单一，数量较大，且频繁在法院立案后又撤诉，虽然便利了当事人，却对法院的专业化发展不利。

对裁判文书的研究可以发现，虽然互联网法院受理案件数量大，但真正以判决形式作出实体处理的不超过一半，大部分案件只是作出程序性处理，其中原告主动撤诉或者原告未交受理费，法院裁定按原告撤回起诉处理最为常见。一方面，互联网法院便利了当事人，尤其是商业纠纷较多的公司；另一方面，互联网法院对互联网案件的处理中有较大部分仅局限在程序性处理上，而只有对案件作出实体判决，才能进一步探究涉网案件的裁判规则。可见互联网法院并没有足够的空间去发挥自身专业化审判的功能。

这一困境背后的原因在于互联网法院存在受案范围过大的问题。为实现互联网法院的专业化审判，最高人民法院于2018年发布了《关于互联网法院审理案件若干问题的规定》，该规定第2条明确了11类由互联网法院管辖的案件，[①]这11类案件主要强调了其自身的网络性，即案件发生的空间。然而，在互联网产业高度发达的今天，我们频繁接触互联网的同时也意味着涉网纠纷会越来越多。上述11类案件基本上包含了目前最常见的民商事纠纷和侵权纠纷，存在过于泛化的问题。"互联网法院仍追求较大范围地覆盖目前民事经济活动中发生较为频繁的纠纷。这就决定了互联网法院的案件受理数量从一开始就可能被定格在高位，天然具有亲民性。"[②]以11类互联网管辖案件中的第一类通过电子商务平台签订或者履行网络购物合同而产生的纠纷为例，由于网络购物在生活中越来越普及，因网络购物而产生的纠纷已经成为民事经济活动中最为频繁的纠纷之一。大量该类纠纷涌入互联网法院将导致互联网法院的受理案件数量剧增，给互联网法院造成巨大压力。互联网法院的审理模式设置显然能够便利当事人，因此过于泛化

---

① 最高人民法院《关于互联网法院审理案件若干问题的规定》第2条规定："北京、广州、杭州互联网法院集中管辖所在市的辖区内应当由基层人民法院受理的下列第一审案件：（一）通过电子商务平台签订或者履行网络购物合同而产生的纠纷；（二）签订、履行行为均在互联网上完成的网络服务合同纠纷；（三）签订、履行行为均在互联网上完成的金融借款合同纠纷、小额借款合同纠纷；（四）在互联网上首次发表作品的著作权或者邻接权权属纠纷；（五）在互联网上侵害在线发表或者传播作品的著作权或者邻接权而产生的纠纷；（六）互联网域名权属、侵权及合同纠纷；（七）在互联网上侵害他人人身权、财产权等民事权益而产生的纠纷；（八）通过电子商务平台购买的产品，因存在产品缺陷，侵害他人人身、财产权益而产生的产品责任纠纷；（九）检察机关提起的互联网公益诉讼案件；（十）因行政机关作出互联网信息服务管理、互联网商品交易及有关服务管理等行政行为而产生的行政纠纷；（十一）上级人民法院指定管辖的其他互联网民事、行政案件。"

② 刘哲玮、李晓璇：《互联网法院管辖规则评述》，载《经贸法律评论》2019年第5期。

的受案范围以及较低的诉讼成本最终导致互联网法院吸纳过多案件，这也是互联网法院受理的案件中，较大比例仅进行程序性处理的原因。有学者提出，正是因为互联网法院受害范围大，诉讼成本低廉，使一些当事人把司法诉讼当作商业策略，原本自行调解、协商即可解决的案件纷纷诉诸互联网法院，在双方私下达成协议后又向法院撤诉。通过诉讼消耗对方，施加压力，尤其针对自然人被告而言具有较强威慑力。①

（二）部分案件类型重复，法律关系简单，缺乏专业性

在互联网法院作出的判决书中，存在大量重复型案件，这些案件由同一原告提起，或者由不同原告向同一被告提起。同时，这些案件诉讼标的相同，案件事实清楚并高度相似，法律关系较为简单，诉讼标的额也较小，审理难度较低。例如，在广州互联网法院作出的判决中，有上百起以广州拉卡拉网络小额贷款有限责任公司为原告的小额借款合同纠纷案件。在处理这些案件时，法院只需要修改部分内容就可以作出判决，该类裁判事实上没有任何创新意义。可见，互联网法院的判决中有较大部分案件并不涉及专业的互联网案件裁判规则的探索，其背后原因在于互联网法院受理的案件中有较大部分并不是新类型的互联网案件，只是民事案件在互联网领域的衍生，因此无法体现出互联网法院的专业性。而那些北京、广州、杭州市之外的其他地区基层人民法院同样可以根据《民事诉讼法》地域管辖的规定管辖上述 11 类涉网案件。随着我国全面深化智慧法院建设，各级法院都通过互联网诉讼平台建立起一站式多元纠纷和诉讼服务体系，并不断丰富新的智能支持手段，积累了一定的在线诉讼经验。例如，2018 年 1 月在宁波两级法院推行的移动微法院，这款程序由宁波市中级人民法院在余姚市人民法院先行试点的基础上推出，以“便利当事人、便利法官”为核心理念，集在线立案、送达、调解、证据交换、开庭、执行等功能于一体。② 此外，宁波移动微法院制定了全国首个移动电子诉讼规则。2018 年 9 月，移动微法

---

① 参见陈旭辉：《互联网法院司法实践的困境与出路——基于三家互联网法院裁判文书分析的实证研究》，载《四川师范大学学报（社会科学版）》2020 年第 2 期。

② 余建华：《“宁波移动微法院”撬动诉讼模式大变革》，载中国法院网 2018 年 8 月 26 日，https://www.chinacourt.org/article/detail/2018/08/id/3471944.shtml。

院向浙江全省法院推广使用,2019 年 3 月进一步拓展试点地域范围。各地的移动微法院积极探索,首创多项举措推动线上电子诉讼的发展。这些地方法院虽不是互联网法院,但它们对线上探索的成果证明了,对于由传统案件在互联网上衍生而来的涉网案件,其他基层法院同样有条件和能力完成在线诉讼。目前,由于互联网法院的受案门槛较低,司法实践中存在这类简单案件大量涌入互联网法院的现象,对这类案件的审理不仅无法体现互联网法院的专业性,还会导致互联网法院因处理大量的简单案件,处于繁重的简单重复劳动的压力下而无法集中精力对互联网新类型案件裁判规则进行挖掘和探索。

(三)与其他法院的管辖边界不清

目前,我国互联网法院的管辖规则除了 11 类涉网案件类型外,其余规则仍沿用我国《民事诉讼法》及其他原有规范。这也导致了一系列问题的出现,例如,互联网法院与传统法院边界模糊,当事人因管辖规则不明确提出管辖权异议,以及协议管辖或电子格式合同管辖协议的效力认定问题。

由于现行地域管辖制度仍对互联网法院适用,而互联网法院对涉网案件的管辖仅限于相应市的辖区内,因此首先应以现行地域管辖制度来确定案件是否在相应市管辖范围内,再进一步通过判断案件类型来确定是否属于互联网法院管辖案件。根据最高人民法院《民诉解释》,买受人住所地、被告住所地、原告住所地、侵权行为地、平台所在地法院均可能具有对涉互联网案件诉讼的管辖权。管辖连结点的扩张不仅加重了当事人的负担,使起诉变得复杂,还会造成同类型涉网案件因管辖连接点不同而由不同的互联网法院或者其他传统法院管辖的现象。由于目前涉网案件的裁判规则尚不完善,存在过于原则、可操作性不强等问题,即使是类似的案件,各个法院的审判也不可避免地存在一定的差异,这就会导致即使是同一主体提起的同类型案件,最后的裁判尺度也不统一的问题。此外,现有的地域管辖规则也导致了一部分涉网案件因互联网法院没有管辖权而流入传统法院。例如,国家开放大学与深圳市星光远维信息技术有限公司等网络侵权责任纠纷一案,北京互联网法院经审理后认为:《民事诉讼法》第 29 条规定:"因侵权行为提起的诉讼,由侵权行为地或者被告住所地人民法院管辖。”本案中，经询问，国家开放大学明确其主张星光远维公司、天猫公司通过信息网络侵犯其商标权，故本案属于商标权侵权纠纷案件，本院对本案无管辖权。本案系信息网络侵权行为，应由被告住所地或侵权行为地法院管辖，被侵权人住所地可作为侵权行为地。本案中，鉴于星光远维公司和天猫公司均未提出管辖异议，经询问，国家开放大学申请将本案移送被侵权人住所地管辖，因此，基于尊重原告选择权和便利诉讼的目的，本案应由被侵权人住所地人民法院管辖。① 可见现有的地域管辖规则一定程度上制约了互联网法院的管辖，导致了涉网案件的外流，进而引发裁判规则不统一的问题，不利于互联网法院的专业审判。

除了传统的地域管辖规则外，实践中还存在以协议管辖或者格式合同方式排除或规定互联网法院管辖的现象。对于此类协议管辖，大部分法院认为有效。例如，卢某义与亚马逊卓越有限公司网络购物合同纠纷案，杭州互联网法院经审理认为：原告应当能够理解《亚马逊海外购使用条件》内容，其授权与订购行为表明已与被告对适用法律及争议解决条款达成合意，且被告已采用显著方式提示原告注意管辖条款，不存在免除被告责任、加重原告责任、排除原告主要权利的情形，故相应管辖条款合法有效，对于双方均具有约束力。因此，争议应由卢森堡市区法院解决，本院对本案无管辖权。② 也有部分法院认为格式合同中的协议管辖条款无效，应当按照民事诉讼法的规定适用管辖。以随某洋、浙江淘宝网络有限公司买卖合同纠纷为例，二审法院认为，对于格式条款合同，应当审查提供方是否尽到合理提示义务。对于其主张的约定管辖协议，上诉人浙江淘宝网络有限公司应举证证明该协议内容系经过双方当事人协商一致，并在合同签订前给予合同相对方明确合理提示。其虽然主张该管辖约定置于购买页面的相关协议中并用黑体下划线标注，但查看阅读该管辖条款并非交易相对方购物成功与否的必经程序，未能体现“经过双方当事人协商”之合同特质，故该管辖条款对交易相对方不发生法律效力。③ 可见在司法实践中对于规定或排除

---

① 参见北京互联网法院民事裁定书，(2020)京0491民初3926号。

② 参见杭州互联网法院民事判决书，(2019)浙0192民初8526号。

③ 参见山东省临沂市中级人民法院民事裁定书，(2018)鲁13民辖终319号。

互联网法院管辖的协议管辖效力的认定仍没有完全统一。

互联网法院与传统法院管辖边界不清，将会导致涉网案件的管辖没有统一的规范，不仅会给当事人带来困惑和不便，还会导致涉网案件出现裁判尺度不统一的问题，使互联网法院无法发挥其专业化审判职能。这一困境背后的原因在于：第一，我国互联网法院集中管辖制度的缺陷。根据最高人民法院《关于互联网法院审理案件若干问题的规定》，三大互联网法院集中管辖其所在城市的11类涉网案件，可见我国互联网法院目前采取的是"集中管辖"制度。然而，集中管辖制度在我国的三大诉讼法中并没有规定，只是通过中央全面深化改革委员会的设立方案以及最高人民法院的司法解释予以确立的，可见集中管辖制度在立法上缺乏依据，因而没有法定的优先性和排他性，也无法保障其效力。同时，集中管辖不等于专门管辖。尽管学界多数认为发展互联网专门法院才符合其设立目的和历史趋势，一方面，有利于统一涉网纠纷裁判标准，提高审判质量和效率，维护司法的权威和公信力；另一方面，专门法院与我国当前推行的建立与行政区划适当分离的司法管辖制度的方向相吻合的。① 但我国立法并没有将互联网法院定位为专门法院，因此互联网法院的管辖不是法定的专门管辖，无法对抗当事人之间的协议管辖以及传统管辖规则。立法对互联网定位的模糊和管辖规则的不明确将不利于我国互联网法院进行专业化审判，真正发挥其价值。第二，传统的地域管辖制度对互联网法院管辖的影响。针对互联网案件中特殊地域管辖规则所面临的挑战，最高人民法院《民诉解释》等司法解释在既有的地域管辖规则框架内明确了涉互联网合同、侵权等案件的管辖权连结点。② 但这些规定并未创造新的管辖权连结点，管辖权连结点与原告所在地高度重合。而传统的管辖权连接点对于互联网法院仍然适用，只有当管辖权连接点处于北京、杭州、广州时，三大互联网法院才能行使管辖，而当管辖权连结

① 参见李怀胜：《杭州互联网法院的历史意义、司法责任与时代使命》，载《比较法研究》2018年第3期。

② 《民诉解释》第20、25条，最高人民法院《关于审理涉及计算机网络域名民事纠纷案件适用法律若干问题的解释》第2条，最高人民法院《关于审理侵害信息网络传播权民事纠纷案件适用法律若干问题的规定》第15条。

点不在这三个地区时,仍由传统法院管辖。可以说,互联网法院在一定程度上受传统地域管辖规则的制约而无法真正实现跨地域管辖。有学者指出:现行立法在确定涉网案件地域管辖时仍然以“买受人住所地”等物理地点作为“合同履行地”确定管辖法院的连接点,该地点可能与通过信息网络方式交付标的的涉网交易没有任何联系,这就难免令人产生对该物理地点法院管辖涉网案件合理性的质疑。[①] 因此,现行立法对涉网案件的规定仍沿袭传统地域管辖规则,导致互联网法院对部分涉网案件无权管辖,也就无法通过统一的专业化审判确立涉网案件裁判规则。

(四)互联网法院审理机制和诉讼规则不完善

互联网法院的线上审理机制突破了时空的限制,在提高诉讼效率、便利当事人的同时也对传统审判机理产生了冲击,因此亟须确立相应的法理依据,同时互联网法院的审判机制在司法实践中也面临许多难题。

首先,互联网法院的审判机制与直接言词原则、庭审公开原则、法官亲历性原则之间存在张力。在传统诉讼中,法官通过对法庭的亲历性形成内心确信。但在互联网法院的庭审中,法官难以当面获取和审查部分证据,如书证的真实性,难以通过现场的察言观色对案件情况形成内心确信,[②]违反了法官的亲历性原则。因此,如何使互联网法院中的审理机制具有合理性,以及在互联网审理机制下如何科学地调查和认定证据值得研究和探讨。

其次,对于电子证据,虽然当前三大诉讼法已经将电子证据规定为一种新的证据形式,但却没有规定电子证据的合法性和真实性的认定标准,因此司法实践中对电子证据的认定和采信实际上缺乏立法指导。在电子证据的合法性方面,电子证据的获取缺乏具体的操作规范,对于非法或秘密取得的电子证据的效力问题仍未有定论。在电子证据的真实性方面,因缺乏法律指导,实践中对于真实性的认定难以统一,而有瑕疵或有异议的证据需要综合运用多种方法和技术鉴定手段全面审

① 参见杨秀清:《互联网法院定位之回归》,载《政法论丛》2019 年第 5 期。

② 参见左卫民:《中国在线诉讼:实证研究与发展展望》,载《比较法研究》2020 年第 4 期。

查,这对法官的司法裁判经验和鉴定技术的完备性提出了较高要求。①

为有效审查和认定电子证据,互联网法院也对相关规则和方法进行了积极探索。杭州互联网法院建立了电子证据平台,通过技术手段来判断电子证据是否经过篡改,并发布了《民事诉讼电子数据证据司法审查细则》(以下简称《电子证据审查细则》)指导法官审查电子数据。尽管有该审查细则作为指导,司法实践当中仍存在以下问题:第一,《电子证据审查细则》在电子数据真实性审查方面规定过于原则,缺乏可操作性。该《细则》要求审查电子数据是否被篡改并排除真实性存疑的电子证据。然而电子数据具有虚拟性和脆弱性,难以直观地判断其是否被篡改,需要利用一定的技术手段或其他途径进行辅助才能判定,而该《细则》却并未规定应如何借助技术等手段全面审查证据的真实性,对实践中审查证据的可指导性不强。第二,电子证据平台的审查作用有限。一方面,杭州互联网法院目前对平台接入方的资格限制较为严格,只有少量平台接入方能够接入电子证据平台,因此平台所能审查的电子数据的范围是有限的。另一方面,电子证据平台的审查方式对于电子化的其他诉讼证据,难以有效发挥作用。② 如电子化的书证和物证,仍需借助其他手段进行审查,而互联网法院对此并没有专门制定相应的规范,也没有探索出针对该问题的手段和途径。由此可见,虽然互联网法院对电子证据的审查作出了一些创举,但仍难以完全解决在线审理中电子证据认定难的问题。互联网技术虽然具有一定优势,但由于各个因素的限制,目前并不足以克服互联网审判机制相对于传统审判的缺陷。因此,互联网法院对于电子证据审查的技术和制度规范仍有探索的空间。

最后,电子送达问题也是司法实践中的一大难题。《最高人民法院关于互联网法院审理案件若干问题的规定》第 15 ~ 18 条虽然规定了电子送达的方式、内容及其相关告知义务,但并没有进一步明确电子送达的效力问题以及电子送达的适用条件,无法对司法实践形成明确指引。

---

① 参见倪晶:《民事诉讼中电子证据的真实性认定》,载《北京航空航天大学学报(社会科学版)》2016 年第 2 期。

② 参见邹翔翔:《互联网审判机制研究——以杭州互联网法院为样本的考察》,载《浙江万里学院学报》2019 年第 3 期。

在电子送达的效力问题上，实践中仍存在诸多难题。根据《民事诉讼法》（2017 年修正）第 87 条的规定，电子送达的效力判定应当符合“同意”加“确认收悉”的条件。“同意”和“确认收悉”的判定是司法中的难点。受送达人对某特定案件送达地址的“同意”，是否当然适用于其他案件或其他法院，仍需要进行论证。对于“确认收悉”，实务中的难题主要在于如何处理可推翻的推定确认情形，即受送达人的媒介系统反馈受送达人已阅知，或者有其他证据可以证明受送达人已经收悉时，推定送达成功。由于此种收悉送达的电子地址实际上并没有得到受送达人的明确认可，若当事人举证证明非因其主观过错确未收悉，则不能视为有效送达。[①] 对于该种情况，则需要在技术或制度上以其他方式判断当事人是否知悉送达内容。在电子送达方式的顺序上，规定的几种送达方式是否有先后顺序之分以及是否可以同时适用并没有明确的规范。电子送达与传统送达的先后顺序同样没有得到明确，电子送达是否可以优先适用仍然存疑。

四、互联网法院未来的完善路径

（一）明确定位，探索互联网法院管辖规则

互联网法院不是“互联网”与“法院”的简单相加，或是通过时空转移而搭建的电子诉讼平台。“智慧法院”已经在全国范围内的法院推行，传统法院也在积极探索线上诉讼，建设互联网诉讼平台，线上诉讼并不是互联网法院的专属职能。互联网法院的核心职能应当是对涉网案件进行专业化审判，探索新型涉网案件的裁判规则，回应互联网领域前沿的法律问题，确立互联网领域的行为边界。在目前的司法实践中，存在着过分强调互联网法院的便民和效率优势，而忽略其专业化审判价值的现象，这一问题的症结就在于立法和实践中对互联网法院定位的理解存在偏差。互联网法院并非传统法院的网络版和替代品，其设立目的不仅是实现民事诉讼的电子化、网络化、信息化、智能化，而是建

---

① 参见北京互联网法院课题组：《“互联网 + ”背景下电子送达制度的重构——立足互联网法院电子送达的最新实践》，载《法律适应》2019 年第 23 期。

立与传统法院并立的具有独特功能的专门法院，[①]因此应将互联网法院定位为审判专业性案件的专门法院。我国互联网法院目前的管辖模式属于集中管辖，然而集中管辖缺乏立法依据，定位也较为模糊，因此互联网法院的管辖没有法定的优先性和排他性。要突破互联网法院的管辖困境，应该以立法形式确定互联网法院专门法院的地位，使其更好地在法律框架内发挥其独特功能。

同时，考虑到涉网合同和侵权纠纷中并不存在真正意义上的现实空间中的物理连结点，若仍以传统管辖规则适用涉网案件，必然会制约互联网法院的管辖，也会与现实情况对司法的要求相悖。因此对于属于互联网法院受案范围的案件，可以考虑适当突破传统地域管辖规则，探索与互联网法院诉讼匹配的特殊管辖规则，当事人应可以自由选择互联网法院的管辖，而不用受传统地域管辖连结点的影响。此外，由于排除或适用互联网法院的协议管辖在司法实践中争议较大，因此有必要完善协议管辖规则，明确协议管辖效力问题，以维护司法权威。有学者提出，通过网络平台完善协议管辖中的提示规定和操作流程，可以最大程度保障协议管辖的效力。首先，网络平台可以在注册时就与商户、消费者签订合法合规的协议。其次，在协议设置上，应当单独设置协议对管辖条款进行规定，避免与其他条款混淆，否则在众多格式条款中将难以被人们关注到；在提示的方式上，可以在专门的软件中弹出窗口提示，并提高提示的频率，保障管辖权协议能被关注到；在协议文本上，设置较明显的字体和颜色，防止商户和消费者的忽略。[②] 因此，判断提供格式条款一方是否尽到合理提醒义务可以成为判断协议管辖规定是否具有效力的一个重要标准。

（二）完善受案范围，提高受案门槛

互联网法院受理案件泛化，不仅会导致其与其他法院管辖边界不清，也不利于互联网法院实现专业化审判。网络的普及导致涉网案件越来越多，而最高人民法院《关于互联网法院审理案件若干问题的规

---

① 参见肖建国、庄诗岳：《论互联网法院涉网案件地域管辖规则的构建》，载《法律适用》2018 年第 3 期。

② 参见郑旭江：《互联网法院建设对民事诉讼制度的挑战及应对》，载《法律适用》2018 年第 3 期。

定》中的11类案件属于在目前民商事领域最为频繁的纠纷,这就导致了互联网法院受案压力过大,且程序性处理比重过大,于互联网专业化建设无益。因此,应当提高互联网法院的受案门槛,完善受案范围。互联网法院在未来应当建设成为新型专门法院,其管辖范围不应以纠纷发生的空间为标准,而更应该关注案件内容的新颖性、技术性和复杂性。对于简单的涉网案件,例如上文提到的大量网络小额借款合同纠纷,虽然事实均在互联网上完成,但该类纠纷通常案件事实清楚,法律关系简单且标的物较小,与传统的借款合同并无实质上的差异,属于传统案件在互联网领域的衍生,传统法院也完全有能力和经验进行审理。因此,类型单一、法律关系简单且频繁发生的案件即使具有一定的"网络性",也可以考虑重新放归传统法院,减轻互联网法院办理大量简单案件的负担。而互联网法院应当将重点放在审理新型案件和复杂案件上,探索出对新型、疑难案件的筛选机制,集中精力在这些案件的审理上,通过个案的审理对新时代涉网案件的裁判规则进行探索,提升对新型和重大涉网案件的专业化审判能力。

(三)加强沟通交流,统一裁判尺度

由于我国目前的立法对于网络空间规制、网络建设、网络安全和新业态发展等问题规定过于原则、缺乏可操作性,因此,司法实践中缺乏规范指引,裁判尺度也难以统一。互联网法院身处互联网案件纠纷前沿,应当加强对新型案件审判规则的探索。而这一探索需要三家互联网法院共同完成。三家法院之间可以培养专题案件研讨机制,积极挖掘典型案例和新型案例,共同探索新型案件裁判规则。通过对互联网新类型案件交流和探讨,推动统一互联网法院类案的适用标准和裁判尺度,提升典型案例的示范作用,指引类案的审判。①

除了互联网法院之间需要互相交流,互联网法院还可以积极与各界交流经验,搭建更大的交流平台。有学者指出,互联网法院可以与院校、互联网企业、互联网产业分析会合作,聚焦最前沿的互联网法律问

① 参见高富平:《互联网法院的新定位与新机遇》,载《人民法院报》2020年10月23日,第2版。

题，开展全国性互联网课题，搭建国际性交流平台，[①]为新型互联网案件裁判规则集思广益，以各界专业的理论和实践经验指导互联网法院的专业审判。

（四）利用技术克服互联网法院审理机制的弊端

互联网法院审理机制与“直接言词原则”“审判公开原则”“法官亲历性原则”等基本原则存在一定的冲突，这些问题可以在一定程度上依靠技术的进步来解决。首先，对于在线庭审中法官无法“察言观色”的问题，可以通过技术优势，将当事人的表情和肢体语言等展现在庭审屏幕上以便法官能够对双方当事人进行高清观察。法官还可以采取慢动作回放方式对重点内容予以仔细审查，以克服法官无法亲临庭审现场所带来的弊端。对于审判公开问题，可以通过庭审直播等方式来保障公民监督司法，同时可以规定案外人需实名认证才能观看庭审直播，以保障线上诉讼的安全和有序，此外，对公众的旁听行为也必须予以规范，例如，在观看庭审直播时禁止通过个人终端进行摄影或录像。

（五）完善互联网诉讼程序规则

当前，我国互联网诉讼程序制度还不完善，其中电子证据和电子送达问题是司法实践中面临的主要难题，也是未来需要集中精力解决的课题。

对于电子证据问题，立法上的缺失在于虽然我国三大诉讼法都规定电子证据为一种新的证据形式，但电子证据的采纳标准和采信标准都没有规定，对电子证据真实性的认定没有统一标准，因此我们应当构建电子证据规则体系确定电子证据的采纳标准，辅之以互联网技术手段来固定和检验电子证据。最高人民法院、最高人民检察院、公安部《关于办理刑事案件收集提取和审查判断电子数据若干问题的规定》第22条第1款第2项规定，当电子证据具有数字签名、数字证书等特殊标识时，可推定该电子证据具有真实性。使用数字签名以及数字证书有利于验证电子证据的真实性，但从实践角度来看，发送任何电子文档均须附认证过的电子签名会造成司法上的不便。[②] 因此，可以建立专门的

---

① 参见陈旭辉：《互联网法院司法实践的困境与出路——基于三家互联网法院裁判文书分析的实证研究》，载《四川师范大学学报（社会科学版）》2020年第2期。

② 参见周翠：《德国司法的电子应用方式改革》，载《环球法律评论》2016年第1期。

电子文件传输系统,以技术确保该系统的安全性,确保文件在传输过程中不被篡改。而通过专门的电子文件传输系统传输的电子证据,可以规定推定其未被篡改。同时,应当充分利用新型互联网技术固化和检验证据。最高人民法院《关于互联网法院审理案件若干问题的规定》第11条肯定了互联网技术在固化和检验电子证据上的价值,[①]司法实践中也有先例提供示范,例如,区块链技术因具有其不可篡改性已被广泛应用于各类数据存储和公证中,电子签名则被用来确认电子证据的主体身份,互联网法院应进一步加强对这些技术的运用,以辅助对电子证据的真实性和可采性的判定。

对于电子送达问题,应当完善电子送达效力规定。为平衡当事人的知情权和法院的高效性,互联网法院应明确“同意”的定义和电子送达的效力标准。我国可以采取“明示同意”和“概括同意”相结合的送达模式,同时完善送达程序以保障受送达人的知情权。互联网法院可尝试建立立案后手工触发送达、系统自动送达和手工再次触发送达的三重程序保障。法官等工作人员在立案后首先手工触发送达并记录送达确认信息。与此同时系统向受送达人自动送达互联网法院的官方信息,以方便受送达人下载相关法院文件。之后法官等工作人员可再次登录系统查阅电子送达的情况,在当事人送达处理中选择再次人工触发送达并留下法官处理记录。[②] 此外,法院应当完善对“确认收悉”的判定方式。当受送达人在推定同意电子送达后举证证明自己未收悉时,法院可以借助技术手段,如通过第三方服务商对电话送达录音存档,对短信进行系统反馈,对电子邮件设置阅读反馈功能等来确认受送达人是否收悉。同时法院应当逐步探索其他电子送达方式,提高送达的便捷性。如淘宝、京东上的网购纠纷可以用商家和消费者必须使用的阿里旺旺、京东客服等软件进行送达,同时互联网法院应当在该类软件上设立官方专号,方便受送达人确认送达主体身份。另外,当受送达人没

① 最高人民法院《关于互联网法院审理案件若干问题的规定》第11条第2款规定:“当事人提交的电子数据,通过电子签名、可信时间戳、哈希值校验、区块链等证据收集、固定和防篡改的技术手段或者通过电子取证存证平台认证,能够证明其真实性的,互联网法院应当确认。”

② 参见郑旭江:《互联网法院建设对民事诉讼制度的挑战及应对》,载《法律适用》2018年第3期。

有提供确切地址时,难以确定送达地址也是导致“送达难”的一大原因。为了诉讼程序的顺利进行,法院可以充分利用技术优势,创新方式收集送达地址。最高人民法院《关于互联网法院审理案件若干问题的规定》第16条第2款中明确互联网法院可以将能够确认为受送达人本人的近三个月内处于日常活跃状态的手机号码、电子邮箱、即时通信账号等常用电子地址作为优先送达地址。可见“三个月活跃账号”属于送达方式的收集途径之一。互联网法院可以通过与三大运营商合作、公证、区块链等方式,对送达情况、地址活跃状态进行存证,促进“三个月活跃账号”“受送达人收悉”等送达条件的适用。另外,互联网法院可以利用新型技术,创新方式收集送达地址,例如与各电商平台合作,通过数据分析锁定受送达人常用的电话和地址。借助平台的数据优势确认电子送达地址这一方式在2015年浙江省高级人民法院联合阿里巴巴打造智慧法院的方案中已经有所体现,互联网法院可以汲取经验,加强与电商平台的深入合作,拓宽电子送达地址收集渠道。最后,互联网法院还可以积极建设电子送达平台以便检索。通过完善电子送达地址数据库,定时输入和过滤信息,保证电子送达地址信息的有效性,并利用技术实现对比和筛选。

互联网法院处于网络空间治理的前沿,其功能不能仅仅局限于提高诉讼效率、便利当事人,更重要的是实现对互联网新型案件的专门化审理,从而树立网络空间规则,规范网络空间秩序。一方面我们要肯定近年来互联网法院在建设网络诉讼平台、探索在线司法模式和互联网诉讼规则等方面取得的成果;另一方面我们也要承认互联网法院目前并没有完全发挥其应有的价值。互联网法院应当有精准的定位,把精力集中在对涉网案件裁判规则的探索上,建设专业化审判的专门法院,并在此基础上完善适应互联网法院特点的诉讼程序规则,突破传统地域管辖制度的制约,同时充分利用技术优势解决电子证据认定、电子送达等实践中的难题,保障互联网法院专业化裁判的实现。

CHAPTER 09 >>

第九章

在线纠纷解决体系的国际规则和外国经验

新时代,互联网无疑对社会各个方面带来了巨大的冲击。与技术革新相伴随的是各种新形式的矛盾和纠纷。随着电子商务的飞速发展,每日达成的网络交易如恒河沙数,网络交易纠纷也随之而来。在这样的背景下,在线纠纷解决应运而生。随着在线纠纷解决低成本、高效率的特点逐渐被人们挖掘,域外对于在线纠纷解决体系的重视与日俱增。随着在线纠纷解决体系的不断发展,其应用范围不再局限于网络交易,其他例如家事纠纷、权利纠纷等传统纠纷也能通过在线纠纷解决体系解决,人们甚至探寻利用互联网以及互联网思维对传统的法院进行改造。“他山之石可以攻玉。”在这里,我们了解和分析在线纠纷解决体系的国际规则和外国经验,以期对我国的在线纠纷解决体系的完善有所参考。

一、在线纠纷解决体系的内涵和意义

网络世界实际上是人类活动向虚拟世界的延伸,网络世界的主体仍然是人。现实生活中会发生的纠纷,也会随着人类在网络上的活动在网络世界中发生。但互联网上的纠纷也有其自身的特点,这类诉讼和纠纷虽然可以由传统纠纷解决方式解决,但由于互联网的技术性、隐蔽性和多样性,终究力有不逮。为了补救其不足,寻找最符合网络民事纠纷特点的纠纷解决机制。1996 年,一种被称为“在线纠纷解决机制”的纠纷解决方法首次在美国运行。实践证明,这种机制能够解决纠纷,确保互联网健康发展,并且在其他各方面有着其独到的优势。

(一)在线解纷解决体系的内涵

在线纠纷解决机制(online dispute resolution,ODR)从替代性纠纷解决机制 ADR 演化而来,是在线替代性纠纷解决机制的简称。具体而言,群众以电脑、智能手机等新型工具为载体,将争议提交网上纠纷解决机构,通过在线的方式得到调解或裁决。随着互联网技术的不断应用和完善,全球的政治、经济、文化及社会发展均受到了不同程度的影响,各国社会矛盾纠纷化解也面临新情况。在线纠纷解决适应国际发展新趋势,为当事人提供了更具效率的纠纷解决模式,已有越来越多的国家和地区开始研究并推广运行这种机制。①

(二)在线纠纷解决体系的意义

在线纠纷解决体系的意义绝不仅仅在于解决互联网上的纠纷,凭借互联网的广泛性,其效率优势被无限扩大。由此,在线纠纷解决体系在国家和社会各个方面都将发挥重要作用。

第一,从国家现代化治理体系的推进层面来看,在线纠纷解决体系可以根据社会不同层级的治理需求,提炼大数据, 建立数据程序化处理流程,重点攻克风险预警模型、解纷资源整合及纠纷解决机制三大区块,为多元化的社会综合治理提供数据和技术的双重支持,增强社会资源配置的现代化,有利于推进国家治理体系的现代化。

第二,从优化社会资源的利用层面来看,在线纠纷解决体系可以调用各行各业的专业和非专业、官方和私人、国内和国际的资源,优化资源配置与共享,以利用未开发的社会力量,实现司法调解与各行各业的其他调解资源的共能共效。

第三,从提升纠纷解决效率层面来看,在线纠纷解决体系可以丰富前端纠纷咨询系统,推送、比较同类型司法裁判调解大数据,平衡纠纷

---

① 参见郭文利、王丽慧、王霭雯、杨若瑶、裘滢珠:《域外在线纠纷解决机制发展新趋势(上)》,载《人民法院报》2019 年 2 月 15 日,第 8 版。

主体的心理期望和法律期望，提高调解效果。同时，互联网的便捷性和时间碎片化的特点，提高了裁判的效率。通过以上两方面的努力，可以使调解的效率和效果加强。并且，线下诉讼的高昂费用，如律师费、诉讼费等，往往让大多数普通人觉得打不起官司。但在线纠纷解决体系凭借其成本优势，有利于民众更快、更高效、更低成本地伸张正义。

第四，从开发民间自治机构活力层面来看，由于资源匮乏，目前我国缺乏民间自觉的纠纷解决机制，而在线纠纷解决体系中专业、开放的社会共享资源可以激活大量的民间资源。在统一的机制中，可以根据不同的社会端口创建专业领域的自治机构。民间自治机构的成长，对于完善纠纷解决主体对纠纷解决信心的制度建设有着重要的意义。

第五，从促进社会民营经济绿色生态发展层面来看，资本的顺利流动可以保障企业更快地发展。从司法角度来看，在线纠纷解决体系高效、便捷的纠纷解决方式从侧面降低了企业的运营成本，从客户服务、企业法律顾问、聘请律师到纠纷解决的周期，都极大地降低民营企业在司法分支的经济投入；从更远的视野来看，调解优先的运作流程可以提升企业的诚信体系，为民营企业提供优质、良好的营商环境，增强企业的实力与商业竞争力。①

二、在线纠纷解决体系的国际规则

（一）联合国《网上争议解决技术指引》

为了有效解决跨境电子商务争端，联合国国际贸易法委员会在2010年第43届会议上决定成立第三工作组，以处理在线争端。经过第三工作组与代表团之间的七年谈判（2010～2016年），最终反映出在线解决程序的要素和原则的成果文件联合国《网上争议解决技术指引》已定稿。并于2016年12月在联合国国际贸易法委员会第四十九届会议上通过。尽管联合国《网上争议解决技术指引》是不具有约束力的说明性文件，但它确立了在线解决方案的原则，建立了统一的议事规则，提

① 参见张伟征、项凯丽、张丹青：《当解纷机制与互联网＋时代在诉调衔接领域发生碰撞》，载《人民法院报》2019年12月20日，第5版。

出了平台建设的标准,建立了中立的人事机制,这一系列尝试对于建立网上结算机制具有重要意义。

在形成联合国《网上争议解决技术指引》之前,第三工作组和各个代表团针对互联网上解决的一般程序问题编写了《跨境电子商务交易网上争议解决程序规则(草案)》以下简称《程序规则草案》,截至2015年,第9稿已进行了修订。《程序规则草案》讨论了为跨境贸易建立全球在线解决系统的三个关键问题:在线解决程序规则、适用法律和争端结果的执行。同时,区域国家组织也做了各种尝试建立在线解决方案机制。美国向美洲第七届国际私法特别会议提交的"示范法"重点在于跨境电子商务在线解决方案系统的构建,并提出了针对三个关键问题的解决方案。

联合国《网上争议解决技术指引》共涉及12个方面,53个条文。该技术指引包括以下12个方面:(1)导言;(2)原则;(3)网上解决程序各阶段;(4)网上解决过程的范围;(5)网上解决的定义、作用和职责以及通信;(6)网上解决程序的启动;(7)谈判;(8)协助下调解;(9)最后阶段;(10)中立人的指定、权力和职能;(11)语文;(12)管理。

联合国《网上争议解决技术指引》为在线解决程序规定了统一的规则,将在线解决程序分为三个阶段,即咨询,辅助调解和最后阶段。首先,各方应通过在线平台交换信息并自行解决争端。如果无法达成和解,争端将进入第二阶段,第二阶段应由中立人协助,当事各方如仍无法达成争端解决,则进入程序的最后阶段。必须承认,在技术指南中建立统一的在线程序规则是渐进的。对于争议方而言,统一的在线解决方案程序规则意味着,双方无须花费精力来比较在线解决方案平台程序规则的优缺点,解决争议的费用相应减少,并且案件的确定性和可预测性使审判过程更加合理。双方将因此提高对在线解决方案的信任;对于在线解决方案平台,统一的在线解决程序规则将对平台提供的争议解决服务形成约束和监督,从而避免了在线平台自行制定规则和应用规则的情况。但是,将联合国《网上争议解决技术指引》与《程序规则草案》和各代表团提案相比,联合国《网上争议解决技术指引》在有的方面显然退步了,而这必然会影响构建全球电子商务在线争议解决机制的规范意义。联合国《网上争议解决技术指引》、《程序规则草案》和代表团均认为案件的解决应包括三个阶段,但对于每个阶段的具体制度,特别是中立机制和仲裁制度,又有不同的态度。关于中立人机制,联合国《网上争议解决技术指引》规定了指定中立人的程序,但并未将建议完全纳入《程序规则草案》和各代表团关于建立支助性监督机制的建议;关于仲裁制度,联合国《网上争议解决技术指引》没有在单轨制和双轨制之间进行选择,而是采取了排除最后阶段性质的做法。

总而言之,联合国《网上争议解决技术指引》有其优势和指引意义,同时也存在不足。

联合国《网上争议解决技术指引》的意义主要体现在两个方面:一是程序规则的统一;二是建立中立机制。联合国《网上争议解决技术指引》建立了统一的程序规则,整合了在线咨询,协调调解和争议解决的最后阶段,形成了较为完整的争议解决系统。当事人可以根据案件的处理过程和解决纠纷的需要改变程序,不同纠纷解决方法之间的相互联系可以弥补自身的不足。同时,只要将案件提交在线解决,经验丰富的在线解决程序通常是一致的,确定和可预测的争端解决过程有利于双方遵守争端解决的结果。此外,联合国《网上争议解决技术指引》建立了中立人机制,任命中立人的方式为有效解决跨境电子商务纠纷提供了一条途径。同时,联合国《网上争议解决技术指引》还为当事人提供了质疑中立人的途径,这对公正解决案件也具有重要意义。

然而它的不足之处在于,在联合国《网上争议解决技术指引》下建立统一的议事规则,规范了中立人的程序规定,但它处于问题的最后阶段,性质不像《程序规则草案》那样在双重轨道和单轨系统做出选择,也与美国模式一样将仲裁作为在线解决方案的最后阶段;关于适用法律,联合国《网上争议解决技术指引》忽略了《程序规则草案》与美国的实践经验与规定;关于解决争端结果的执行,技术准则没有采用在《程序规则草案》中对私人执行机制做出宏观规定的做法,也没有借鉴美国模式为私人执行机制提出业务解决方案。相反,他们再次采取了回避态度。因此,该计划草案规定,在建立全球在线解决机制的浪潮中,例如建立双轨制,统一适用法律,建立私人执行机制的结果不在联合国《网上争议解决技术指引》的成果文件中,联合国《网上争议解决技术指引》目前仅反映了一些基本要素和原则,这显然是不足的,各国在构建跨境电子商务争端的在线解决机制时,还应参考《程序规则草案》以及有关国家的实践经验与相关规定。①

(二)《新加坡调解公约》

2019年8月7日,包括中国、美国、新加坡和一些非洲国家在内的46个国家作为第一签署国在新加坡共同签署了《联合国国际调解公约》(以下简称《新加坡调解公约》)。根据中国“一带一路”网络的最新数据,截至2019年8月,共有136个国家参加了“区域”建设,签署《新加坡调解公约》的33个国家,包括18个亚洲国家(包括4个东盟国家)、2个欧洲国家、5个欧洲国家、2个北美国家、2个大洋洲国家、3个南美国家。《新加坡调解公约》的主要目的是解决国际商业调解中达成的和解协议的跨境执行②。

目前,中国已全部签署上述四项公约,其中《承认及执行外国仲裁裁决公约》已于1987年4月22日对我国生效,其余三项公约正在研究批准事宜。

根据《新加坡调解公约》第11条和第14条规定,公约需经签署国批准、接受或者核准,并应于第三份批准书、接受书、核准书或者加入书交存后6个月生效。我国《缔结条约程序法》第7条第2款规定:“条约和重要协定签署后,由外交部或者国务院有关部门会同外交部,报请国务院审核;由国务院提请全国人民代表大会常务委员会决定批准;中华人民共和国主席根据全国人民代表大会常务委员会的决定予以批准。”因此,我国签署《新加坡调解公约》后,还需要经过国务院审核以及全国人大常委会、国家主席的批准。《新加坡调解公约》共16条,分别从适用范围、定义、一般原则、对依赖于和解协议的要求、拒绝准予救济的理由、并行申请或者请求、其他法律或者条约、保留、对和解协议的效力、保存人、签署、批准、接受、核准、加入、区域经济一体化组织的参与、非统一法律制度、生效、修正、退约各方面对公约的适用条件和适用程序进行了规定。

---

① 参见龚依:《联合国国际贸易法委员会〈关于网上争议解决的技术指引〉研究》,重庆大学2019硕士学位论文,第12页。

② 参见刘潇:《〈新加坡调解公约〉与我国多元纠纷解决机制的衔接》,载《人民法院报》2020年2月21日,第6版。

《新加坡调解公约》的执行意味着在该公约的框架下其他国家的国际和解协议将进入中国，与此同时，我国双方当事人缔结的和解协议满足该公约的要求后也将进入其他国家。除了立法需要与国内法律法规相联系外，有关机制的健全对国内外当事人是否选择在我国解决具有重要的影响。在某种程度上直接关系到国际地区争端解决中心战略目标的完成。

根据《新加坡调解公约》的规定，要完成和解协议和执行规范的要求，需要当事方、调解员、调解过程管理机构、和解主管当局的参与，以理顺和解协议当事人的权利（权力）和参加者的责任。根据双方达成的和解协议第5.1条的规定，和解协议一方当事人处于“某种无行为能力状态”时，寻求救济所在公约当事方的主管机关可根据寻求救济所针对当事方的请求拒绝准予救济。但何为“某种无行为能力状态”，公约没有具体规定，需要参考现行法律制度。关于调解员，公约未在现有调解机制的基础上，对调解员的获取机制，资格和专业规范，调解规则，纪律处分和撤回机制等进行规定，也不对专业商业调解员进行特殊规定。在司法调解中，需要行业专业调解员的有关规范和要求，需要结合国际公约的特点，建立相应的商业调解员培训管理机制。至于调解过程管理组织，中国采用的主要模式是“准司法模式”管理，而商业调解由于其自然的独立性和市场化而倾向于“市场模式”机制。目前，对商业调解中心营销运作影响较大的有北京融商“一带一路”国际商事调解中心、中国贸促会/中国国际商会调解中心、上海经贸商事调解中心等。公约实施后可能会产生巨大的商业调解市场，若要建立更多以市场为导向的高专业水准的商业调解组织，仍然需要在系统层面得到进一步的指导、鼓励和支持。至于有关各方的主管当局，该公约没有规定主管当局的性质和职能。从中国现有的调解机制来看，在业务指导方面存在多重管理的情况，例如在国家司法行政部门（司法部）的指导下进行人民调解，以国家司法为中心的司法调解机关（法院）和行政部门（人力资源和社会保障部等）领导的行政调解。公约的目的之一是解决国际商事调解的跨境执行问题，在我国法律制度下，人民法院是各种和解协议的主要执行者之一，由人民法院作为主管机关在公约框架内进行审查，并解决公约执行问题具有现实的可行性。

代表中国政府签署公约的商务部部长助理李成钢在接受央视财经记者采访时表示:“《新加坡调解公约》的达成,46 个国家的签署,本身就是多边主义的共识,显示了多边主义的价值。世界各国期待多边主义带来更多的确定性。公约在解决和解协议的执行问题上创立了规则,为市场主体提供了更有执行保障的另一种选择。相比于传统的诉讼、仲裁,调解解决争端的成本更低,效率更高,而且更可贵的是调解推动了友好型的争议解决,对促进形成和谐的商事关系很重要。这与中国‘以和为贵’‘和气生财’的传统文化是很契合的。”①

(三)其他在线纠纷解决国际规则

除了联合国《网上争议解决技术指引》和《新加坡调解公约》,还有一些其他的在线纠纷解决国际规则

1. 欧盟在线纠纷解决体系相关法律文件

欧盟的 ODR 平台走在世界的前列,而其 ODR 平台的成功,是以相应的在线纠纷解决法律文件为前提的。

欧盟委员会在 1998 年 3 月 30 日发布了《关于适用于庭外消费者纠纷解决实体的原则建议》,开始法庭外解决纠纷的探索,也就是替代性纠纷解决机制实践。2000 年 5 月 25 日,欧盟理事会出台了《关于在全联盟范围内建立一个包括各成员国所有致力于解决消费者纠纷的诉讼外纠纷解决方式网络的决议》,这个决议明确了在线纠纷解决机制的概念,并为 EJJ-Net 项目提供了支持,是欧盟在线解决消费者纠纷的起点。欧盟后来又出台了《欧盟电子商务指令》《欧盟调解指令》《ODR 条例》《ADR 指令》等法律文件,为 ODR 平台的运行提供了法律保障。②

2.《亚太经合组织在线解纷合作框架》

亚太经合组织于 2018 年 11 月在日本开展了关于发展亚太经合组织在线解纷合作框架研讨会。该研讨会在总结报告中提到,该合作框架需要在整个亚太经合组织企业,特别是从事跨境贸易的中小微企业的跨境交易范围内实施《亚太经合组织在线解纷合作框架》,为跨境、跨

① 刘潇:《〈新加坡调解公约〉与我国多元纠纷解决机制的衔接》,载《人民法院报》2020 年 2 月 21 日,第 6 版。

② 参见王琼:《欧盟跨境电商在线纠纷解决机制研究》,载《人民法治》2019 年第 6 期。

语言和其他不同的争议提供便捷高效的解决方式。①

2019年8月，亚太经合组织经济委员会审议通过了《APEC 跨境电商（B2B）在线争端解决合作框架》，鼓励通过在线谈判、调解、仲裁等解纷方式帮助中小微企业解决跨境电商纠纷。并且，2021年1月12日，以《APEC 跨境电商（B2B）在线争端解决合作框架》作为基础之一，广仲与北明软件有限公司合作推进了全球首个 APEC 成员中小微企业商事争议在线解决平台——北明（跨境）商事争议在线解决平台（B. Ming Casettle ODR）正式上线。

三、在线纠纷解决体系的外国经验

（一）美国关于在线纠纷解决体系的经验

1. 在线纠纷解决起源于美国

ODR 源自美国1996年的三个试验性的方案，分别是 The University of Maryland Online Mediation Project（UMOMP）（以解决美国马里兰州家事纠纷以及医疗保健纠纷为主）；The Virtual Magist rate（VM）（侧重在线仲裁）；The University of Massachusetts Online Ombuds Office（OOO）（侧重解决 eBay、up Sale 等网上拍卖的争议）。② 其目的是在互联网环境下解决电子商务纠纷。互联网发展之初，在互联网上买卖商品是不被允许的。直到1992年，禁令才被解除。从那时起，电子商务发展得越来越快。美国的亚马逊和易趣也在那之后建立起来，紧接着，互联网电子商务纠纷、消费者纠纷、商家纠纷、平台纠纷激增且难以解决，需要推动建立网上纠纷解决系统。后来，为了建立 ODR 国际规则，美国2010年向美洲国家组织提交一揽子解决方案，即《跨境电子商务消费者纠纷的电子解决草案》。③

---

① 参见北明软件社会治理研究院课题组：《域外 ODR 发展态势》，载《人民法院报》2019年11月15日，第8版。

② 参见张伟征、项凯丽、张丹青：《当解纷机制与互联网 + 时代在诉调衔接领域发生碰撞》，载《人民法院报》2019年12月20日，第5版。

③ 参见吴鹏：《在线纠纷解决机制（ODR）研究》，北京理工大学2015硕士学位论文，第9页。

2. 美国 eBay 在线纠纷解决中心

eBay 成立于 1995 年,是一家提供 C2C 在线销售服务的跨国电子商务公司,是全球最大的电子商务平台。一开始,eBay 作为电子商务领域的领头羊,对买卖双方的纠纷不承担任何责任。为了构建和增强买家和卖家之间的信任关系,并扩大自己的利益,eBay 决定建立自己的争端解决程序和授权马萨诸塞大学开发的一个在线争端解决试点项目,使双方当事人不能妥善解决的纠纷能够得到专业帮助。这一中心在两周内处理了 200 多起纠纷案件,开创了纠纷解决的新时代。在此基础上,逐渐发展成为 Square Trade,成为当时美国乃至世界上最负盛名的在线调解服务提供商。经过十年的试验和努力,eBay 不仅建立了一个互联网商业帝国,而且在解决纠纷方面积累了丰富的经验。更重要的是,eBay 最终充分认识到了互联网纠纷的特点和平台的要求。

eBay 的成功之处在于其独特的设计理念,包括效率优先,兼顾公平,独立解决纠纷,并充分利用互联网技术提供个性化的纠纷解决方案。

遵循这一理念的指引,eBay 平台创建了一个自动化的在线流媒体流程。首先,争议双方都需要完成网络上的特定指令输入,完成自动化程序以选择与争议相对应的程序类型。在"杰出的商品解决机制"下,卖家需要登录 eBay 的争议解决中心并向系统报告未付费的交易,然后才能进行投诉。投诉完成后,系统会自动向买方发送通知,要求买方在以下三种情况之一中作出回应:(1)已付款;(2)立即付款;(3)取消交易。根据退款保证计划,想要提出投诉的买家还需要登录系统以提出特定要求。eBay 的自动化流程将启动不同的流程,以根据买卖双方提供的信息和要求进行分类。其次,eBay 提供了相关指导方针,以鼓励双方进行磋商和协商,以促进争端的尽快解决。不付款的买家可以按照 eBay 提示直接向卖家付款。对于没有收到货的买家,eBay 鼓励与卖家联系,卖家应在 3 个工作日内做出答复,处理投诉并提供有关交货,跟踪或退款的最新信息。如果买家提出与商品描述不符的争议,eBay 建议卖家通过提供多种选择的方式来尽可能解决买家的要求,包括接受退货,提供替换品或退款。再次,如果双方未能通过谈判达成和解,eBay 会在期限届满后通过程序自动处理争议,以确保一方能够迅速实现合法权益,同时施加相应的责任。对另一方的处罚,例如如果买家坚持不付款,eBay 将退还拍卖成功时扣除的费用,并在卖家提起争议后的 36 天到期后享受第二次销售的免费在线费用折扣。同时,买方将受到制裁,eBay 有权限制甚至取消其在 eBay 上的交易权。最后,无法通过自动程序解决的争议才由人工解决。例如,受制裁的买方认为自己已付款,则有权向 eBay 上诉。他们可以将付款证明传真至 eBay,eBay 的客户服务人员可以在 10 个工作日内处理投诉和证据。对于买方提出的争议,eBay 可以更早地介入争端解决过程:只要买方对卖方的答复不满意或没有得到卖方的答复,买方可以直接要求 eBay 进行干预;eBay 必须在 48 小时内与买方取得联系,审查买卖双方的信息,并验证双方的证据材料。如果 eBay 确定货物未成功交付或不符合描述,则可以授权 PayPal 退还全部金额和运费。在完成对买方的退款承诺后,eBay 有权要求卖方承担相应的损失。

此外,并非所有商品都要经过程序诊断来解决纠纷。有的商品需要更加专业和谨慎的在线争议解决机制,尤其是在因昂贵或商品交易引起的争议之后。eBay 为需要特殊保护的商品引入了特殊机制,并制定了车辆购买保证计划和商业设备购买保证计划。车辆购买保证计划的服务面向在 eBay 平台上购买车辆的用户,旨在解决在规定的时间内未能交付购买的车辆,车辆的缺陷和其他原因产生的纠纷。但是,由于诸如赔偿损失的原则和平台成本控制之类的原因,赔偿计划仅限于车辆的购买价格,最高限额为 100,000 美元。eBay 还设计了一种更适合此类商品的争议解决机制。eBay 鼓励买卖双方先进行沟通并自行解决争端,因为许多与汽车有关的争端都与信息不完整和相互误解有关。如果买方无法与卖方达成协议,则买方应在物品从货架上移走后 45 天内提出退款申请,以启动车辆担保程序。该计划启动后,eBay 将根据情况为项目经理向用户提供更多专业的争议解决服务。管理员负责直接与购买者联系以了解与投诉有关的详细信息,并有权确定购买者是否符合车辆担保计划的条件,是否有损失,损失是否符合指定的退款条件。计划和退款金额,如有必要,除了要求投诉方提交 eBay 批准的车辆损坏评估机构提供的两个第三方报告外,管理员还可以当场查看车辆的损坏并评估损坏的类型和严重性。如果管理员认为买家的申请是合格的,则有权在 45 天内批准买家的申请并获得退款通知和全额退款。

商业的本质是最大化利润。eBay 从经济角度权衡了这种争端解决机制的利弊。eBay 使用财务模型来估计整个在线争议解决机制的收益和成本,并使用大量的经济分析来计算成本与收益之间的比率。经过科学论证和数据分析,eBay 认为,在线争议解决机制的前期投资成本可通过有效减少客户服务劳动力,节省运营费用,提高用户黏性和增加交易量来获得"丰厚的回报"。

简言之,eBay 的在线纠纷解决方案不仅为公司节省了很多成本,而且还改善了用户体验并提高了用户忠诚度,这一切都证明 eBay 的在线纠纷解决机制在设计概念,机制构建和程序上都取得了空前的成功。eBay 和 PayPal 在线纠纷解决平台的设计者兼首席运营官 Colin Ruhl 表示,eBay 的在线纠纷解决机制的创建与在互联网帝国中建立一个全新的民事纠纷解决系统一样困难和重要。①

3. 美国第 46 区法院

第 46 区法院的目标是成为 21 世纪新技术法院的领导者,居民在家即可针对违章停车罚单问题与法院协商,并可以在线支付罚款,从而免去往返庭审与排队等候的烦恼,可以节省人们更多的时间并争取更多的资源。公民通过平台在线提交诉求,同时上传文件、照片等材料,法院审阅后依据这些文件做出是否罚款或者调整罚款数额的判定。在整个过程中,该机制极大地保障了当事人的知情权,只要案情状态有更新,当事人都能在第一时间接收到相关邮件、短信的通知。

美国第 46 区法院的举动实质上是 ODR 的另一方向,不仅是在线商业纠纷解决方案:传统法院系统的数字化转型和通过互联网进行的诉讼程序。实际上,尽管 ODR 的最初目的是解决在线业务纠纷,但是依托其具有的互联网的独特特性,在改进传统的司法程序,尤其是效率方面已经进行了许多尝试。

4. 美国 Cybersettle

Cybersettle 在其主要市场美国提供"盲目投标"服务。当争端解决

① 参见赵蕾、黄鹏:《eBay 在线纠纷解决中心的设计理念与机制》,载《人民法院报》2017 年 10 月 13 日,第 8 版。

仅涉及金额时,它旨在加快谈判过程。

其程序是,原告和被告均应提交可接受的最高和最低数字。这些数字将不会显示,但是当双方有一些重叠时,就可以达成协议,而最后的数字是重叠的中间。据说赛博解决方案已处理了 20 万多起争议,价值 16 亿英镑。纽约市使用该系统加快了 40,000 个人身伤害案件的谈判。提交了 1200 多个案例,在提交后的 30 天内,解决了 66% 的案例,节省了 116 万英镑的诉讼成本和 85% 的时间成本。过去,英国已经开发了类似的系统,例如中介室项目。但是,Cybersettle 在全球获得了专利,于是许多类似的平台也被关闭。但是,Cybersettle 的状态尚不清楚,TryToSettle. com 于 2014 年在美国启动。加拿大公司 SmartSettle. com 也提供了相对简单的盲目竞标服务版本。

5. 美国 Modria

Modria 衍生 eBay 和 Paypal 的 ODR 部门,由该部门的负责人、ODR 的领军人物 Colin Rule 创立。

Colin 领导的团队建立了一个在线争议解决系统,该系统已经在 eBay 和 Paypal 上广泛使用。Modria 提供了一个基于云的平台,企业和公共组织可以在此平台上根据需要设置自己的 ODR 服务。它支持各种 ODR 方法,包括诊断、协商、调解和仲裁,以及支持案例管理和工作流系统,用于处理案例输入,文档生成和管理、计划、报告和状态更新。通过使用 Modria,政府部门无须设计和开发自己的 ODR 技术。Modria 已通过 ISO27001 信息安全认证,并通过其程序和技术为美国仲裁委员会(道路交通事故纠纷),荷兰法律援助中心,电子商务和电子支付公司等客户每年解决数十万起纠纷。①

(二)欧盟关于在线纠纷解决体系的经验

1. 欧盟 ODR 平台介绍

欧盟在 2013 年 7 月 18 日正式出台了两个对 ODR 平台建设具有基石作用的法律文件:Directive 2013/11 on consumer ADR。根据规定,ADR Directive 必须在 2015 年 8 月 9 日成为各成员国的国内法,ODR Regulation 在 2016 年 1 月 9 日起施行,ODR 平台在 2016 年 2 月 15 日正

① 参见江和平、蒋丽萍:《域外在线纠纷解决系统简介》,载《人民法院报》2015 年 12 月 18 日,第 8 版。

式启动。

根据 ODR Regulation 的规定，指令的目的是通过实现高标准的消费者保护来建立欧盟内部的 ODR 平台，促进内部市场，特别是数字空间的正常运行，形成独立、公正、透明、高效、快捷、公平的庭外争议解决机制，用以解决消费者和经营者之间的在线纠纷。指令规定了强制介入要求。规定欧盟内部以在线形式提供商品和服务的商家，要在网站上显示欧盟 ODR 平台的电子链接和自己的电子邮箱，对买家进行说明，告知可以通过替代性纠纷解决机制程序解决纠纷，保证买家知晓平台的存在及其功能。

指令对投诉规则进行了详细规定。投诉人需要填写电子投诉表，根据要求提供足够的信息，附上支持材料，使用该平台确定适当的替代性纠纷解决机制平台。收到电子投诉表之后，ODR 平台将立即以易于理解的方式将投诉信息传达给被投诉商家。双方需要在 ADR 机构选择上达成共识，无论是特定的 ADR 机构还是平台列表上的 ADR 机构。然后，平台会自动将投诉信息传送给选定的 ADR 机构，并且 ADR 机构要立即回复双方其同意或拒绝受理。如果 ADR 机构同意接受申请，则必须告知双方争议处理程序和相关费用。如果双方未在 30 天内对 ADR 机构的选择达成一致，或者 ADR 机构拒绝接受争议，则争议处理程序终止。如果 ADR 机构受理，则要在 90 日内做出裁决。在整个投诉过程中，欧盟委员会和 ADR 机构仅能在执行职能的限度内接触用户个人信息，信息用途仅限于解决纠纷和保护消费者。除非另有规定，数据在提交到 ADR 机构的争议得到解决后的六个月内自动删除。

欧盟 ODR 制度中，主要依靠司法机关强制执行与网络社区执行相结合的办法保证裁决被执行到位。2008 年的《欧盟调解指令》(Directive 2008/52/EC on Mediation)为欧盟司法外解决纠纷程序提供了法律支持。这体现在两方面：一是对"调解"和"调解人"进行界定，尽可能保证《欧盟调解指令》的适用性。二是各成员国应当确保纠纷当事人可以提出请求，针对因调解行为而作出的书面调解协议，赋予强制执行力(除非协议内容与被请求成员国相关法律规定相抵触或该国法律未对协议的可执行性做出规定)。

2. 欧盟 ODR 平台成功之处

首先是完备的立法保障。如前文所提,欧盟 ODR 平台之下,是诸多的法律规定,例如《欧盟电子商务指令》、《欧盟调解指令》、《ODR 条例》以及《ADR 指令》等等。

其次是将消费者利益放在优先的地位。欧盟《ODR 规则》明确规定 ODR 平台要对用户友好,确保所有用户都能够便捷地得到平台的服务。欧盟境内的商家必须在其网页上显示卖家的联系邮箱和 ODR 平台的链接,让消费者能便捷地与卖家沟通和提交问题。《ADR 指令》要求 ADR 机构收取费用要提前通知并且必须低廉甚至免费,规定 ADR 机构处理纠纷最长期限不超过 90 天,这些都大大降低了消费者的时间和金钱成本。

最后是保持了平台的中立性和独立性。欧盟在《庭外纠纷解决原则建议》《调解原则建议》《ADR 指令》中都提出了公正、公平和透明度的要求。欧盟 ODR 资金来源主要是政府补贴,同时允许 ODR 机构接受企业资助。为了维护平台运转,欧盟将投入 45.86 亿欧元财政支持,这样庞大的资金有助于 ODR 平台保持自身独立性。

3. 欧盟 ODR 平台不足之处

欧盟消费者采用替代性纠纷解决机制解决在线纠纷的实际运用程度较低。研究表明,在没有中立的第三方介入的情况下,早期协商谈判将是大多数(如果不是唯一的话)低成本消费纠纷的有效解决方案。ODR 平台仅作为案件管理工具与平台,其本身不包括谈判,以在线模式将消费者和贸易商与合格的 ADR 机构相连接,由双方共同确立的中立的第三方机构提供建议或促进和解,但 ODR 平台基本排除在线协商模式,可能影响争议解决机制发挥全部潜力。根据欧盟 2017 年有关 ODR 平台运行报告数据的分析,在进入 ODR 平台以及 ADR 机构干预前期,大部分在线消费纠纷经各方自主协商得以解决,通过 ADR 机构在线解决消费争议的比例较小。通过 ODR 平台解决在线纠纷的实际情况仍不够乐观。

因此,ODR 平台在未来运行和发展过程中,应当增强消费者适用 ODR 模式解决争议的信心,促使贸易商自愿引入争议解决程序并自觉履行和解协议或裁决。同时考虑引入在线协商模式或采取激励措施促进ADR机构提供不同程度的在线争议解决服务。①

(三)欧美其他国家关于在线纠纷解决体系的经验

除了美国和欧盟,欧美许多发达国家在在线纠纷解决体系的建设上也走在了前列,有许多值得学习的经验。

1.英国关于在线纠纷解决体系的经验

英国的在线纠纷解决体系发展较快,其中典型代表有:英国金融申诉专员服务中心、英国Nominet域名注册公司以及英国Resolver。下面分别进行介绍。

(1)英国金融申诉专员服务中心

英国金融申诉专员服务中心于2009年成立,是金融服务部门的强制性ODR。其功能是快速解决消费者与英国金融服务部门之间的纠纷。

建立此程序的依据是,通常在初期阶段就可以最好地解决争端。解决大多数问题不需要监察员做出正式决定。涉及申诉专员的纠纷必须在投诉发生后的8周内解决,否则,一旦将纠纷转交给服务中心,便会开始在线程序。案件经理将协助当事方找到解决纠纷的方法。通常情况下,案件经理会根据可用的证据和陈述,以书面形式将合理的结论通知当事人。如果当事各方同意这一结论(根据统计数字,约90%的当事方同意),争端将得到解决。但是,任何一方均有权不同意该结论,并要求将争端提交申诉专员以做出具有约束力的最终决定。

在线服务可以使消费者通过非正式程序在数小时或数天内快速解决一些纠纷。消费者可以接受或拒绝申诉专员的决定,该决定一经接受便具有约束力。该决定不能上诉,但可以进行司法复审。在2013年至2014年,金融监察员服务中心解决了518,778项纠纷,其中487,749起由调解人解决,31,029项由监察员解决。该服务是一项远程服务,每年与主持人或申诉专员进行的面对面会议不超过20次。2014~2015年度每项平均费用预计为567英镑。

(2)英国Nominet域名注册公司

Nominet是一家域名注册公司,自1996年开始管理以.uk为后缀的

---

① 参见王琼:《欧盟跨境电商在线纠纷解决机制研究》,载《人民法治》2019年第6期。

域名注册事项,自2014年起管理以.cymru为后缀和以.wales为后缀的域名注册事项。

对于后缀为.uk的域名注册人,Nominet本着"先来先服务"的原则,不审查申请的优劣。因此,它建立了一个独立于法院的系统,以解决带有.uk后缀(DRS)的域名注册人之间的争端。各方需要证明他们对所讨论的相同或相似域名拥有权利,并且注册域名已被滥用(例如,域名的拼写足够引起互联网用户之间的混淆)。争议解决服务流程的第一阶段要求投诉人在线填写一份表格,指明其可以接受的可能的解决方案(最常见的解决方案是要求将有争议的域名转让给投诉人)。投诉人提交的材料将由系统转发给争议域名的权利持有人。提名人将任命一名调解员,通过电话与各方联系进行调解。大多数案件都在此阶段解决,通常需要两个星期。在此阶段达成协议的各方不必付款。如果争议没有通过调解解决,则原告将向指定的专家支付费用,该专家将审查双方在线提交的意见以做出决定。专家裁决允许上诉,但很少有上诉,专家的判断和任何上诉的结果会发布在Nominet的官方网站上。

(3)英国Resolver

Resolver是一项在线服务,可帮助解决消费者与供应商和零售商之间的纠纷。

Resolver网站已处理过来自各方的2000多个投诉。提出争议时,消费者可以获得在线帮助,包括填写表格和标准条款的指南。争议将直接转发给投诉的主体,卖方和零售商需要对消费者做出回应,所有材料都将存储在在线服务中。该网站的受案范围包括能源、通信、交通运输、贷款银行、餐饮、商业区店铺、律师及其他部门。为当事人提供了在特定程序下解决纠纷的平台。在线交流时,消费者可以使用表情符号更好地表达自己的情感。该在线服务维护着2000多个组织的争议解决流程的详细信息,指导用户从最初的投诉到最高级别的争议解决。系统将提示所有用户通过电子邮件回复争端,未响应的用户也会收到警告。并且,Resolver服务对所有的消费者,供应商和零售商都是免费的。①

---

① 参见江和平、蒋丽萍:《域外在线纠纷解决系统简介》,载《人民法院报》2015年12月18日,第8版。

2. 加拿大关于在线纠纷解决体系的经验

加拿大创建了世界上第一个政府资助的 ODR,即加拿大民事纠纷法庭(CRT)。CRT 是第一个公民在线解决财产纠纷的平台,2016 年 7 月开始运营。自该平台开始运营的 6 个月内,该平台收到来自公众的 3000 项查询和近 200 项争议仲裁申请,完成了转租业主与转租业主立案法人(又称业主立案法人)之间的 20 多个仲裁案件,比以往更加经济、省时、方便。该平台于 2017 年 6 月开始受理小型诉讼案件,目标是在 60 至 90 天内达成判决并解决争议。

使用 CRT 平台进行在线仲裁的最大优势是,无须在指定时间出庭,公众可以在任何方便的时间和地点进行诉讼。接受的整个过程主要是通过互联网,但也可以通过电话或信件进行。公众无须花时间去上法庭或为律师或翻译付费,而是可以在一天中的任何时间登录 CRT 网站,搜索解决方案或法律资源,并提交仲裁员申请。对于不懂英语的人,CRT 平台还会提供免费的电话口译服务。

用户可以通过该平台免费获得相关法律信息和可能的争议解决方案。双方使用该平台进行在线谈判,如果双方无法自行达成解决方案,则系统将任命一名调解员,以方便在线或通过电话达成双方的解决方案。但是,如果争端无法通过调解解决,则当事方进入最终裁决阶段,由裁判做出具有约束力的最终决定。①

3. 德国关于在线纠纷解决体系的经验

德国 Online Schlichter 为 B2C 在线交易和直接交易提供在线中介服务。

自 2009 年以来,它由位于德国凯尔和法国斯特拉斯堡的德法欧洲消费者中心运营,并获得了司法部和德国六个地区的消费者保护中心的资助。Online Schlichter 旨在增加诉诸司法的机会并减少法院审理的案件数量。它会从法定保险和标准部门以及直接的会员制分销商那里获得资金,以保障其运行,以此为各方提供免费服务。并且,Online Schlichter 的调解员和顾问是来自德法欧洲消费者中心的中立律师,具有专业的法律知识和技能。

---

① 参见王贺猛:《英国在线纠纷解决机制的新发展及对我国电子商务立法的启示》,载《电子商务》2015 年第 11 期。

Online Schlichter 提供的服务包括：从争端开始就协助分析案件；向当事方提供法律建议；评估当事方的法律地位；纠正当事方对其权利的不切实际的期望。在线建议使用构件块和决策树的理论来实现部分自治。早期的建议和评估通常可以帮助各方达成早期的协议。调解员对争议提出非约束性建议。在 2/3 的案件中，当事各方接受了调解员的建议并达成和解。Online Schlichter 在 2014 年处理了约 1500 宗纠纷，2013 年处理了 1142 宗，2012 年处理了 859 宗，成果显著。

从提交到解决争议的平均时间约为 60 天。大约 28% 的争议是关于未交货的纠纷，21% 的是关于不良货物的纠纷，17% 的是关于消费者提款的纠纷。在线 Schlichter 的高调解率归功于成功使用技术来解决小额纠纷。①

（四）亚洲国家和地区关于在线纠纷解决体系的经验

不仅是欧美国家，一些亚洲国家和地区也将目光投向了在线纠纷解决，发现在线纠纷解决体系借助互联网，不仅是解决新型互联网纠纷的利器，对于传统的纠纷解决，也有其独到之处。

1. 印度在线纠纷解决体系的经验

印度法律科技初创公司 Presolv360 设计了印度首个在线纠纷解决平台。

该平台为用户提供了三种解决纠纷的服务：1. 提供印度传统纠纷解决系统的快速有效替代方案；2. 当事人可以根据合同价值获得为期一年的担保协议，双方都可以使用在线争议解决平台，并且如果在一年内发生任何争议，他们可以免费在线友好地解决其争议；3. 平台专家将从预防纠纷的角度审查用户协议，并提出适当的意见和建议，使用户以最低的成本解决问题。

这些服务可以使印度互联网用户快速在线解决纠纷并降低诉讼成本。人们往往对法庭敬而远之，因为去法院通常会花费较多的时间和精力，但是在线纠纷解决平台为当事方提供了足够的时间在网上进行对话，并帮助他们做出正确的选择。鼓励双方在庭审前就和解进行谈判。对于那些存在的个人和商业冲突，当事方可以选择通过在线纠纷

① 参见江和平、蒋丽萍：《域外在线纠纷解决系统简介》，载《人民法院报》2015 年 12 月 18 日，第 8 版。

解决平台重组其关系或友好地解决该关系。这种在线方法不仅可以保护当事方的声誉,还可以节省时间和金钱。除了平台的速度和效率外,印度普通调解的两个现有挑战已得到解决:怀疑调解员的调解和担心与对方律师争吵。此外,平台与律师的联系密切,希望能够结合平台优势与律师的专业水平,鼓励律师充分发挥其在调解中的作用。律师可以依靠其专业法律技能为当事人提供帮助,提升调解的水平和质量。同时,该平台提供专业的调解员,在检索调解员的信息后,争议各方可以根据其职业背景,调解风格和执业经验进行自由选择。①

2. 我国香港地区在线纠纷解决体系的经验

香港调解 ODR 于 1999 年在香港成立,旨在为人们提供自由选择和任命调解员的机会。它是香港第一个具有慈善性质的非营利调解组织。香港调解 ODR 的优势是它可以提供最新的合格调解员列表供各方在线选择。目前,有近 800 名经过认证的调解员,他们是医疗保健、教育、法律、社会福利、工商、建筑和工程领域的专业人员,致力于解决香港地区的纠纷。该平台提供了有关程序的免费指导,使当事方可以更系统地提出上诉,调解员可以更轻松地帮助当事方解决争端。②

未来,该平台将致力于专业调解,以提高调解员的专业水平和调解服务的质量,继续加强调解服务的宣传以提高公众对调解的了解,并不断完善调节机制,增强群众对于调解的信心。此外,香港国际仲裁中心已经建立了域名争议在线解决平台,其他类型的争议解决平台也正在逐步开发中。

随着技术的更迭和大数据的应用,ODR 还将进一步加强对人工智能和数据的应用,设计各种智能解纷模型,优化智能解纷效果。习近平总书记指出,“没有信息化就没有现代化”。在线纠纷解决体系不仅是解决网络交易纠纷的有力武器,也是补充传统纠纷解决体系的重要内容。了解在线纠纷解决体系的国际规则和境外经验,有助于我们吸收成熟的实践经验,坚持对外开放,更好地融入世界,谋求发展。

---

① 参见郭文利、王丽慧、王霭雯、杨若瑶、裘滢珠:《域外在线纠纷解决机制发展新趋势(下)》,载《人民法院报》2019 年 2 月 22 日,第 8 版。

② 参见郭文利、王丽慧、王霭雯、杨若瑶、裘滢珠:《域外在线纠纷解决机制发展新趋势(下)》,载《人民法院报》2019 年 2 月 22 日,第 8 版。

CHAPTER 10 >>

第十章

在线纠纷解决体系的实践探索与发展路径研究

随着大数据分析技术的不断应用和完善，各国社会矛盾纠纷化解方式也不断转型升级。事实上，民事审判实践中纠纷解决方式因现代科技不断发展而转型，但这种转型并非简单地将现代科技应用到传统模式中，而是以互联网为基础重新构建一种新的在线解纷模式，以更好地接近正义，进而实现正义。在司法信息化、智能化、数字化的改革建设下，纠纷解决的方式将现代科技与"互联网 + 司法服务"深度融合，构建优化新型的在线纠纷解决体系，提速矛盾纠纷分流化解，开展多元解纷总动员，满足人民群众多元的解纷需求。司法改革在信息化建设和大数据运用背景下，立足新手段，为纠纷化解提供多途径的解纷方案和方便快捷的解纷服务，对数字化司法体制改革具有重要意义。本文在司法信息化改革背景下，分析在网络强国战略下我国司法改革下纠纷解决方式转变的重要价值，深入剖析在线解决纠纷的主要类型和主要特点，分析域外 ODR 发展现状，探索我国在线纠纷解决的司法运用和现存困境，并以浙江 ODR 平台为创新实践的切入点，通过平台的构建引发对完整体系构建优化的思考，并分析在线解纷服务新模式下存在的适用瓶颈，本书对于我国在线纠纷解决体系的发展路径进行了反思与优化，包括完善在线纠纷解决司法应用标准、建设全国在线解纷服务信息平台、提供司法改革实践下的法律支撑、优化与在线纠纷解决体系相协调的监管制度等一系列措施。

近年来,全球在线解决纠纷呈现出快速化与规范化并存的发展趋势。社会大环境中充斥着误解和纠纷,但是缺乏解决问题的高效途径,因此在线解决纠纷逐渐成为满足人民群众司法需求的新要求。在线纠纷解决 ODR(online dispute resolution)是互联网时代司法变革与中国法治现代化的产物,是一种将计算机信息处理功能与互联网相结合的纠纷解决新模式,也是纠纷解决方式从传统的矛盾解决方式向新时代的数字司法的转变,而对于在线纠纷解决的定义在国际上并没有形成统一的标准。目前,有关在线纠纷解决机制的研究有良多,关于其概念的界定也有不同的差别,这导致在线纠纷解决机制的应用规则也不尽相仿。在线纠纷解决机制最先是由美国所开发研究的,以 20 世纪 90 年代网络极速发展作为开端,因互联网所产生的各类纠纷迅速增多而不断产生,从替代性纠纷解决机制(Alternative Dispute Resolution, ADR)转变而来。不是通过传统的解决纠纷方式,即面对面、纸对纸的亲临法庭的方式,而是利用互联网的在线平台环境进行纠纷解决,简单地说就是通过互联网信息技术对纠纷进行咨询、协商、调解、仲裁等。因为其具有高效、便捷、灵活及成本低的实践优势,目前,在线纠纷解决已经成为域外纠纷解决的重要途径。

由于互联网和信息技术的快速发展,传统的线下纠纷解决方式已经不能满足新时代的需求,大众对于更加方便快捷的解纷模式的需求不断增加。尤其是面对新型冠状病毒肺炎疫情的突袭,使抗击疫情的同时也要注重维护群众基本的司法需求,畅通司法为民渠道。为避免人员出行聚集,切实保障诉讼群众生命安全和身体健康,应用在线解决纠纷方式是疫情防控期间最为有效可行的司法服务方式。各地及时出台相应政策来应对疫情期间的司法新挑战,浙江省也为此做出积极探索,先后发布《关于疫情防控期间诉讼服务相关事项的通告》《关于进一步加强在线诉讼的若干意见》等。本书以浙江 ODR 平台作为切入点来探索在线解决纠纷主要基于以下三点原因:第一,浙江的互联网科技和经济具有先天优势,可以为在线解决纠纷提供先进的技术条件和充足的资金支持;第二,杭州互联网法院作为全国第一家互联网法院,此前已有相对丰富的在线诉讼实践经验，再加上抗疫期间浙江响应号召积极推动在线解决纠纷，先后出台并实施了一系列政策和措施并取得了一定成效，其相关政策与实践在一定程度上可以为研究在线解决纠纷的路径提供参考。

在当前的疫情环境与后疫情时代，通过在线解决纠纷的方式处理案件这一趋势正在常态化。对于在线解决纠纷，其目的并不是从根本上改变和重组司法服务，而是通过引入数字司法在解决争端方面改善诉诸司法的机会。当前的司法改革不断推动流程的自动化。数字化转型提供了一个真正的机会，可以改善诉诸司法的机会，尤其是对简化流程与争议价值更相称的低价值索赔。因此，本书认为，对于日常的低价值纠纷，在线解决纠纷的流程应是任何司法服务设计的核心。

迈向数字社会，面对与日俱增的纠纷种类与数量，我们缺乏的从来不是法律供给，而是纠纷解决供给；换句话说，我们现在迫切需要纠纷解决升级换代。2017 年习近平总书记在党的十九大报告中提出“加强互联网内容建设，建立网络综合治理体系”“善于运用互联网技术和信息化手段开展工作”。我国在线解纷的发展与目前国内互联网应用情况及对建立在线解纷相应机制的要求是不相适应的。现阶段，拥有远超 8 亿网民的网络大国正在向着建设网络强国的目标加速前进。

因此，探索并优化我国的在线纠纷解决体系亟待提上日程。我国在线解决纠纷发展相对滞后，与我国发展网络强国的战略不相符，国家有必要加大对在线纠纷解决体系的引导、规范、监管、投入，实现其与我国矛盾纠纷多元化解机制的有效衔接，重点实现观念、制度、机制、保障的衔接。同时，要按照“互联网 + ”的要求推动我国矛盾纠纷多元化解机制的完善，着重建立健全在线调解、在线仲裁、在线复议、在线诉讼、在线信访等多种解纷模式统一的在线纠纷解决体系，推动矛盾纠纷多元化解机制主动适应“互联网 + 司法”新时代的挑战和要求。如何完善和实现在线解决纠纷并促进这些措施长效化，需要我们进一步探索。

一、理论与研究：在线纠纷解决的理念探析

关于（ODR）的理念，国外的不同学者存在不同见解。主要的不同

观点在于在线纠纷解决运作的方式，到底体现的是工具价值、程序价值抑或是技术价值。

从技术的角度出发，Ethan Katsh 教授认为在线纠纷解决是从协商、调解和仲裁等替代争议解决方式的替代性纠纷解决机制中演变而来，认为在线纠纷解决是一个发展中的领域，将随着新的在线工具和资源的开发而改变，在其 2001 年的专著——《Online Dispute Resolution：Resolving Conflicts in Cyberspace》——中最早对 ODR 进行系统的介绍，并且首次提出技术作为独立于争议双方和中立第三方的“第四方”的观点，指出方便、信任和专业是 ODR 程序的三大原则。Ethan 认为，“第四方”存在并未打破传统纠纷解决机制的结构，它是协助第三方解决纠纷的手段，仍然属于第三方的一部分。ODR 的核心是提供比传统法庭和诉讼更加灵活和有效的争议解决方式。

从工具的角度出发，其他学者提出不同界定。Colin Rule 教授在其《Online Dispute Resolution for Business》文章中，将 ODR 定义为由纠纷解决体系和信息技术合成的新工具。由此可以看出，从对在线解纷持怀疑态度到现在的理解与应用，建立在线解纷机制不再是利用网络解决纠纷，而是寻找可以为许多不同类型的冲突提供信任、便利和专业知识的工具。从程序的角度出发，Pablo Cortes 教授在其文章《Online Dispute Resolution for consumers in the European union》重要阐述 ODR 的程序主要在网上进行，这些程序包括发起投诉、第三方的会面、质证程序、口头听审、讨论、有约束力的裁决的执行。从始至终，ODR 只是解决纠纷的一个不同中介而已。而且，ODR 同样需要遵循正当程序原则。ODR 机制实质上是纠纷处理的在线化，对于这种纠纷处理机制，也要遵循相应的程序，无论是线上还是线下，一旦程序得不到有效的保证，那么纠纷处理的结果自然也有可能存在不公正，从这一角度来看，这样的看法更加注重的是 ODR 的程序价值。

从运行的角度出发，美国律师协会电子商务和 ADR 小组（American Bar Association Task Force on E-Commerce and ADR，ABA Task Force）对 ODR 的界定是：ODR 是一个广义的概念，它是将互联网使用、网站、电子邮件交流、流线媒体和其他信息技术作为纠纷解决程序的一部分的各种替代性纠纷解决机制和诉讼程序。当事方参与 ODR

并不需要互相见面，但是必须通过在线交流的方式。值得注意的是，美国律师协会电子商务和替代性纠纷解决机制小组的定义并没有将传统诉讼排除在 ODR 的范围之外。从这个定义我们可以看出，ODR 首先是一个在线纠纷解决机制，并且这一机制更加注重计算机技术和互联网技术的运用，从其运作方式来看，这一纠纷解决机制与传统不同，其纠纷解决不需要当事人会面，所需要的是可以保证当事人之间信息沟通通畅的互联网技术。美国的 ODR 网站在实验性发展阶段的主要投入主体是政府、非政府组织和学术部门，Thomas Schultz 在 2004 年的一篇文章——《Does Online Dispute Resolution Ned Governmental Intervention? The Case for Architecture of Control and Trust》——中认为 ODR 的发展离不开必要的政府干预。但是网站完成以后一般都会企业化，交给市场进行商业运营。美国鼓励促进纠纷解决的 ODR 私有公司的发展。总体上政府不采取任何措施介入其发展，持一种在现有法律框架内放任其自由发展的态度，把这一问题完全交给民间去解决。

对此我认为，在线解决纠纷的发展离不开多元主体的支持与帮助，在司法现代化的需求下，司法机关不仅要创新纠纷解决的新模式，行政机关也需要制定相关政策推动其良性运行，但过多的干预并不利于发展，因此干预必须要把握一定的尺度。

由于国内的在线纠纷解决发展起步较晚，因此国内学者对在线纠纷解决的界定借鉴于国外观点，并在此基础上对 ODR 提出各种定义思考。主要从三个角度进行认定。

从狭义的角度，最为狭义的概念是将 ODR 定义为中立的第三方，ODR 平台通过在线的方式处理在线交易当事人之间的矛盾和纠纷。学者郭佳玫在其《论现行网路交易争议解决的法律问题——兼谈线上争端解决机制》文章中认为 ODR 只包含在线调解和在线仲裁两种方式，其受案范围也只限于 B2C 模式的电子商务纠纷。但是，电子商务的模式多种多样，如 B2C 模式、C2C 模式、B2B 模式等，因此该定义过于狭窄。学者徐继强在《在线纠纷解决机制（ODR）的兴起与我国的应对》中认为在线纠纷解决 ODR 的定义是从替代性纠纷解决机制演化而来，其主要模式是把替代性纠纷解决机制的方法和经验运用到全球电子商务环境中，以解决大量出现的在线纠纷的一种机制。学者黄进在其《国际民商事争议解决机制的几个重要问题》中将 ODR 定义为争议解决的全部或主要程序都在互联网上进行的争议解决方式。仅仅利用网络技术实现文件袋管理或者传递,程序的其余部分仍运用传统方式来完成的,不属于在线解决争议的范围。而学者李虎更是将 ODR 局限于在线仲裁,指主要借助网络技术(如电子邮件)进行信息的即时传输和交换,所以信息主要以数字化形态经由互联网快速传递。该观点太过于片面,在线仲裁只是在线纠纷解决的类型化分支,并不能涵盖在线纠纷解决,因此该观点本人不予认同。

从折中的角度,有的学者认为 ODR 平台通过在线和解、在线调解、在线仲裁等方式来处理各种电子商务模式的在线纠纷。在这一定义下不包括法院的在线诉讼方式。郑世保教授在技术层面对在线纠纷解决进行界定,认为 ODR 的术语和理念内核均来自替代性纠纷解决机制,在其编著的《在线解决纠纷机制(ODR)研究》中阐述了 ODR 是替代性纠纷解决机制的一个分支,是技术在纠纷解决中起主要作用的替代性纠纷解决机制。认为法院的在线调解、在线诉讼不属于 ODR 的范畴。

从广义的角度,学者高兰英将 ODR 定义为“一种能独立于当事人的物理场所、大部分或主要过程利用互联网技术进行的争议解决机制,包括在线法院程序与在线法院外替代性纠纷解决机制”。在其著作《在线争议解决机制(ODR)研究》中扩大了对 ODR 的定义,认为在这种概念下可以将 ODR 分成两类:法院外 ODR 和法院 ODR,既可以适用于在线争议,也可以适用于离线争议。

不同角度的界定,主要涉及两个争议点:(1)法院在线司法和调解是否属于在线纠纷解决的范畴。(2)对于在线纠纷解决在不同领域的适用问题。

不难发现,我国 ODR 机制的内涵要宽于国外的概念。本人认为对在线纠纷解决的定义应当从广义上进行理解,即 ODR 是当事人在网络空间利用互联网通信技术,在线完成各种纠纷化解的总称。包括三个角度的界定:(1)ODR 需要借助网络技术手段。(2)ODR 机制是在虚拟的网络空间进行纠纷解决。(3)ODR 机制的重心不仅在于纠纷化解,更多的优势在于纠纷的预防和控制。

就国外的研究而言,其为研究中国的在线纠纷解决机制问题提供了理论模型、知识借鉴和实践模式，但国外的研究并不关注中国问题，或者对中国问题的关注并没有把握住中国司法的核心与关键。就国内的研究而言，国内学者大多将研究重点放在在线纠纷解决机制的理论研究上，对机制的构建及运用规则和标准的研究较少。

大多数相关研究都分析了 ODR 在互联网时代中的重要作用，且主要以分析欧盟 ODR 条例来探讨建立我国的在线解纷机制，但是对在线纠纷解决体系的全面深入研究还非常罕见。而本书研究在线纠纷解决体系的目的在于在一个完整的体系下，贯穿诉源治理理念，用最小的成本对受损害的权利进行救济，以最高的效率恢复破坏的社会秩序，同时最大程度上提高对社会的治理。

二、破局与发展：司法体制改革下在线纠纷解决体系的形式与探索

（一）在线纠纷解决体系概述

在线纠纷解决，其英文简称为 ODR（Online Dispute Resolution），是多元化纠纷解决方式与网络信息技术互通融合产生的一种新型纠纷解决模式，借助互联网技术预防矛盾和解决纠纷。纠纷解决的主要程序以在线的方式进行就是 ODR，这样 ODR 就包括在线诉讼和在线替代性纠纷解决机制。① 而在线纠纷解决机制，其英文简称为 ODR，是指"利用互联网程序对各种矛盾纠纷进行线上解决的方式总称，包含在线仲裁、在线调解等解纷方式。"②该机制排除了法院在线诉讼这一模式，该机制是替代性纠纷解决机制与互联网信息技术相结合的产物，在线纠纷解决机制和法院的在线诉讼共同构成在线纠纷解决体系。

在线纠纷解决体系，是一种跨越时空和地域，利用网络科学技术解决矛盾纠纷的创新模式。对于在线纠纷解决体系的定义在国际上并没有形成统一的共识。中国在司法体制改革进程中探索的在线纠纷解决

---

① See Tomas Sehultz, *The Current State of Play in ODR*, CCform project, 2nd meeting, 20 March 2003, p. 2.

② 高兰英：《ODR 与 ADR 之明辨》，载《求索》2012 年第 6 期。

体系是能够促进公平正义实现的在线纠纷解决方式,包括诉前在线纠纷解决(在线调解、和解、仲裁、磋商、智能解纷等)、诉中在线纠纷解决(在线司法确认、立案、庭审等)、诉后在线纠纷解决(执行)。这一体系的目标是形成民间、行政、司法解纷力量并存,诉讼与非诉讼程序方式相结合的多元化在线纠纷解决制度体系,并形成相应的纠纷解决文化。① 在线纠纷解决体系的构建重在完善诉调对接制度,即通过兼顾诉讼方式与调解、仲裁等其他非诉方式的协调发展调处社会矛盾纠纷,合理配置和整合各领域的纠纷解决资源,形成民间、行政、司法程序的高效衔接和互通协调。同时也强调拓展纠纷化解渠道、深度应用现代科技,从而灵活应对互联网时代的纠纷与挑战。优化在线纠纷解决体系正是为了适应这种需要,其作为国家信息化发展战略的重要组成部分,是"接近正义"的中国化路径和试验之一。

(二)在线纠纷解决的特点与主要类型

在线纠纷解决的内容多元,其包含互联网交易纠纷解决的扩充项,它具备如下特点:

第一,自愿性和替代性。在线纠纷解决即替代性纠纷解决机制在网络空间运行的解决模式,是为了弥补传统纠纷解决机制的不足而产生的,当事人可根据自己的意愿来选择是否采取在线解决纠纷的方式。

第二,高效便捷性。在线纠纷解决出现的初衷之一是为避免烦琐的调解或诉讼程序,当事人可以选择对自己方便且有利的方式,将纠纷解决过程转移至线上进行,具有极大的便捷性。且在适用过程中不仅能够降低时间成本,提升解纷效率,而且便于在线统一管理。

第三,跨时空和无国界性。互联网本身具有的超时空和地域性决定了在线纠纷解决不受时间、空间、地域范围的限制。当事人和解纷机构之间可以通过线上、视频等形式进行交流沟通,减少不必要的费用。

第四,对互联网技术的依赖性。依托技术促进案件解决多元化已成为21世纪以来司法改革的总体趋势。② 构建在线纠纷解决体系需要依托当前先进的互联网技术。具体依托以下几类新兴科技的崛起:第

---

① 参见范愉、李浩:《纠纷解决——理论、制度与技能》,清华大学出版社2010年版,第21页。

② 参见傅郁林:《迈向现代化的中国民事诉讼法》,载《当代法学》2011年第1期。

一，信息处理技术。涵盖5G技术、云计算、大数据分析等多项运用与接收、存储、处理纠纷案件的新兴网络技术；第二，通用软件，如OCR识别、远程视频、E-mail等；第三，信息安全防护，包括个人信息保护、病毒防御等技术。互联网信息技术对在线纠纷解决方式的开展发挥着日益重要的作用，互联网技术的发展状况影响在线纠纷解决方式的运行与发展，这也说明了在线纠纷解决对互联网技术有较高的依赖性。

在线纠纷解决的主要类型包括：

1. 在线诉讼

在线诉讼是指当事人无须亲临法院就可以通过全流程的在线模式实现诉讼的每一个环节，包括起诉、立案、送达、举证、开庭、裁判，及时记录并保存当事人的诉讼步骤，不仅可以减少时间成本，而且差旅费用零支出，使当事人足不出户就可以完成诉讼。2017年8月全球首家互联网法院——杭州互联网法院正式挂牌设立。杭州互联网法院利用制度创新和网络新技术应用的优势，打破时间与空间限制，实现全流程在线办案，方便群众解决纠纷。互联网法院的设立使在线纠纷解决与“智慧法院”建设深度融合，是司法模式主动适应“互联网+”时代的重大制度创新。

随着《最高人民法院关于加快建设智慧法院的意见》《人民法院信息化建设五年发展规划(2019—2023)》《法院信息化基本术语》等文件的相继出台。最高人民法院明确指出，要加快建设智慧法院，构建人力与科技深度融合的司法运行新模式，积极落实智慧法院“全业务网上办理、全流程依法公开、全方位智能服务”的具体要求。① 因此，推进互联网信息技术与司法的融合，实现在线诉讼是全国法院系统的共同目标。目前，全国已设立杭州、北京、广州三家互联网法院，推动了在线诉讼的普及与推广，一方面凸显线上处理、便捷办理、让人民群众“少跑路”甚至“不跑路”的高效便民功能；另一方面也凸显改革创新思维，利用大数据、人工智能、云计算技术打造平台、管理文档、处理案件等，全面体现在线诉讼的特点。

---

① 参见周强：《加快智慧法院建设，推进审判体系和审判能力现代化》，载《人民法院报》2017年5月12日，第1版。

2. 在线调解

调解是为了解决纠纷,同时具有保持一致同意和不具有约束力的特征。在线调解是由在线纠纷解决平台提供化解纠纷的中立第三方,并由该第三方在纠纷双方之间进行斡旋和调解。纠纷双方与中立第三方可以通过平台,借助互联网通信技术进行交流协商,最终在中立第三方的调解下,双方达成调解。在线调解通常表现为当发生纠纷时由一方当事人向提供在线调解服务的线上平台申请线上调解以解决纠纷,当事人也可自主选择合适的调解人员,未选择的可以通过系统自动分配人员,由调解员主动联系被申请人对纠纷事项进行在线调解是否同意。若同意调解,则双方当事人与调解员协商后可任意选择时间地点进行调解。在线调解充分体现当事人自愿原则,并且程序灵活,这种调解有利于纠纷解决的良性发展,而且避免了线下调解程序的烦琐,提高了解决纠纷的效率。经调解所达成的调解协议可通过一键直达司法确认后具有强制执行的效力。

3. 在线仲裁

在线仲裁即纠纷双方以仲裁协议为依据,对通过在线仲裁机构或者提供在线仲裁服务的线上平台,对有关证据和主张进行审理之后做出裁决,自提交申请至达成仲裁结果的一系列过程都在线上完成。在线仲裁是一种较为官方的在线纠纷解决形式,它具有较强的专业性和规范性,通常适用于案情复杂、难度系数较大的纠纷。与此同时,在线仲裁还最大程度地利用了同步的网络聊天技术,将纠纷案件通过在线仲裁中虚拟的仲裁庭及其仲裁过程完美地呈现出来。①

相比于线下诉讼的解决方式,在线仲裁方式效率更高,成本更低,而且仲裁结果相对专业和公正。但受限于互联网信息技术的开发条件,仲裁的受案范围存在限制。以在线仲裁的方式解决纠纷,若被申请方否认且不执行仲裁裁定时,申请方可向法院申请强制执行。例如,美国的 Arbitration Online Claim Filing(FINRA),该平台主要解决关于投资安全的纠纷,不满解决结果的一方可提起在线请求,之后会收到一份受案书,除非法院在有效期内推翻该裁决,否则该结果具有最终的法律约

① 参见卢云华等主编:《在线仲裁研究》,法律出版社 2008 年版,第 16 页。

束力。①

(三)网络强国战略与司法体制改革下在线纠纷解决的优势

互联网是21世纪最主要的媒介,作为共同的信息来源,通信工具和全球交易平台已成为在当前活动领域引入现代化科学技术解决方案的引擎。据2020年第46次《中国互联网络发展状况统计报告》显示,截至2020年6月,中国的网民规模高达9.40亿,互联网普及率为67.0%,手机网民规模达9.32亿,网民通过手机接入互联网的比例高达99.2%。② 互联网的普及,深刻改变了转型时期国内在政治、经济、社会文化领域的面貌,也推动了传统法院审判工作的变革,互联网司法体系的建设、互联网应用能力的强弱事关司法信息化建设的成败。近年来,各级人民法院为改变传统纠纷解决方式而不断探索新型现代化纠纷解决方法,促进创建在线立案、在线调解+司法确认、在线审判等为一体的综合解纷平台,促进纠纷解决的互联网化和智能化发展。

1.降低解纷成本,提高解纷效率

传统解决纠纷的方式往往是在线下面对面进行,其主要包括:诉讼、调解、仲裁、和解等多元化解决纠纷的方式。“在传统的线下纠纷解决机制中,双方当事人在法庭或仲裁庭中见面,会因为观点不同而情绪激动,通常会因此发生争执。”③因此,传统解决纠纷的线下处理方式通常会存在协商交流难、面对面争辩情绪波动大、当事人态度尖锐等问题,从而导致解纷效率低下,案件处理效果无法达到预期。

在线纠纷解决与传统纠纷解决相比,其最大的优点在于低成本、高质效。比如,纠纷当事人可自行选择合适的时间、地点与解纷主体或对方当事人通过网络通信工具来协商沟通解决矛盾纠纷。除此之外,相关程序的运行也可通过线上开展完成,包括在线申请、举证、质证、调解、开庭以及送达文书等司法环节的开展。不仅如此,利用互联网技术解决纠纷还可以使差旅费费用支出大大减少,降低纠纷双方当事人的

---

① 参见吴鹏:《在线纠纷解决机制(ODR)研究》,北京理工大学2015年硕士学位论文,第16页。

② 参见2020年第46次《中国互联网络发展状况统计报告》,载中央人民政府网,http://www.gov.cn/xinwen/2020-09/29/content_5548175.htm。

③ 刘东:《跨境电子商务纠纷解决模式研究》,华东政法大学2016年硕士学位论文,第28页。

解纷成本,既突破纠纷解决的地域范围限制,还大幅度节约时间成本。纠纷解决的全过程自开始申请到作出最终解决结果的各环节均在网络虚拟空间内搭建运行的模式,不仅能够有效记录完整的在线解纷流程,并且能更加便捷地提高解决纠纷的效率。线上解决纠纷的效率提高,有别于传统的线下纠纷解决方式,能够融合复杂的程序环节、减少司法资源的重复性浪费、弥补传统纠纷解决方式中存在的不足。

2. 充分调动各机关组织及社会力量

在线纠纷解决体系是集多种在线解纷方式于一体的社会治理新模式,涉及综治组织、行政机关、社会各团体等多类主体,通过多元主体互联互通、有效整合资源,以形成合力高效解决纠纷。随着司法改革过程中立案登记制的实施以及法官员额制改革的深入,逐渐造成办案人员数量减少,法院案件数量不断增长,案件疑难复杂程度不断增加的局面,该"两增一减"的局面使法院面临的案多人少的矛盾将在较长一段时间内难以得到明显改善。从诉讼制度本身着手来缓解人案压力,既会面对较多的制度性障碍,又存在优化空间有限的限制。从诉讼外部着手,构建在线纠纷解决体系将是更为现实可靠的发展之道。

目前,由于解纷的力量相对单薄、缺乏专业人才资源等问题,使调解寸步难行。而目前在线纠纷解决体系的构建能够促进官方资源与民间资源、法律资源与非法律资源、国内资源与国际资源的合理配置和资源共享,可以引入并壮大更多的法律、管理、心理咨询等专业人才队伍,整合人才资源,实现人才跨区域、跨专业共建共享,充分调动社会力量积极推动并发挥行政调解、人民调解、律师调解、专家调解等各方力量,努力化解矛盾纠纷。① 在调动社会力量方面,可以通过特邀调解组织和特邀调解员名册制度,加强与保险、金融等行业协会的沟通,完善调解的对接程序和统一规则,发挥职业化、专业化的优势。吸纳多元主体参与在线纠纷解决的过程,发挥其所具备的专业知识或丰富的群众工作经验的优势,在线为群众提供心理咨询、评估、调解等服务。以"互联网+在线纠纷解决"的方式处理当事人的纠纷,在大幅度提高解决纠纷效率的同时,还能为司法改革升级开拓全新局面。

---

① 参见陈辽敏:《创新型多元化纠纷解决机制的构建与发展——以浙江省杭州市西湖区人民法院为例》,载《中国应用法学》2017 年第 3 期。

3. 构建在线纠纷解决体系符合时代的需要

中国新时代发展常态化下，对于社会矛盾纠纷的数量、类型比例、范围等情况没有精确的具体数据，矛盾纠纷现状的统计存在重复、遗漏等问题，无法通过精准的数字可视化展现。现阶段未整合一体化的解纷资源，导致矛盾纠纷基本“拥堵”在司法诉讼渠道，给司法治理带来了极大的挑战。因此要发挥法治的引领和规范作用，基于中国国情，遵循司法规律，构建符合互联网特色的案件解纷新模式。

司法是维护公平正义的最后一道防线，但无法百分百解决所有领域的矛盾纠纷，诉讼在一定程度上能够有效解决纠纷，但并不代表所有矛盾纠纷必须以诉讼方式才得以解决，站在大众角度，我们更希望遇事以“法”为先，而不是以“法院”为先。因此拓宽解纷渠道是必然趋势，司法并不是唯一的解决纠纷的渠道，纠纷解决方式的多元化发展不断适应人民群众的解纷需求，在新时代的发展需求下也要求我们积极转变传统的解纷理念。以人民群众的解纷需求为导向，不仅仅要依靠权威的、公平公正的纠纷解决渠道，还要在“互联网＋”时代下，构建针对纠纷类型和个性化差异设计的在线纠纷解决体系，完善中国特色的多元化纠纷解决模式。

在 21 世纪的新发展格局下，智能化、数据化不断发展，“互联网＋”思维深入人心，互联网的普及率高达 67%。大数据时代的发展正不断改变我们的生活方式、工作方式和思维习惯。我们已经不知不觉地卷入了互联网的浪潮，电子商务的发展给我们提供了更为高效便捷的互联网平台，交易流程和方式得以简化，物流系统得以优化，交易成本大幅降低，从而使生产效率得到了极大的提高，因此给予在线解决纠纷一定的启发。若还是将传统的纠纷解决方式作为解纷的唯一途径，将难以满足互联网和电商发展的需要，也难以满足时代的需要。因此，在互联网背景下，构建在线纠纷解决体系亟待提上日程。

三、现状与困境：我国在线纠纷解决体系的发展态势

欧美的在线纠纷解决理念与我国诉讼制度和人民调解制度相结合

的纠纷在线解决新模式有着某些相似之处，这一创新模式是与智能化信息技术相结合的产物，推动了司法资源与行政资源共同助力在线纠纷解决体系的发展。

一方面，互联网普及率的不断提高，使中国互联网行业整体呈现多元化发展趋势，传统的解决纠纷方式已经满足不了人民群众日益增长的各类解纷需求。另一方面是由于互联网的发展为在线纠纷解决的发展提供了技术支撑。[①] 为缓解现存供求不平衡的司法资源，避免资源浪费，构建在线解纷新模式，努力实现解纷需求与解纷供给均衡匹配，以解纷供给的改革创新适应解纷需求，使纠纷化解在前端、化解在萌芽状态已成为社会的强烈需求。而目前我国司法部门充分发挥司法引领作用，运用互联网思维重构能动司法新理念，实现"自解纷"到"协同治"的转变，充分运用在线纠纷解决模式实现定分止争。

（一）在线纠纷解决模式的司法运用

1. 协同化 ODR 模式有效主导纠纷化解

目前，国内 ODR 平台建设逐渐呈现融合发展趋势，以协同化及类型化模式建设为代表。在司法实践中，各地法院依据司法资源现状和现实需求构建了多种模式并存的在线纠纷解决模式，主要有以下三种：

第一种为"协同化 ODR"模式，即法院主导模式。协同化趋势主要体现为 ODR 平台与法院的对接，以及各平台间的互联互通。[②] 主要通过在法院内部设置诉调对接中心，引入调解组织或调解员参与案件调解。协同化 ODR 模式，是指人民法院衔接诉讼与非诉讼解决纠纷的通道，联通多元调解力量参与矛盾纠纷的调处，共同致力化解纠纷。协同化 ODR 模式的产生是立足于"立案前多元化"，通过探索诉外纠纷解决新模式，建立协同化 ODR 平台在线引导调解协商、预判纠纷结果等新方式将纠纷化解于诉讼之外，明确诉源治理的方向，引导纠纷当事人利用平台优先调解处理矛盾，调解不成再进入立案环节，从源头上将案件引导分流。这种模式强调法院充分发挥司法的能动效应，在参与诉源

---

① 参见胡晓霞：《我国在线纠纷解决机制发展的现实困境与未来出路》，载《法学论坛》2017 年第 3 期。

② 参见赵蕾、曹建峰：《法律科技：法律与科技的深度融合与相互成就》，载《大数据时代》2020 年第 5 期。

治理的过程中协调诉前解纷资源,激活多元化解决纠纷新模式,推动多元主体共同参与解决矛盾纠纷的治理格局中。

第二种为“类型化 ODR”模式,即法院参与模式。在法院外建立特定类型纠纷的 ODR 诉调对接中心、各领域纠纷处理中心等平台,通过司法力量与行政力量和社会力量的合力协调解决纠纷。类型化趋势主要体现为针对不同纠纷类型建设专门 ODR 平台。2010 年“电子商务消费纠纷调解平台”的上线,标志我国开始出现规范的类型化解纷平台。近几年类型化 ODR 平台的数量也在快速增长,仅 2018 年国内就搭建了多个领域的类型化解纷平台,如杭州市妇联推出的全国首个“反家暴服务平台”,杭州江干区人民法院与工行杭州分行合作推出的“破产管理平台”,杭州市上城区法院自主研发的“金融纠纷一站式化解平台”,海门市人民法院成立的交通事故“网上数据一体化处理”中心,广东省和谐医患纠纷人民调解委员会研发的医患纠纷线上处理客户端(App)等。结合当事人需求和纠纷类型各不相同的实际,实现矛盾纠纷化解的个性化定制。比如民间借贷纠纷追求效率,家事纠纷则需要情感切入,类型化纠纷解决就会将两种类型纠纷分类处理,在民间借贷纠纷调解中注重协调效率;在家事纠纷调解中注重当事人的情感需求。当事人可以根据不同的需要,定制不同类型的调解服务。

目前,浙江省高级人民法院为了进一步探索类型化纠纷解决模式,切实加强矛盾纠纷预防化解,结合全省法院实际,意在推广类型化纠纷调处机制。对民间借贷、买卖合同、机动车交通事故责任、金融借款、离婚纠纷、物业服务合同、追索劳动报酬,以及商标权、著作权、不正当竞争等多发易发纠纷,依托“ODR 平台”类型化解纷功能,选择若干基层法院开展试点,通过线上线下同步推进,实现类型化纠纷智能化解。

第三种模式为特定类型纠纷的“一体化”解纷平台,即对于金融案件、物业服务合同、交通事故等特定类型纠纷,因该类特定纠纷的解决流程较为烦琐,并非单一环节能够及时解决,需要相关部门协同处理,在此现状的发展下,逐渐探讨开发由法院与相关部门共同参与所构建的统一纠纷化解平台。以 2020 年新上线的金融案件多元解纷一体化平台为例,其是由北京市高级人民法院、中国人民银行营管部、北京银保监局共同签署《金融纠纷多元化解机制合作备忘录》,同步上线金融案件多元解纷一体化平台，为化解金融纠纷提供绿色通道。该一体化平台以人工智能、大数据、闪信等技术为辅助，针对海量金融纠纷给违约人批量高效发送违约提醒、区块链电子律师函、类案在线观摩提醒、类案判决警示提醒，通过智能催收引导违约人及时履约，从源头上化解纠纷。另外，对于金融消费者而言，过去逾期还款后个人征信将受到影响，今后再贷款变得十分困难。在该机制下，当和银行达成还款协议后，如果未经执行即自动履行，法院会出具自动履行证明，通过人行银企对接系统推送给在京金融机构，可以使得金融消费者在一定程度上修复信贷信用。① 该金融纠纷一体化解纷平台，使得金融数据点对点对接，避免大量纸质化诉讼文件和繁杂的人工核算工作，从而高效、便捷、低成本地处理金融纠纷。

以上三种模式各有优缺点，我国各省市因地制宜，三种模式在解决纠纷的实践中皆有所应用。以浙江省为例，浙江省法院结合工作实际，采用协同化 ODR 模式，即在第一种模式的基础上探索建立了“在线解决纠纷”衔接诉调对接新模式，将“在线解决纠纷”纳入法院工作中，有效衔接诉前与诉中纠纷化解渠道，加强调解队伍建设与规范化管理，避免了“类型化 ODR”可能产生的受案范围受限、司法资源不足等缺陷，又兼容吸纳第二种模式优势，与 ODR 平台意在架起法院与纠纷主体间的解纷桥梁，通过法院居中组织调解，实现平台治理与司法治理的能动衔接，而且有效整合多元调解资源，促使司法审判程序为调解程序良性运行保驾护航，进一步提升调解效果。各地对 ODR 模式的探索也是不断优化完善我国所构建的在线解决纠纷体系，从而满足人民群众多元化的司法需求，促进依法治国理念深入人心。

2. 类型化 ODR 模式多元化发展

除了法院主导的协同化 ODR 平台的兴起，政府及民间机构也开始推动在线纠纷解决体系的发展，推出各种类型化 ODR 平台以解决不同类型的纠纷案件。针对不同类型纠纷搭建的 ODR 平台的数量正快速增长，且涉足领域不断扩张，从最初的电商纠纷逐步扩展到传统民事纠纷、金融纠纷、破产纠纷、物业纠纷、医疗纠纷等纠纷类型。针对不同类

① 参见贺小勇：《率先建立与国际运行规则相衔接的上海自贸试验区制度体系》，载《科学发展》2020 年第 3 期。

型纠纷的特点，通过专门 ODR 平台引入专业资源，实现了类案的争议焦点、案件事实与证据的快速梳理，实现类型化纠纷的集中解决，极大提升纠纷解决的效率。

（1）多边纠纷解决机制：北京德恒律所于 2015 年首次提出构建国际服务资源整合平台，并发起设立"一带一路服务机制"（The Belt and Road Service Connections）。该机制致力于探索涉外商事纠纷的多元化解决机制，充分发挥平台优势聚贤引能，汇集世界各地优质资源和专业服务机构，涵盖全球 60 多个国家的商会协会、律师、金融、争议解决等机构与政务平台，服务我国"一带一路"建设。① 该机制的建立为提供"一站式、全流程"的综合解纷服务，其所设立的调解中心通过在线与线下等方式提供全流程的调解服务，同时配备具有资质的各国专业调解员，创新了国际商事纠纷解决的新路径，完善优化了司法程序与调解程序的诉调对接、仲调对接、证调对接、线上线下对接、国内国外对接等衔接方式，推动了多边化解纠纷的发展。

（2）电商平台的 ODR 模式：为解决日益增多的平台自身体系内的电子商务纠纷，电商平台有效利用自身资源优势，在互联网交易的环节中为消费者提供在线纠纷解决的服务模式。各大电商平台纷纷建立平台内部的矛盾纠纷投诉处理制度和相关政策规范，以淘宝、天猫、苏宁易购、京东等为主的大型电商平台均可通过咨询反馈、投诉电话等在线投诉途径解决互联网交易纠纷。电商平台在处理纠纷时看似处于中立地位，实则具有主导性质，其作为流量控制方与规则制定方，能够对平台内部的服务提供商在解决问题的方式和方法上形成无形的压力，能够在主导解决互联网交易纠纷时，提高解纷效率，在一定程度上为保障消费者的合法权益提供新思路。

电商平台 ODR 模式主要是为满足平台运营需求而构建，仅处理平台相关的纠纷案件。以网络零售巨头淘宝网为例，它建立的网购纠纷在线调处机制，旨在将网购纠纷在网内和企业内部进行化解。例如卖家的商品出现问题，买家可以申请退款或者退换货，卖家与买家协商后同意买家的申请，买家会获得极速的退款或者退换货的解决结果；若买

① 参见王丽：《打造我国"一带一路"商事调解的中心地位》，载《人民法院报》2017 年 7 月 21 日，第 5 版。

卖双方未达成一致，则会有平台的相关客服人员介入而帮助双方解决问题。这一“电商平台客服人员介入”的在线纠纷解决模式，即是电子商务平台为适应解决巨量交易行为中的纠纷而制定的在线解纷模式，是一种在线和解的模式。电商平台 ODR 模式作为平台自治的重要规则之一，其存在具有必要性，可以为线上交易提供快捷、高效的纠纷解决方式，符合多途径多模式线上交易纠纷解决的发展趋势。

(3)第三方独立化 ODR 模式：以市场为导向，独立第三方的在线纠纷解决应运而生，具有代表性的是众信中心与北明 ODR 平台。众信中心是深圳市众信电商交易保障中心于 2012 年推出的第三方公共服务网站，致力于维护电商环境的有效建设，并经政府授权和委托，将该平台定义成“第三方的第三方”。作为第三方公共服务机构，在深圳市市场监管局网监处的指导下，根据电商市场的特点，围绕电商交易前、中、后的关键环节，推出以“主体诚信 + 交易高效 + 市场公正”为核心的电商护航行动，在疫情期间积极推进电子商务纠纷在线解决公共服务，提供全流程在线的电子商务纠纷调解公共服务，基于 ODR 平台智能问答系统和在线人工咨询系统，提供在线法律咨询服务。而北明 ODR 平台是借助人工智能、云计算等新兴技术，打造在线法律咨询、在线预判评估、在线协商、在线调解、在线仲裁、网上诉讼、网上矛盾纠纷化解资源管理等业务于一体的纠纷化解平台，通过合理分析矛盾纠纷，筛选并分步解纷，将适合诉外解纷案件分流至法院系统外部的 ODR 平台力量化解，形成“社会化漏斗型解纷模型”，使诉讼纠纷以漏斗形式不断被过滤和分流，仅剩小部分疑难案件进入普通审判程序，由法院居中裁判，降低社会纠纷的解决成本。

虽然我国在司法实践中通过上述不同形式推动我国 ODR 的发展，但目前仍处于探索阶段，分布较为零散，未形成统一的适用规则和操作规范。如果要更有效的保护消费者权益，真正做到节省消费者处理网络交易纠纷的时间成本、人力成本和经济成本，我国仍需建立并推广统一的在线纠纷解决体系。

(二)新型在线纠纷解决模式规范化的再审视

目前新型在线纠纷解决模式的发展正处于转型阶段，在发展的同时也存在不少的问题，从立法上看，我国还没有具体的法律规定对其进行规制、统一。从实践上来看，该模式也存在杂乱无章，“遍地生花”的问题，其分布和运用都没有统一的规则。除此之外，信息安全和互联网所必定会带来的信息共享这两者之间的矛盾也是一个亟须解决的问题。

1. 法律保障相对滞后

在线纠纷解决模式是在社会治理矛盾纠纷中应运而生，在不同的阶段进行着实践探索以及政策推动的发展路径思考。不同于传统的纠纷解决模式，即当事人面对面、亲临法庭，在线纠纷解决具有智能化、网络化、无纸化的特性。现行的法律规则，是构建于传统的工业社会的背景之下，通过当事人之间面对面的交易，纸对纸的记录，亲临法庭进行诉辩。但是随着互联网的普及运用，在线交流沟通的方式逐渐取代面对面、纸对纸的沟通，人们的各类社会行为向虚拟化、无纸化转变。但是在现行的法律规则下解决在线矛盾纠纷，仍存在不少制度的瓶颈和技术障碍：如电子证据的真伪认定问题、电子文书送达问题、当事人线上操作问题等。

最高人民法院根据纠纷解决在不同发展阶段产生的显著特征，通过吸收各地先进的实践成果，制定了相关的司法政策，不断在实践中开展在线纠纷解决模式的探索。但由于社会形势发展变化比较快，所出台制定的司法文件具有明显的滞后性，且大多只具有指导性质，缺乏实践操作性。目前单一的法律规范尚无法解决解纷主体数量多无规划、各主体职能划分不明确、规范标准不统一、诉调对接等各种解纷方式之间不互通[①]等问题，亟须制定一个一体化、综合性的多元化在线纠纷解决机制的立法体系。[②] 不少地区针对自身实际，出台制定了一些较为灵活的规范性文件，例如山东、安徽、厦门因地制宜，对“在线调解”制定一些原则性规定。其中安徽更是出台专门规定，规范法院内的在线调解规则，但这仅是省级法院内部程序运作的工作规定，并不具备规范效

---

① 参见龙飞：《论多元化纠纷解决机制的衔接问题》，载《中国应用法学》2019 年第 6 期。

② 参见龙飞：《多元化纠纷解决机制立法的定位与路径思考——以四个地方条例的比较为视角》，载《华东政法大学学报》2018 年第 3 期。

力。[①] 由于这些规定本身法律位阶比较低,分散不均的规定缺乏明确性和系统性,同时存在不统一的问题,导致在线纠纷解决机制的发展不稳定、不规范。法律保障体系构建的缺失,使在线纠纷解决平台之间难以做到有效的互通衔接,导致在线纠纷解决机制的具体构建缺乏法律制度的支持和保障。

与此同时,我国现阶段并无有关在线解纷模式如何运行以及具体运行的法律规定,其法律地位及其法律效力的不明确,导致其裁决结果的效力无法得以保障。[②] 因为在线纠纷解决没有形成统一的程序规则,其运行的正当程序得不到保障,公正程度无处可寻,表面原因在于纠纷解决规则的滞后与不足,实际原因则是面对快速发展的"互联网+"时代的需求,民事诉讼程序规则没有得到及时修订和完善。"互联网+"时代产生的大量新的法律问题,几乎是对传统的法律关系提出新挑战,传统纠纷解决模式与互联网经济形态发展的不适应性日益明显,为我国创新社会治理模式提出了新挑战。因此,在对"互联网+"时代新生的在线纠纷解决特有的问题进行专门立法的同时也要适时修订现有的法律法规,及时为解决社会问题提供法律保障。

2. 缺乏全国化的在线纠纷解决平台

我国积极响应中央政策,学习借鉴国外研究成果,以互联网技术为为基础,积极探索建立具有中国特色的在线纠纷解决平台。目前,我国的在线纠纷解决平台没有形成统一的体系,分布也比较杂乱,主要存在以下类型:一是电子商务平台自身设计的在线纠纷解决平台,例如阿里巴巴牵头创立大众评审团模式,激活社会力量参与淘宝平台所产生的互联网交易矛盾纠纷;京东、苏宁易购等电商也通过开通在线服务,包括邮件投诉和电话投诉等形式以解决平台内部的纠纷。二是法院内部的在线解纷平台,例如各地法院的诉讼服务中心网、互联网法院以及智慧法院在线解决纠纷。三是解决跨境纠纷的在线解纷平台,以中国国际经济贸易仲裁委员会域名纠纷解决中心、中国电子商务协会调解中

① 参见吕宗澄:《我国法院在线调解的兴起、挑战与未来》,载《湘江青年法学》2016 年第 1 期。

② 参见何其生主编:《互联网环境下的争议解决机制:变革与发展》,武汉大学出版社 2009 年版,第 529 页。

心、中国在线争议解决中心等为主要代表。四是综治组织建立的在线矛盾纠纷化解平台，典型代表就是文章上述提到的在线矛盾多元化解平台。

我国的在线纠纷解决机制发展起步迟，缺乏统一的在线纠纷解决平台，各种纠纷解决的数据、资源无法共享共用。而且现有的各个在线纠纷解决平台由于缺乏统一的管理，缺乏统一的程序规则，未形成统一的在线纠纷解决平台，没有实现信息的互联互通，基本上是相互分立、各自为战，可能会导致平台的重复建设，各种资源的重复劳动。各层级、各部门围绕相关机制分别采取不同措施，而这些措施之间因缺乏统筹，或存在矛盾、功能的重叠，各自为政，无法形成整体合力，甚至在某些情形下还存在相互抵消的情形，影响整体效能的发挥。

我国在线纠纷解决类型繁多、分布杂乱的根本原因在于我国没有设立统一的在线纠纷解决一体化平台。在线纠纷解决一体化平台需要整合社会各类纠纷解决资源和数据，包括纠纷当事人的申请访问、具体解纷流程、在线纠纷化解平台相关数据、与法院在线系统对接的公开数据等，搭建统一的平台，统一在线纠纷解决的规则，根据规制按照不同纠纷类型进行不同的快速处理以及完善扩大等问题。互联网与在线解决解纷的结合已得到越来越多法院及当事人的认可。而最高人民法院《关于人民法院进一步深化多元化纠纷解决机制改革的意见》第 15 条中，明确提出要根据"互联网 + "战略要求，创新在线纠纷解决方式，推动建立在线调解、在线立案、在线司法确认、在线审判、电子督促程序、电子送达等为一体的信息平台。[①] 该政策的出台为我国在线矛盾纠纷解决平台的进一步发展指明方向。建立统一的在线纠纷解决平台是打造共建共治共享的法治社会治理格局，为建立法治社会提供重要保障。

3. 信息安全与数据共享之间存在冲突

资源信息共享是互联网的一个显著特征，搭建平台是最能够对各类资源信息要素进行高效配置的方法。通过 ODR 平台可以快速整合全国各类纠纷典型案例、专业性调解资源，为当事人更好地参与解纷工作提供有力支撑。在实践操作中，平台虽建立起在线调解与法院网上

① 参见最高人民法院《关于人民法院进一步深化多元化纠纷解决机制改革的意见》，载中国法院网，https://www.chinacourt.org/law/detail/2016/06/id/148740.shtml。

立案系统的互联互通,但未建立深入高效的资源信息传递机制,使两者的衔接仍然不够完善。由于缺乏信息共享交流,部分纠纷虽已经过调解,但各组织之间信息互不共享,一方面是为了保护隐私,每个机构只能查阅自身相关的信息数据,平级之间不可以互相查阅收集,但是上级机构可以查阅下级所涉及的数据;另一方面在信息共享传递机制不完善的情况下,当事人可能会基于同一案件事实,基于不同表述,在线多次申请不同调解员或者调解机构进行调解,加之调解机构与法院缺少信息共享,使纠纷冲突最终可能还是会进入诉讼模式,并且会使得前期的调解工作流于形式,浪费平台资源,增加纠纷解决的社会成本。

因此,虽然各个 ODR 平台在信息化浪潮中因解纷需求的变化已经在不断丰富纠纷类型和领域,不断探索解纷手段和模式,但若彼此之间缺乏数据和资源的共享,也难以实现对全社会纠纷的高效化解和有效预防。

四、创新与实践:司法引领在线解纷服务新模式——浙江 ODR 平台

"数字经济时代,海量纠纷发生在个人、企业和平台,海量数据储存在企业和平台,浙江 ODR 平台意在架起法院与纠纷主体间的解纷桥梁,通过法院居中组织调解,实现平台治理与司法治理的能动衔接,以'一站式'理念为当事人提供'驿站'式便利,确保'事不出网,人不出户,就地解纷'"。

(一)搭建"浙江 ODR 平台"

浙江 ODR 平台,也称在线矛盾纠纷多元化解平台(以下简称"浙江 ODR 平台")。2016 年浙江省承担中央政法委赋予的"矛盾纠纷多元化解一体化网络平台"创新试点项目,搭建在线矛盾纠纷多元化解平台,由省综治办和杭州市西湖区承担,由西湖区法院具体负责落实。① 浙江 ODR 平台于 2017 年 3 月在浙江省西湖区人民法院上线,2018 年 6 月开

① 参见陈辽敏、杨丽:《在线矛盾纠纷多元化解平台的构建》,载《人民法院报》2017 年 9 月 20 日,第 8 版。

始正式向全省推广。该平台是全国首个纠纷化解网络一体化平台，由浙江省高级人民法院负责开发，自推广至今已覆盖浙江全省，全省89个县（市、区）均有调解机构入驻。

目前，平台已有注册调解师34，752人、咨询师1445名，对接仲裁机构11家、法院106家。截至2020年9月20日，浙江ODR平台注册用户数1，487，509，调解员注册数50，190，咨询师数量1309；访问量7，289，650人次，智能咨询数量859，742次，人工咨询案件数23，925件，调解案件申请总数1，035，598，预约视频调解量为19，424，线下调解量为69，700。结案的案件中调解成功量为774，959，调解成功率77.66%。[①] 浙江ODR平台整合了法院审判调解资源与社会纠纷化解力量。平台提供的调解机构基本覆盖浙江省，对接全省三级人民法院审判系统；基于解纷资源集聚性设计，提供在线咨询（包括人工咨询和智能咨询）、在线评估、在线调解、在线仲裁、在线诉讼五大专业服务，设有八大专题解纷中心，涵盖24种类型化的纠纷化解。当事人可以根据自身需求，自主选择不同类型的解纷服务。今后人民群众遇到纠纷，只需动动手指，即可在线解答法律疑问、预判案件裁判结果，甚至直接完成在线调解，足不出户，便让矛盾纠纷化解于无形。

搭建"浙江ODR平台"是从社会治理的角度出发，作为辅助社会治理的解纷平台，而非仅作为法院的服务平台。"浙江ODR平台"结合大数据、人工智能、云计算等信息技术，整合优化传统线下和新型网络线上资源，健全司法诉讼与替代解纷对接机制，推动司法诉讼服务主动适应互联网需求，通过智能化服务高效解纷。

（二）案例分析

1. 案例引入

原告向被告购买一间商铺，双方协商一致并签订《房屋买卖合同》。合同签订后，原告按照合同约定支付商铺的全部价款，后因被告逾期交房产生纠纷。因原告一直定居在国外，对于纠纷的处理暂时无法回国进行起诉，但同一批购房者中提起违约诉讼的业主大部分已经参与执行款的分配，若不及时跟进案件情况，可能会导致原告的合法权益遭受

① 实地调研数据由平台软件开发商后台所得。

损失,这给当事人造成较大困扰。

2. 分析解纷流程

浙江 ODR 平台的搭建,为跨境远程化解涉侨案件纠纷带来了极大的便利。温州瓯海法院承办法官通过电话沟通征得双方当事人的一致同意,决定使用浙江 ODR 平台启动在线调解程序。将诉讼材料导入浙江 ODR 平台,并将案件分配给人民调解员进行调解。在人民调解员的引导下,双方当事人分别注册个人账号,双方达成调解共识以后申请在线调解,双方当事人在约定的时间通过远程视频工具参与调解,在核实双方当事人的真实身份后,通过在线视频"面对面"进行调解,仅用不到一个小时就成功调解,达成分期付款协议,并向瓯海法院申请司法确认。经办法官收到申请材料后,依法确认双方达成的调解协议合法有效,并向双方当事人送达了民事裁定书,顺利结束此案。这是浙江 ODR 平台在线调解的完整运行程序,结合了前期设立的海外联络点,实现立案、调解和开庭等诉讼服务跨境实时开展,大大提高了涉外涉侨案件的审判效率。运用 ODR 推进跨境远程司法服务,大大缩减了海外华侨的诉讼负担,运用浙江 ODR 平台跨境远程化解的涉侨纠纷案件,作为典型案例为我国 ODR 平台的发展和运行奠定了坚实基础。

(三)"浙江 ODR 平台"诉调对接的功能定位

"浙江 ODR 平台"结合大数据、人工智能、云计算等信息技术,整合优化传统线下和新型网络线上资源,健全司法诉讼与替代解纷对接机制,推动司法诉讼服务主动适应互联网需求,通过智能化服务高效解纷。自平台建立以来,源头治理矛盾纠纷效应日益显现,全省法院收案下降 4.6%[①]。在实践过程中聚焦纠纷化解方式,积极探索"浙江模式"高效解纷。

1. 一站式服务:跨时空化解异地纠纷

浙江 ODR 平台属于第三方独立的 ODR 模式,是借助网络信息技术在虚拟空间协助当事人解决各种纠纷的平台,包括:在线协商、在线预判评估、在线调解、在线仲裁以及内部设立的"纠纷在线处理程序"及在线诉讼等方式。平台充分运用"互联网 +"司法能动思维,以漏斗模

① 参见李占国:《浙江省高级人民法院工作报告》,载《浙江日报》2020 年 1 月 20 日,第 4 版。

型为设计原理，将服务从法律咨询到线上诉讼层层解决、递进解决，使各类矛盾纠纷在漏斗模型中不断被过滤和分流，最终只有无法化解的小部分纠纷进入诉讼程序进行处理，该平台有效整合各类资源、将信息技术渗透到每个司法环节中，提供全新的司法服务体验，以满足纠纷快速化解的需求，为老百姓提供一站式服务，实现矛盾纠纷“漏斗式”的分层过滤。

一欠款纠纷拖欠账款三年，因距离问题无法协商支付。该异地纠纷交由司法所处理，推荐双方当事人通过 ODR 平台进行线上调解。经双方同意后，司法所指导当事双方登录浙江 ODR 平台进行协商。在所长的主持下，通过半个多小时的调解，双方顺利达成了付款协议。由此拖了三年的欠款问题，只用三十多分钟就得到解决。许多纠纷正因为当事双方距离问题没能调解，甚至导致部分纠纷小事变大事，影响了社会的和谐稳定。ODR 平台打破了传统的纠纷解决模式，超越了传统解纷模式空间、时间上的限制，让当事人足不出户、随时随地就能解决纠纷，大大提升了纠纷解决的效率，也是新时代在线解决纠纷的创新实践。

通过“一站式”的便民服务，有效整合司法资源和社会力量，完善诉调对接，在新时代的司法改革中引领、推动和保障多元化的纠纷解决方式的发展，为完善纠纷多元化解提供有益经验。

2. 纠纷中转平台：实现解纷分流

为缓解案多人少的现实性难题，构建以“社会调解优先、法院诉讼断后”为根本目的的递进式矛盾纠纷分层过滤体系，设立“浙江 ODR 平台”在浙江省全面推广试行，助推打造“资源集聚、分层递进、智能解纷”的在线纠纷解决模式。浙江法院积极运用 ODR 平台，进一步推进在线矛盾纠纷化解工作。2020 年 1 月至 3 月的疫情期间，平台调解案件申请总数共计 52,127 件，受理 51,570 件，受理率达 98.93%，同比降幅远低于法院收案降幅。截至 2020 年 3 月，平台注册调解员 43,992 人，调解组织 4564 个，平台正逐步成为疫情期间人民群众选择解决矛盾纠纷的重要阵地，源头化解的正面力量持续增强；[①]平台已流转案件 77.6 万

① 参见王春：《切实把矛盾化解在基层》，载《法制日报》2020 年 5 月 24 日，第 7 版。

件，调解成功66.5万件，调解成功率87.9%。2019年，全省法院收案数168.6万，同比下降4.6%，是全国唯一实现诉讼和执行收案双下降的省份。今年上半年，全省法院收案73.9万件，同比下降15.1%；诉前纠纷化解率27.9%，同比上升7.5个百分点，实现诉讼收案量和法院工作量双下降。

网上"新生态"实现"多元解"：涉网纠纷类型新、数量大、分布散、取证难，仅凭法院一家力量，已难以充分满足纠纷快速化解的实际需求。将互联网技术渗透到每个司法环节当中，能够给审判工作和司法服务带来全新的体验。与此同时，充分运用与时代同频的互联网思维是构建"以网治网"网络空间治理生态圈的重要举措。浙江ODR不断深入"诉源治理"模式探索，进一步打通跨域司法交流与社会治理合作新通道，为网上纠纷多元化解和纠纷网上多元化解提供了成本更低、质效更优的经验。

3. 评估预判纠纷结果

浙江ODR平台依托大数据分析模型、递进式解纷流程、智能化解纷方式，并借助大数据的支撑丰富自身功能。具有典型代表的评估预判功能就是基于上千万份裁判文书的大数据分析而得出具有参考价值的评估报告。矛盾纠纷产生时，当事人可以通过平台申请预估到裁判的结果，初步判断后再选择处理纠纷的方式。对于在线调解而言，智能化数据支撑有助于调解员在解纷过程中可以随时通过智能咨询实时获取相应的法律法规和案例支持，提高调解的专业度。

某公司因未签订合同，货款被拖欠，双方仅存在电子邮件对账单，该公司对该类纠纷的裁判情况并不了解，于是借助浙江ODR平台的"评估服务"，通过平台查找出数十件类似案件，匹配列出与本案相关的法律法规。智能匹配后得出的结果是：认定未签订合同所产生的对账单可以成为证明双方存在买卖合同关系的证据，如果否认合同关系的存证，则须对此举证。评估报告结果是，该公司胜诉概率较大。此外，评估报告还建议，公司可以先保全查封对方已知财产。

通常案件在宣判之前，承办法官须保持中立，不能提供任何法律意见，但通过第三方平台将案件进行评估，可使当事人提前预判裁判结果。目前，平台打通了最高人民法院的裁判文书网、人民调解等平台，将法律条文、指导案例等资源进行整合,自动提取相似裁判结果和相关法律法规,并在1天内生成电子分析报告,形成案件预判,提供合理的建议。目前"浙江ODR平台"具有公益性质,为群众提供的优质的评估服务均是免费的。

(四)依托"浙江ODR平台"的解纷法律适用瓶颈

1.适用纠纷受案范围有限

地域范围受限:目前,可通过在线矛盾纠纷多元化解平台的电脑端口、浙江ODR的手机App、微信小程序进行操作,界面基本一致,功能互通。但是该平台仅在浙江省全省推广运行,尚未推行至全国,尚无法满足全国各地人民的需求。自浙江省的在线矛盾纠纷多元化解平台推出后,平台开发公司在其他地区也推出相类似平台,如云南的"云解纷"、北京石景山"在线矛盾纠纷多元化解平台",但各平台之间还未实现互通。由于在线矛盾纠纷多元化解平台的地域范围受到限制,在相当大的范围内会造成机构的重复,方式的重叠,因此会造成社会资源的浪费。

管辖范围受限:目前的在线解决纠纷主要是以双方合意为主,对于跨境互联网交易纠纷的调解效力和适用的法律并无明确的规定。在实践中存在纠纷行为地、结果地难以确定的问题,对于利用网络购物网站海淘商品产生的交易纠纷,当事人对于所登录的网站的归属地不清楚,也无法判断交易主体的真实性,这些问题消费者一无所知。电商交易的跨区域、跨国界性,使得传统以主权和地域为要素的司法管辖制度无法适应新纠纷模式的需要,而此管辖问题亦无法通过在线纠纷解决平台进行解决。

现阶段在线解纷模式的案件类型受限,网络信息技术仍需调试,目前涉及个人隐私类的案件不适合直接在线上进行处理,对于在线解决纠纷的案件范围和类型应明确且适度规范。虽然大力推行在线解决纠纷,但大多数当事人仍然不信任其约束力,仍希望通过线下途径解决难题。且未建立健全完善的在线解纷具体法律规则,若通过在线的方式解决确权类纠纷可能会面临虚假诉讼、影响案外人合法权益等诉讼风险,因此明确该类型纠纷的在线解纷范围适用是保障当事人合法权益的重要步骤。在实践中遇到无法适用的情况,可通过转换途径将案件处理方式由线上转换为线下,最大限度将纠纷化解于无形。

2. 各类解纷存在主体错位的问题

长期的实践中,法院演变成纠纷解决的唯一一道防线,在线纠纷多元化解平台的建设也被普遍性认为是司法机关尤其是法院的一家之事,法院承担着牵头者、组织者、实施者等众多角色,完全超越了其职责范围,各级党政机关相互观望,消极作为,而法院在案多人少、司法资源有限的情况下,无法对在线纠纷多元化解平台建设发展提供更多人力、物力、财力的支持。此外,法院因职能所限,导致权威性不足,无法对行政机关以及各类调解组织进行统一管理,采取约束措施,难以推进在线纠纷多元化解机制更深层更广泛地发展。

各类解纷存在主体错位的问题具有如下原因:一是在线纠纷多元化解机制与平台的构建缺乏明确的领导与协调机构,存在主导者错位,各解纷主体在在线纠纷多元化解机制中的地位、功能、职责不明确,导致实际运行过程中运行紊乱、动力不足;二是各类解纷主体之间信息传递不畅。由于在线纠纷多元化解机制缺乏统一的管理部门,各解纷主体间难以建立信息共享机制,使法院与其他解纷主体之间,各调解组织之间以及当事人与各类解纷主体之间存在信息不对称的问题,导致一些纠纷重复调解,矛盾冲突未被有效化解,还是进入诉讼阶段,使得调解工作流于形式,不仅没有节约司法资源,反而增加了调解纠纷的时间和金钱成本,甚至激化当事人之间的矛盾;三是缺乏有效的人员管理、监督和考核机制。矛盾纠纷的调处人员既要有较为丰富的法律专业知识,也要有一定的调解经验和技巧,如何选拔一批优秀的调解人员参与在线矛盾化解工作,如何进行规范管理调动其参与调解工作的积极性,以实现在线纠纷多元化解平台的高效有序运转都是亟待解决的问题。

3. 跨境互联网交易纠纷的法律适用

实践中对于涉外民商事诉讼的管辖权主要依据属地管辖,而跨境电子商务纠纷因其存在网络虚拟性、跨地域性,难以明确纠纷行为地及财产所在地范围。目前,尚未有法律法规对此进行规定安排,给当事人利用此局限进行法律选择上的规避提供了空间。

因此设立一体化 ODR 平台还应将跨境纠纷纳入案件处理范围中。

一方面是各类跨境互联网交易纠纷频发,我国部分互联网企业遭受其他国家的法律制裁和打压,另一方面是海外司法保护需求日益增长,需要明确对跨境互联网纠纷管辖和审理的具体规则。

由于网络存在“无国界”性,将跨境互联网纠纷纳入一体化 ODR 平台的管理范围需要综合考虑不同国家的法律法规,例如个人信息保护条例的不同规范,以及对于在线调解达成的调解协议能否适用《新加坡调解公约》予以执行等问题①。在各国积极构建设立 ODR 发展模式的进程中,仍然会有对所涉及的国际性问题的安全考虑,因此,亟须制定世界各国普遍认可的 ODR 技术标准和国际规则。

4. 纠纷解决结果的执行问题

ODR 的功能定位是作为一个衔接各方资源的联络平台,并不具备强制的执行性。即如果通过 ODR 平台达成的在线调解协议、在线仲裁结果未能得到正常的履行,当事人还需要寻求其他的救济途径,这将极大降低解纷的效力,也易使其公信力受损而不利于推广运用。探索建立在线解纷模式的根本目的在于加快解纷速度、提高解纷质量、提供便民解纷服务,但如果通过传统的线下手段执行线上裁决势必会减损该价值目标的实现,有学者甚至言及“如果 ODR 机制无法提供快速且费用负担很低、不用另外花费时间的网上执行程序,网上消费者就会考虑拒绝利用 ODR 机制来解决纠纷”②。目前,对于通过 ODR 平台达成的在线调解协议可以一键申请在线司法确认,但是在线仲裁结果仍然面临比较大的制约因素。目前,我国立法没有关于线上仲裁法律效力的规定,导致线上仲裁的法律效力具有不确定性。实践中存在大量线上仲裁裁决不被法院承认或执行的情形。

据调研统计,在浙江某地仲裁委 2019 年上半年裁决的线上仲裁案件中,在南方某省法院系统有 900 余件执行案件,其中,被法院裁定不予执行的近 500 件,整体执行率只有 50%,远远低于全国仲裁案件 99% 的执行率。另外,南方某市法院系统限制线上仲裁裁决每年申请执行的案件数量不得超过 500 件。因此,对于纠纷处理以在线仲裁方式形

---

① 参见赵蕾、郭文利:《ODR 智能化发展与数字生态系统的建立》,载《人民法院报》2019 年 12 月 6 日,第 8 版。

② 郑世保:《ODR 裁决书强制执行机制研究》,载《法学评论》2014 年第 3 期。

成的结果难以得到承认与执行。

五、反思与优化:我国在线纠纷解决体系的发展路径

(一)分类解决 ODR 结果的效力和执行问题

对当事人而言,如果在得到纠纷解决结果之后,得不到有效的执行,那就没有任何的实质性意义。所以对于纠纷解决结果如何执行呢?这取决于几个层面:第一,双方当事人合意思,如果是双方当事人在争议解决之前明确表示要接受即将产生的解决方案和结果,我们要尊重当事人的意思自治,双方当事人也必须要接受裁决的结果,裁决结果对双方当事人来说是具有执行力的。第二,如果双方当事人没有明确表示接受,这就取决于国内法律对 ODR 平台所做出来的纠纷解决结果效力的承认。在优化在线纠纷解决体系的过程中,关于结果的约束力和执行力,应当分类探讨。

一是在协同化 ODR 模式中,由法院主导的诉调对接中心、ODR 平台所作出的调解协议、仲裁结果的效力和执行问题应当参照《民事诉讼法》、《人民调解法》和《仲裁法》的相关规定,[①]虽然目前没有专门针对在线调解、在线仲裁作出专章规定,但仍应保持线上线下方式解决纠纷的一致性。对于线上调解的调解协议应及时在线申请法院司法确认,使执行效力获得法律保障。而对于在线仲裁结果的承认与执行,一方面需要法律赋予平台法律地位的认可;另一方面除了双方合意申请司法确认外,还可将裁决结果递交至当地仲裁委员会审核公示,并将结果转送所对接的 ODR 平台,该类模式下的纠纷处理结果可申请法院强制执行。

二是在类型化 ODR 模式中,根据不同纠纷所设立的专门 ODR 平台大多处理的是民商事案件,平台内部的纠纷解决方式往往偏向协调双方达成合意。以电商平台的 ODR 模式为例,对于双方协商达成的结果,若没有明确的调解协议,则可将合意结果赋予民事合同的性质,通

---

① 参见田圣文、苑银和:《我国在线纠纷解决机制的发展及其法治化进路》,载《山东行政学院学报》2020 年第 6 期。

过强制力保障执行的效力。若双方协商未果，则案件转入诉讼程序，对于当事人在协商过程已承认的事实，法院可参照自认来处理，相关证据材料需确保通过信息共享系统随案转送。

通过ODR平台开展在线仲裁时，对于在线仲裁结果执行难的问题，除了司法保障外，ODR平台可以自主制定框架性协议，预先使双方承诺自愿执行仲裁裁决结果，以促使在线仲裁裁决能够最大限度地得以承认或执行，保证在线仲裁的良性发展。具体协议内容可以包含对纠纷当事人的资质撤销、资格淘汰、商业竞争的约束或限制，也可在道德舆论方面施以压力，该协议的主要目的是迫使当事人主动接受并自觉履行ODR的裁决结果，若仍然事后反悔，则可采取撤销网络资质、公示低信誉情况、限制资源等方式进行惩罚。基于协议的约束，在作出裁决结果后，义务履行方需自觉履行裁决结果，否则不履行裁决带来的后果将得不偿失。ODR平台自主制定框架性协议是执行理念的转变，这种做法不但能够缓解ODR结果的执行问题，还能够简化执行程序，降低执行成本。

（二）提供司法实践下的法律支撑

我国目前并没有针对在线纠纷解决机制进行立法，缺乏相应的法律制度，而涉及的相关立法看起来全面，实则分散，不成体系，有关立法数量虽多，但大多不具有针对性和专业性。因此，为构建新形势下的在线纠纷解决体系，营造有利于在线纠纷解决机制发展的法治环境，必须落实法律保障，规则之治不仅是中国司法改革和“接近正义”的中国化路径，也是实现人民法院审判体系和审判能力现代化的进路。我国应与时俱进，提高效率，以线下为主，线上为辅，探索建立专业性强，有针对性的在线纠纷解决的相关法律体系。在推动立法时应当对在线纠纷解决机制的设立做出明确规定，以实现多元化纠纷解决机制效用的最大化。具体可以从以下几个方面展开：

1. 在法律中明确纠纷的管辖适用领域

传统司法通常适用“原告就被告”的一般管辖原则，而在线纠纷解决机制是依靠互联网技术来解决矛盾纠纷，突破了司法管辖的规则，只需通过互联网就可使用，但这并不排斥司法的管辖规则。实践中，由于互联网的便捷迅速以及对管辖问题没有明确规定，导致超出在线纠纷解决范围的案件急剧增加,人案匹配不均衡现象明显。针对此现象,在充分尊重当事人意思自治和保障诉权的前提下,法律应明确规定在线纠纷解决机制的管辖范围、管辖制度等相关问题。笔者认为,针对小额、案件事实清楚明确、证据确实充分的案件可以选择在线解纷,而疑难程度较大、案件复杂、证据不充分的案件仍需进行线下解纷。

2. 确立在线纠纷解决机制的法律地位

在法律中确立在线纠纷解决机制的法律地位,认定其合法有效。在线解纷机制是对传统解纷模式的有益补充,其存在案件管辖范围、电子证据认定、调解协议效力、网络安全、数据共享等一系列问题,其中最为棘手的问题是确定在线纠纷解决机制的法律地位。在线解决纠纷的处理结果执行难的原因在于有的国家没有完全认可在线纠纷解决机制的合法性,因此,要保障在线处理结果的执行力,首先要在法律上确定在线纠纷解决机制的法律地位,承认在线纠纷解决平台具有法定的解纷资格是推动该机制良性发展的重要保障。规范统一的在线纠纷解决机制只有深入人心,才能更好地维护当事人的合法权利,推动社会秩序的稳定,并提升社会现代化治理水平。

3. 在法律中制定在线纠纷解决的运行机制

一般来讲,根据“互联网 + 司法服务”发展的客观需要,需要对在线纠纷解决机制进行立法规制。例如,关于在线调解,我国《民事诉讼法》对诉讼中调解做了详细的规定,成为调解工作的指导原则。其中第 9 条确立了“自愿”“合法”为民事调解的基本原则;第 8 章专章对诉讼中调解作出规定。具体内容包括调解原则、调解组织形式、调解协议等,形成了较为完整的诉讼中调解制度体系。但遗憾的是,上述条款并未针对在线调解作专门性规定。因此,在立法进程中我国亟须制定“规范化”在线调解程序规则,确保真正实现在线调解服务有法可依,建议如下:首先从立法方面对在线解纷的运行机制进行规范。明确规定在线纠纷解决平台和提供在线纠纷解决服务机构的主体资格、设立要求及其法律效力,严格控制机构和平台的重复设立现象。其次,制定统一的在线解纷程序,包括运行程序和执行程序,为当事人解决纠纷提供制度保障。最后,要求各个提供在线解纷服务的机构接入在线纠纷解决平台的链接,实现互联互通,由当事人自主选择解纷方式。最后,加强在线纠纷解决平台与提供在线纠纷解决服务的机构之间、在线纠纷解决平台与法院之间工作的衔接和配合。从而为在线纠纷解决体系的优化提供规则指引。

（三）完善在线纠纷解决司法应用标准

1. 确立多元化的解纷主体

明确在线纠纷解决机制的权利义务主体，是推动在线纠纷解决机制发展的必要条件。现阶段在线解纷平台分散零乱、类型多样，对该机制的主体并无统一的规定，不利于机制的进一步发展。对各类主体纳入体制内应做一个系统的分类和规定，以及对各主体的准入资格进行审查。

第一，电商交易平台的解纷主体。随着电子商务的发展，为解决线上纠纷，电商平台自身设计了在线纠纷解决平台，例如：淘宝网的大众评审团解纷平台；其他电商平台则是通过在线客服投诉进行解纷。在电商平台内部已经实施投诉机制和调解机制的前提下，对于无法解决的在线纠纷，可以在电商平台的在线纠纷解决网页处设置网络连接端口，连接到统一的在线矛盾纠纷化解平台上，由纠纷当事人任意选择解决纠纷的主体和方式，通过选择是否进入端口来规制现有的电商交易平台的解纷主体。

第二，以法院为主导的在线司法主体。在线司法主体包括法院内部的电子法院、法院外部的在线解纷平台以及新建立的互联网法院，通过在线司法的方式，对诉讼业务和非诉业务进行纠纷的线上化解。司法作为维护公平正义的最后一道防线，在整个纠纷解决体系中占据重要地位。① 在线司法对在线解纷方式起到了引领和保障作用。例如最高人民法院组建的人民法院调解平台，目前已驻入 1260 家法院、专业调解组织 2504 个、专业调解员 18,366 名，调解案件 61,748 件。② 随着智慧法院的推行，各地区的智慧法院也将成为在线纠纷解决机制的主体。除了法院自身的在线纠纷解决平台，应实现各地法院端口的互联互通，加强信息资源的共享共用。

---

① 参见龙飞：《多元化纠纷解决机制立法的定位与路径思考——以四个地方条例的比较为视角》，载《华东政法大学学报》2018 年第 3 期。

② 参见人民法院调解平台，http://tiaojie.court.gov.cn。

第三,多元在线解纷主体。多元在线解纷主体的首要任务是对各类主体的准入资格进行审查。以调解员为例,部分年长的调解员对在线纠纷解决平台上的申请调解处理操作难以接受,且专业调解人才严重紧缺。虽然年长调解员经验丰富,但难以适应在互联网新形势下调解工作的需求,需进行统一的学习培训,同时要加强人才引导,完善在线调解主体。为增强在线解决纠纷机制的公信力,需要通过立法确立在线解决纠纷的方式及其主体的法律地位。

2. 健全诉前分流机制

诉前分流是将矛盾纠纷向诉讼外延伸,致力于将纠纷"立案前多元化",确保从源头减少进入诉讼程序的案件,畅通非诉衔接通道,主要是及时劝导当事人首先选择多元化的在线调解、仲裁等非诉方式,从而将矛盾纠纷化解在诉讼之外。对起诉到法院的民事案件,通过诉前分流机制的不断完善,逐步形成层次更为丰富的大量简单案件在诉讼前端快调速审、疑难复杂案件在后端审判庭精审细判的前后端审判格局。通过引导并鼓励当事人进行诉前调解,推进诉前调解案件范围全覆盖。

可以通过 ODR 在线平台进行诉前程序分流。针对不同类型的纠纷。其他自愿选择诉前调解程序的纠纷,均可由当事人通过 ODR 在线平台自主选择解纷机构,例如当事人自行选择调解率高或者信任度高的异地调解室,进行远程在线调解,不受空间范围约束。

同时,可开通司法技术鉴定平台,开展诉前委托鉴定工作。将"诉中"司法鉴定前置为"诉前",从审判程序中抽离该鉴定环节,不仅能缩短案件审理周期,还能提高审判质效。同时,可以设立"诉前鉴定+诉前调解"的新模式,将诉前鉴定与委派调解工作相结合,能够最大限度地提高调解率,促进矛盾纠纷诉前化解,更好地实现和满足人民群众高效便捷的司法需求。如果委托鉴定在诉前阶段进行,所出具的鉴定意见,能帮助当事人相对清晰地认识案件事实、证据优势和赔付数额等,并在合理预判的基础上,有助于促成双方在诉前即达成调解,在节约司法资源的同时,也减少了当事人诉累。即便不能达成调解,也能使原告方更加明确诉讼请求,合理合法进行诉讼。更重要的是,这一诉前分流新模式也为立案庭进行案件繁简分流、合理配置审判资源奠定了基础。

(四)建设全国在线解纷服务信息平台

我国在线解决纠纷的平台目前适用的规则和程序都还存在不足之

处,为了更有效地解决现阶段在线纠纷解决机制存在的问题,需要国家参与搭建具有公信力和专业性的一体化在线纠纷解决平台,集多种在线解纷方式于一体的纠纷解决平台,并制定统一的在线解纷规则,完善平台的监管机制。

1. 激活与融合在线解纷一体化

依托浙江 ODR 平台形成一体多元解纷平台,整合人民调解、诉调对接、立案调解、繁简分流等多元解纷区块,打造四块一链为特点的一站式多元解纷新模式。通过协助全国四级法院协调整合各类资源,聚合全国性的调解资源,通过互联网标准服务实现调解资源和调解需求在全国范围的匹配和对接。① 将在线纠纷解决与“智慧法院”建设深度融合,搭建全方位、立体化的在线解纷平台,促进各类解纷机制的激活与融合。② 建立一体化在线解纷平台主要是依托法院内部在线平台和相关司法资源,不同的在线解纷主体应明确相应的工作职责,将平台作为纠纷处理的转换器,整合社会核心资源,与在线纠纷解决机制进行有效衔接,实现传统解纷机制与在线解纷机制的优势互补。

通过规范化的制度设计来保障 ODR 平台的公正、独立地位,提升平台的整体服务水平。首先,ODR 平台的建立往往会有自己的模式和具有特色的业务范围,呈现出多元化的特点。我们应当鼓励 ODR 平台多元化的发展、精细化的分工。但并不意味着 ODR 平台的成立完全没有统一的标准。相关部门和组织可以通过设立 ODR 成立的基本标准和条件或者通过国家立法的方式对 ODR 平台的资质和能力进行规范。比如:平台的规模、人员构成、资信状况等等;其次,制定 ODR 服务人员任职资格标准。ODR 平台服务人员应具备在线解决纠纷的专业知识、实践经验、良好的道德修养、熟练的计算机操作技术。保证平台服务人员可以客观公正的为纠纷当事人提供专业化的服务;最后,制定服务人员回避制度。对参与纠纷解决过程的服务人员对其个人基本情况进行公示以供当事人选择,对于与当事人一方有利害关系的服务人员,其中

① 参见龙飞:《中国在线纠纷解决机制的发展现状及未来前景》,载《法律适用》2016 年第 10 期。

② 参见龙飞:《“多元化纠纷解决机制”正铺开宏伟画卷》,载《人民法院报》2017 年 10 月 17 日,第 2 版。

任何一方申请回避，纠纷解决平台都应在核实真实情况后作出回避的决定，更换服务人员。通过上述举措充分保障平台的公正独立地位和纠纷解决能力。

2. 确保信息数据来源安全可靠

将各类纠纷进行精细划分之后，根据所划分的类别，建立相对应的数据库，包括常用问答数据库、案例参考数据库、法律法规数据库。提供在线解纷服务的精度和质量实质上是取决于基础数据库的质与量。针对案例参考数据库和法律法规库的建设并非简单从裁判文书网将现有的裁判文书收集导入，还可以从最高院发布的指导性案例、各高院发布的典型案例、实务界和理论界出版、汇编的相关教材、法律法规文集等来筛选所需的参考案例及法律资源。[①] 数据库是为了让平台提供更好的服务，因此，建立统一的数据库要突出"以人为本"的理念，确保当事人能够简便，快捷地使用。

3. 加大在线化解纠纷的宣传力度

为推动在线解纷机制的运行，需要借助传播媒介，加大对"一体化在线纠纷解决平台"的推广和宣传力度，加强人民群众在线解决纠纷的意识。通过加大宣传力度，逐步引导，采取适当措施鼓励一体化在线纠纷解决平台的使用和发展，以缓解法院诉讼日益凸显的"诉讼爆炸"现象。目前各地的在线解纷工作已经陆续开展，虽然做了一定程度的宣传，但涉及面还不够广泛。为了普及在线化解纠纷的相关知识，应当充分利用广播、电视、网络等媒体推广宣传"一体化在线纠纷解决平台"的运用，使人民群众和社会各群体充分认识到在线纠纷解决机制所产生的社会治理效果和具体优势，引导人民群众选择线上解决纠纷，培养人民群众的在线解纷新习惯。同时可以在线下的各个解纷场所提供相关宣传资料，引导人民群众选择在线平台解决纠纷。

（五）加强智能化技术指引

在我国发展在线纠纷解决体系的首要任务就是提供网络技术，需要从以下几个方面入手：

首先，提供网络技术的支持是在线纠纷解决的外在要求。在线解

① 参见吕宗澄：《民事纠纷在线解决机制研究》，湘潭大学 2017 年博士学位论文，第 75 页。

决纠纷是通过互联网进行，因此在线纠纷解决平台的运作也必须依靠互联网技术进行。在线调解、仲裁、诉讼等都是通过互联网上传相关资料，过程中还需要支持语音识别、视频通话功能，这些技术是在线纠纷解决中必不可少的。以互联网技术推动解纷业务的发展，搭建在线解决纠纷平台，满足新时代的解纷需求，为社会公众提供优质的解纷服务。

其次，利用现代化网络技术推动在线纠纷解决机制的发展。广泛运用聊天工具、语音识别、视频设备等互联网信息技术，支撑平台的建设和完善，实现解纷主体的跨地域，满足新时代下群众对纠纷解决的高效、便捷的新要求。利用网络技术实现数据的共建共享，实现纠纷解决全过程的信息全覆盖，最终建立符合司法规律和全球化发展趋势的一体化在线解纷平台。

最后，要注重数据和个人信息的保护，提高在线纠纷解决平台的安全性。在线解纷利用互联网传输信息数据，其中涉及许多当事人的个人信息和数据资源。因此，为了使平台更好地运行，需要根据安全技术标准，设立加密系统，构建全方位的保密程序和病毒防御体系，进而确保在线纠纷解决平台的安全性。同时，在线解纷平台要随时升级自己的安全防御系统，随时更新自己的安全措施。

以共享经济、O2O[①] 为特征的互联网解纷模式，必将在未来深刻引领解纷手段的跨越升级，从而引领传统纠纷解决方式的升级换代。

（六）优化与在线纠纷解决体系相协调的监管制度

加强监管，不仅需要构建网络平台、纠纷解决机构内部自身的监管机制，又要优化政府市场监督管理部门对网络服务平台、纠纷解决机构的有效监管。[②] 进一步完善市场准入资格，对于先天不足的解纷主体不允许其进入市场；对于不符合法定要求的解纷主体依法按程序退出所在市场，保障整个在线纠纷解决体系的安全和稳定。通过优化监管机制进一步明确责任主体，对于存在过错的解纷主体需要承担相应的法律责任。

---

① O2O：从线上到线下。

② 参见马爱萍：《新形势下创新社会治理研究——以“互联网＋”纠纷解决机制为视角》，载《“农村精准扶贫的法治保障”——第九届中部崛起法治论坛论文集》2016 年版，第 8 页。

对于在线解纷平台、提供在线解纷服务的机构,可以建立自身的监管机制,设立监管部门,吸纳相关专业的专家学者进行监管,指导平台在线解纷模式的优化,并对不合理之处提出对策建议,确保能够充分监督在线纠纷解决机制的整个运作过程。同时,监管部门的存在也为纠纷解决设置了第二层级的救济。对于市场监督管理部门的监管,应适应新时代的互联网发展趋势,利用大数据、区块链等现代信息技术,分析应用涉网非法数据,同时收集违法操作的证据,提高自身的监管和分析能力,以保证纠纷解决的公正性与权威性。相关监管部门须做好监管机制的衔接,确保纠纷能够通过在线解纷平台及时解决。

互联网是一个21世纪的媒介,它彻底改变了许多生活领域。它履行了许多功能,作为共同的信息来源,通信工具和全球交易平台已成为在现有活动领域引入现代技术解决方案的引擎。随着互联网的高速发展,以互联网新技术为代表的大数据、人工智能、云计算等科技革命风起云涌,涉及各类矛盾纠纷日益增长,而应用互联网解决纠纷将成为未来的发展趋势,解决矛盾纠纷不仅仅通过传统司法诉讼与替代性纠纷解决机制进行处理,在线纠纷解决机制将逐渐成为纠纷解决的主要机制,这也是顺应互联网发展的必然趋势。事实上,民事审判实践中纠纷解决机制因现代科技不断发展而转型,但这种转型并非简单地将现代科技应用到传统模式中,而是以互联网为基础重新构建一种新的在线模式,以更好地接近正义,进而实现正义。在线解纷平台也不仅仅是法院司法系统的内部平台,而是将法院外部的在线纠纷解决平台与法院内部在线平台互联互通,提供快速和公平的调解、仲裁、诉讼服务,为案件提供更多选择解纷的途径。大数据和人工智能的发展将为纠纷解决机制的智能化保驾护航。可以预见,在不久的将来还会出现许多其他可以为ODR平台的建设和发展提供支持的互联网技术,我们应当抓住这个机遇,为纠纷解决提供全新的视角和更为高效、便捷、低成本的方法。

参考文献

一、外文文献

[1] Tomas Sehultz, *The Current State of Play in ODR*, CCform project, 2nd meeting, 20 March 2003, p. 2.

[2] Susan Nauss Exon, *The Next Generation of Online Dispute Resolution: The Significance of Holography to Enhance and Transform Dispute Resolution*, Cardozo J. Conflict Resol. 2010 - 2011, p. 30.

[3] Mania & Karolina, *Online Dispute Resolution: The Future of Justice*, 1 International Comparative Jurisprudence 76(2015).

[4] Ethan Katsh, Jant Rifkin, *Online Dispute Resolution: Resolving Conflicts in Cyberspace*, princeton Jossey-Bass Press, 2001.

[5] Ethan Katsh, *ODR: A Look at History——A Few Thoughts About the Present and Some Speculation About the Future*, in Online Dispute Resolution: Theory and Practice, Eleven International Publishing, 2012, p. 9 - 21.

[6] Lucille M. Ponte, *Throwing Bad Money After Bad: Can Online Dispute Resolution (ODR) Really

Deliver the Goods for the Unhappy Internet Shopper? Tulane Journal of Technology and Intellectual Property 55(2001).

[7] H. Henry Perritt, *Towards a Hybrid Regulation Scheme for the Internet*,2001U. Chi. Legal F 215 (2001).

[8] Thomas Schultz, *Does Online Dispute Resolution Ned Governmental Intervention? The Case for Architecture of Control and Trust*, 6 N. C. J. L. & TECH . 89 (2004).

[9] Paul Goldstein. Copyright 2nd Ed. Aspen Law & Business,1999, at §6. 0,6:2.

[10] Gantz J. & Reinsel D. , *Extracting value from chaos.* IDC iView,2011,p. 1 – 12.

[11] Manyika J. , Chui M. , Brown B. et al. , *Big Data: The Next Frontier for Innovation, Competition, and Productivity*, McKinsey Global Institute,2011.

[12] Karolina Mania,*American and European Perspectives on Arbitration Agreements in Online Consumer Contracts*, 36 Journal of International Arbitration 659(2019).

二、中文图书

[1]范愉、李浩:《纠纷解决:理论、制度与技能》,清华大学出版社2010年版。

[2]卢云华等主编:《在线仲裁研究》,法律出版社2008年版。

[3]郑世保:《在线解决纠纷机制(ODR)研究》,法律出版社2012年版。

[4]丁颖、李建蕾、冀燕娜:《在线解决争议:现状、挑战与未来》,武汉大学出版社2016年版。

[5]齐树洁主编:《纠纷解决与和谐社会》,厦门大学出版社2010年版。

[6]尹力:《中国调解机制研究》,知识产权出版社2008年版。

[7][美]伊森·凯什、[以色列]奥娜·拉比诺维奇·艾尼:《数字正义——当纠纷解决遇见互联网科技》,赵蕾等译,法律出版社 2019 年版。

[8]王琦主编:《非诉讼纠纷解决机制原理与实务》,法律出版社 2014 年版。

[9]赵云:《电子商务中的争端解决问题探究》,厦门大学出版社 2008 年版。

[10]涂子沛:《大数据:正在到来的数据革命,以及它如何改变政府、商业与我们的生活》,广西师范大学出版社 2015 年版。

[11]冯晓青:《著作权法》,法律出版社 2010 年版。

[12]潘灿君:《著作权法》,浙江大学出版社 2013 年版。

[13]崔国斌:《著作权法原理与案例》,北京大学出版社 2014 年版。

[14]最高人民法院侵权责任法研究小组编著:《〈中华人民共和国侵权责任法〉条文理解与适用》,人民法院出版社 2010 年版。

[15]张新宝:《侵权责任法》,中国人民大学出版社 2010 年版。

[16]冯晓青:《知识产权法利益平衡理论》,中国政法大学出版社 2006 年版。

[17]赵旭东:《电子商务法学》,高等教育出版社 2019 年版。

[18]王晓晔:《反垄断法》,法律出版社 2011 年版。

[19]《刑法修正案(七)专题研究》,北京师范大学出版社 2011 年版。

[20]江伟主编:《民事诉讼法》(第 4 版),高等教育出版社 2013 年版。

[21]蒋为群主编:《民事诉讼法学》,兰州大学出版社 2006 年版。

[22]范愉:《非诉讼程序(ADR)教程》,中国人民大学出版社 2002 年版。

[23]李少平主编:《最高人民法院多元化纠纷解决机制改革意见和特邀调解规定的理解与适用》,人民法院出版社 2017 年版。

[24]李婷婷:《社会治理视域下的人民调解》,人民出版社 2014 年版。

[25]陈治东:《国际商事仲裁法》,法律出版社 1998 年版。

[26]邓杰:《电子商务法研究:以争议解决为中心》,兰州大学出版社2008年版。

[27]何其生:《互联网环境下的争议解决机制:变革与发展》,武汉大学出版社2009年版。

[28]中华人民共和国最高人民法院:《中国法院的互联网司法》,人民法院出版社2019年版。

[29]范愉:《代替性纠纷解决方式(ADR)研究——兼论多元化纠纷解决机制》,载范愉:《非诉讼纠纷解决机制研究》,中国人民大学出版社2000年版。

三、中文论文

[1]高兰英:《ODR与ADR之明辨》,载《求索》2012年第6期。

[2]胡昌明:《中国智慧法院建设的成就与展望——以审判管理的信息化建设为视角》,载《中国应用法学》2018年第2期。

[3]吴双:《浅析网络交易中消费者隐私权的保护》,载《经济视角(下)》2013年第2期。

[4]邹国勇、李俊夫:《欧盟消费者在线争议解决机制的新发展——2013年〈欧盟消费者在线争议解决条例〉述评》,载《国际法研究》2015年第3期。

[5]郑维炜、高春杰:《"一带一路"跨境电子商务在线争议解决机制研究——以欧盟〈消费者ODR条例〉的启示为中心》,载《法制与社会发展》2018年第4期。

[6]高薇:《互联网争议解决的制度分析·两种路径及其社会嵌入问题》,载《中外法学》2014年第4期。

[7]陈辽敏:《创新型多元化纠纷解决机制的构建与发展——以浙江省杭州市西湖区人民法院为例》,载《中国应用法学》2017年第3期。

[8]龙飞:《人工智能在纠纷解决领域的应用与发展》,载《法律科学(西北政法大学学报)》2019年第1期。

[9]龙飞:《论多元化纠纷解决机制的衔接问题》,载《中国应用法学》2019 年第 6 期。

[10]张春和、林北征:《司法区块链的网络诉源治理逻辑、困惑与进路》,载《中国应用法学》2019 年第 5 期。

[11]肖冬梅、文禹衡:《法经济学视野下数据保护的规则适用与选择》,载《法律科学(西北政法大学学报)》2016 年第 6 期。

[12]廖永安:《我国调解制度的未来走向》,载《中国审判》2015 年第 8 期。

[13]陈辽敏:《在线纠纷解决机制的创新与思考》,载《中国审判》2019 年第 3 期。

[14]吕宗澄:《我国法院在线调解的兴起、挑战与未来》,载《湘江青年法学》2016 年第 1 期。

[15]田圣文、苑银和:《我国在线纠纷解决机制的发展及其法治化进路》,载《山东行政学院学报》2020 年第 6 期。

[16]姜树政:《诉调对接:多元化纠纷解决机制之重要平台——以人民法院诉调对接中心的设置运行为视角》,载《山东审判》2015 年第 6 期。

[17]卫跃宁、刘文斌:《诉调对接模式的决策依据与相对选择——基于本土司法数据及实务经验的原理总结与趋势前瞻》,载《河北法学》2020 年第 12 期。

[18]吴如巧、杨志弘、林静:《"一带一路"视野下 ODR 机制的新发展》,载《青海民族研究》2018 年第 2 期。

[19]韩烜尧:《我国非司法 ODR 的适用与完善——以闲鱼小法庭为例》,载《北京工商大学学报(社会科学版)》2020 年第 5 期。

[20]林思宇:《电子商务在线纠纷解决机制构建的新设想》,载《广西师范学院学报(哲学社会科学版)》2019 年第 3 期。

[21]孙芸芸、邹国勇:《论欧盟 ODR 平台下的消费者争议解决机制——兼与我国淘宝平台之比较》,载《长江论坛》2018 年第 5 期。

[22]龙飞:《"多元化纠纷解决机制"正铺开宏伟画卷》,载《人民法院报》2017 年 10 月 17 日,第 2 版。

[23]周强:《加快智慧法院建设,推进审判体系和审判能力现代

化》,载《人民法院报》2017 年 5 月 12 日,第 1 版。

[24]孟焕良:《浙江法院电子商务网上法庭开庭》,载《人民法院报》2015 年 5 月 31 日,第 1 版。

[25]周瑞平:《最高法启动在线调解平台建设试点工作》,载《人民法院报》2017 年 2 月 18 日,第 1 版。

[26]马爱萍、杨爱琴:《新形势下创新社会治理研究——以"互联网+"纠纷解决机制为视角》,"农村精准扶贫的法治保障"——第九届中部崛起法治论坛会议论文,2016 年 9 月于郑州。

[27]陈思佳、胡玮瑶:《在线纠纷解决一体化平台的价值期待和应用前瞻——以激活多元解纷联动效能为中心》,司法体制综合配套改革与刑事审判问题研究——全国法院第 30 届学术讨论会 2019 年获奖论文。

[28]陈叶君:《互联网背景下诉调衔接机制的优化路径研究——以 Z 省 ODR 在线矛盾纠纷多元化解平台应用为切入》,司法体制综合配套改革与刑事审判问题研究——全国法院第 30 届学术讨论会 2019 年获奖论文。

[29]陈龙飞、王雁、刘卫东:《公私互补:互联网+时代 ODR 执行与民事执行的分离与融贯》,尊重司法规律与刑事法律适用研究(上)——全国法院第 27 届学术讨论会 2016 年获奖论文。

[30]芮松艳:《深层链接行为直接侵权的认定——以用户标准为原则,以技术标准为例外》,载《中国专利商标》2009 年第 4 期。

[31]李学龙、龚海刚:《大数据系统综述》,载《中国科学:信息科学》2015 年第 1 期。

[32]于志强:《我国网络知识产权犯罪制裁体系检视与未来建构》,载《中国法学》2014 年第 3 期。

[33]吴汉东:《论反不正当竞争中的知识产权问题》,载《现代法学》2013 年第 1 期。

[34]邓灵斌、余玲:《大数据时代数据共享与知识产权保护的冲突与协调》,载《图书馆论坛》2015 年第 6 期。

[35]姚建军:《网络服务提供者侵权行为探讨——兼议〈侵权责任法〉第 36 条的辨析及其延伸》,载《法律适用》2011 年第 2 期。

[36]冯晓青:《我国对因特网服务提供商著作权侵权责任立法之研究》,载《科技与法律》2001 年第 2 期。

[37]赵刚:《网络服务提供者教唆侵权的认定中主观过错的考量》,载《电子知识产权》2014 年第 5 期。

[38]梁彗星:《中国侵权责任法解说》,载《北方法学》2011 年第 1 期。

[39]徐伟:《网络服务提供者连带责任之质疑》,载《法学》2012 年第 5 期。

[40]王太平、姚鹤徽:《论数字时代著作权间接侵权责任制度适用的有限性及出路》,载《电子知识产权》2009 年第 1 期。

[41]易宪容、陈颖颖、于伟:《平台经济的实质及运作机制研究》,载《江苏社会科学》2020 年第 6 期。

[42]刘晓春:《直播带货中的"引流"行为与平台责任初探》,载《中国知识产权》2020 年第 163 期。

[43]吕梅:《抖音直播平台的商业模式创新研究》,载《传媒》2020 年第 21 期。

[44]袁波:《电子商务领域"二选一"行为竞争法规制的困境及出路》,载《法学》2020 年第 8 期。

[45]张磊:《司法实践中侵犯公民个人信息犯罪的疑难问题及其对策》,载《当代法学》2011 年第 1 期。

[46]李源粒等:《大数据时代数据犯罪的制裁思路》,载《中国社会科学》2014 年第 10 期。

[47]叶良芳、应家赟:《非法获取公民个人信息罪之"公民个人信息"的教义学阐释——以〈刑事审判参考〉第 1009 号案例为样本》,载《浙江社会科学》2016 年第 4 期。

[48]吴允锋、纪康:《侵犯公民个人信息罪的司法适用——以〈网络安全法〉为视角》,载《河南警察学院学报》2017 年第 2 期。

[49]万方:《大数据背景下个人信息保护的新路径——被遗忘权的更新兼论信息技术革新》,载《图书情报知识》2016 年第 6 期。

[50]王洪涛、陈洪侠:《网络社会政府治理体系与治理能力建设路径》,载《领导科学》2014 年第 33 期。

[51]周文昊:《论自媒体时代网络舆论引导及舆情管控》,载《传播

力研究》2018 年第 2 期。

[52]王雄飞、章莉坚:《检察机关参与网络虚拟社会现实化管理的探讨》,载《法治论坛》2012 年第 2 期。

[53]张乐、刘亚男:《刍议网络社会治理中网络犯罪的法治应对》,载《社会治理法治前沿》2016 年第 00 期。

[54]王心权、郑创彬:《检察机关参与网络虚拟社会管理的路径选择》,载《法治论坛》2012 年第 1 期。

[55]程曙明、林越坚、陈文雅:《检察机关参与社会治理的定位及路径思考》,载《人民检察》2017 年第 17 期。

[56]陈瑞华:《论检察机关的法律职能》,载《政法论坛》2018 年第 1 期。

[57]王修荻:《构建合理网络空间治理模式》,载《检察日报》2018 年 10 月 8 日,第 3 版。

[58]韩丹东:《国家网信办:网络造谣者将被列入失信主体黑名单》,载《法制日报》2019 年 7 月 29 日,第 4 版。

[59]孙长柱、张云霄:《网络虚拟社会与检察机关社会管理创新》,载《中国检察官》2012 年第 9 期。

[60]张俊杰:《充分利用数据网络创新检察监督方式》,载《检察日报》2018 年 5 月 13 日,第 3 版。

[61]郭美蓉:《网络空间安全治理的法治化研究》,载《人民法治》2019 年第 3 期。

[62]徐汉明、张新平:《网络社会治理的法治模式》,载《中国社会科学》2018 年第 2 期。

[63]林义全:《新中国人民调解研究综述》,载《法学研究》1988 年第 1 期。

[64]范愉:《以多元化纠纷解决机制保证社会的可持续发展》,载《法律适用》2005 年第 2 期。

[65]刘小春、徐琳琳:《民事诉讼功能局限性之出路——多元化纠纷解决模式的构建》,载《湖南师范大学社会科学学报》2010 年第 5 期。

[66]范愉:《当代中国非诉讼纠纷解决机制的完善与发展》,载《学海》2003 年第 1 期。

[67]龙飞:《论国家治理视角下我国多元化纠纷解决机制建设》,载《法律适用》2015 年第 7 期。

[68]杜闻:《论 ADR 对重塑我国非诉讼纠纷解决体系的意义》,载《政法论坛》2003 年第 3 期。

[69]沈恒斌:《努力构建多元化纠纷解决机制》,载《中国司法》2004 年第 9 期。

[70]孙育玮:《替代性纠纷解决机制(ADR)的借鉴与融合——以纽约和上海为例的相关法文化法社会学思考》,载《学习与探索》2009 年第 1 期。

[71]谌洪果:《"枫桥经验"与中国特色的法治生成模式》,载《法律科学(西北政法大学学报)》2009 年第 1 期。

[72]杨凯丽:《诉讼与人民调解对接机制存在的问题与对策》,载《长沙大学学报》2016 年第 1 期。

[73]宋朝武:《我国仲裁制度:弊端及其克服》,载《政法论坛》2002 年第 6 期。

[74]汪祖兴:《试论仲裁的公正性与中国仲裁的监督机制》,载《现代法学》1998 年第 6 期。

[75]李章军:《替代性纠纷解决程序之研究》,载《河北法学》2004 年第 12 期。

[76]戴银燕:《行政终局裁决行为及可诉性探析》,载《河北法学》2002 年 S1 期。

[77]王雪梅:《司法最终原则——从行政最终裁决谈起》,载《行政法学研究》2001 年第 4 期。

[78]赵赟、张蛟:《关于构建多元化纠纷解决机制问题的探讨》,载《理论探讨》2017 年第 5 期。

[79]黄斌、刘正:《论多元化纠纷解决机制的现状、困境与出路　立足于我国法院的思考》,载《法律适用》2007 年第 11 期。

[80]陈丽芳:《解纷机制合理衔接的探讨》,载《中共中央党校学报》2008 年第 4 期。

[81]梁平:《"大调解"衔接机制的理论建构与实证探究》,载《法律科学(西北政法大学学报)》2011 年第 5 期。

[82]丁海湖、房文翠:《替代性纠纷解决机制的价值局限性以及完善》,载《法律适用》2006 年第 11 期。

[83]张卫平:《我国替代性纠纷解决机制的重构》,载《法律适用》2005 年第 2 期。

[84]洪冬英:《论多元化纠纷解决体系中法院调解的定位》,载《苏州大学学报(哲学社会科学版)》2013 年第 1 期。

[85]胡仕浩:《中国特色多元共治解纷机制及其在商事调解中应用》,载《法律适用》2019 年第 19 期。

[86]冯伟、舒秋膂:《"诉调对接"的理论透视及制度建构——司法救济与社会救济的互补性研究》,载《中南大学学报(社会科学版)》2008 年第 1 期。

[87]董慧凝、李泽华:《民商事案件替代性纠纷解决机制的思考——解读〈人民法院第三个五年改革纲要〉多元纠纷解决机制》,载《中国行政管理》2009 年第 6 期。

[88]胡仕浩:《多元化纠纷解决机制的"中国方案"》,载《中国应用法学》2017 年第 3 期。

[89]刘加良:《司法确认程序的显著优势与未来前景》,载《东方法学》2018 年第 5 期。

[90]潘剑锋:《论司法确认》,载《中国法学》2011 年第 3 期。

[91]刘钟琴:《人民调解协议司法确认程序的反思与建构》,载《研究生法学》2011 年第 5 期。

[92]占善刚:《人民调解协议司法确认之定性分析》,载《法律科学(西北政法大学学报)》2012 年第 3 期。

[93]廖中洪:《民事司法确认程序若干问题研究》,载《西南政法大学学报》2011 年第 1 期。

[94]郭海洋:《关于司法确认程序若干问题的思考》,载《公民与法法学版》2014 年第 1 期。

[95]周翠:《司法确认程序之探讨——对〈民事诉讼法〉第 194 ~ 195 条的解释》,载《当代法学》2014 年第 2 期。

[96]白彦、杨兵:《论司法确认程序的性质》,载《北京大学学报(哲学社会科学版)》2015 年第 2 期。

[97]卫彦明、蒋惠岭、向国慧:《〈关于人民调解协议司法确认程序的若干规定〉的理解与适用》,载《人民司法》2011 年第 9 期。

[98]范筱静:《电子商务中在线纠纷解决机制初探——以信息技术应用和消费者保护为视角》,载《科技与法律》2012 年第 4 期。

[99]郑世保:《在线解决纠纷机制的类型化研究》,载《郑州大学学报(哲学社会科学版)》2014 年第 5 期。

[100]钟明亮:《人工智能下司法确认的功能定位与风险防控》,载《人民法院报》2020 年 7 月 5 日,第 2 版。

[101]刘加良:《司法确认程序的功能诠释》,载《政法论丛》2018 年第 4 期。

[102]姜英超:《我国在线调解机制实效化困境及对策》,载《沈阳农业大学学报(社会科学版)》2018 年第 2 期。

[103]钟明亮:《"人工智能 + 在线司法确认"的实践观察与前景展望》,载《法律适用》2020 年第 15 期。

[104]邵华:《论调解协议的司法确认:效力、价值及程序审查》,载《政治与法律》2011 年第 10 期。

[105]于志强、董培雯、Robert D. Roderick、Qu Xiaoqi:《在线纠纷解决体系的实践探索与发展路径(英文)》,载《中国法学(英文版)》2019 年第 4 期。

[106]英国在线纠纷解决顾问小组:《英国在线法院发展报告(节选)》,江和平、蒋丽萍译,载《人民法院报》2017 年 5 月 5 日,第 7 版。

[107]龙飞:《中国在线纠纷解决机制的发展现状及未来前景》,载《法律适用》2016 年第 10 期。

[108]孙宏臣:《论电子商务中个人隐私权的保护》,载《山东教育学院学报》2010 年第 1 期。

[109]李少平:《努力构建具有中国特色的多元化纠纷解决体系》,载《人民法院报》2016 年 7 月 6 日,第 5 版。

[110]乔慧娟:《关于一起确认国际商事仲裁协议效力案的几点思考》,载《商事仲裁》2006 年第 00 期。

[111]赵柯:《WTO 争端解决机制述评》,载《当代法学》2003 年第 7 期。

[112]张超、张晓明:《"一带一路"战略的国际争端解决机制研究》,载《南洋问题研究》2017 年第 2 期。

[113]张营营、吴允杨:《构建"一带一路"框架下公正合理的争端解决机制》,载《仲裁研究》2019 年第 3 期。

[114]齐皇:《论 CAFTA 建立常设仲裁机构的必要性》,载《黑河学刊》2011 年第 11 期。

[115]李韵石:《跨境商事纠纷的"中国建议"》,载《法人》2020 年第 10 期。

[116]祁壮:《"一带一路"建设中的国际商事调解和解问题研究》,载《中州学刊》2017 年第 11 期。

[117]陈增宝:《构建网络法治时代的司法新形态——以杭州互联网法院为样本的分析》,载《中国法律评论》2018 年第 2 期。

[118]杜前、曾宪未、戴敏敏:《杭州互联网法院在疫情防控期间的应对与思考》,载《人民司法》2020 年第 7 期。

[119]王伟:《信息化让互联网法院领跑法治时代》,载《人民法院报》2020 年 3 月 21 日,第 2 版。

[120]朱新力:《互联网法院这一年》,载《人民日报》2019 年 2 月 1 日,第 9 版。

[121]赵骏:《互联网法院的成效分析》,载《人民法院报》2020 年 10 月 25 日,第 2 版。

[122]张新宝:《互联网法院典型案件彰显网络时代司法智慧》,载《人民法院报》2020 年 10 月 14 日,第 2 版。

[123]左卫民:《中国在线诉讼:实证研究与发展展望》,载《比较法研究》2020 年第 4 期。

[124]胡钧淇:《中国互联网法院的创新意义和实践特色》,载《人民法院报》2019 年 12 月 2 日,第 2 版。

[125]李怀胜:《杭州互联网法院的历史意义、司法责任与时代使命》,载《比较法研究》2018 年第 3 期。

[126]刘哲玮、李晓璇:《互联网法院管辖规则评述》,载《经贸法律评论》2019 年第 5 期。

[127]陈旭辉:《互联网法院司法实践的困境与出路——基于三家

互联网法院裁判文书分析的实证研究》,载《四川师范大学学报(社会科学版)》2020 年第 2 期。

[128]杨秀清:《互联网法院定位之回归》,载《政法论丛》2019 年第 5 期。

[129]倪晶:《民事诉讼中电子证据的真实性认定》,载《北京航空航天大学学报(社会科学版)》2016 年第 2 期。

[130]邹翔翔:《互联网审判机制研究——以杭州互联网法院为样本的考察》,载《浙江万里学院学报》2019 年第 2 期。

[131]北京互联网法院课题组:《"互联网 + "背景下电子送达制度的重构——立足互联网法院电子送达的最新实践》,载《法律适应》2019 年第 23 期。

[132]肖建国、庄诗岳:《论互联网法院涉网案件地域管辖规则的构建》,载《法律适用》2018 年第 3 期。

[133]郑旭江:《互联网法院建设对民事诉讼制度的挑战及应对》,载《法律适用》2018 年第 3 期。

[134]高富平:《互联网法院的新定位与新机遇》,载《人民法院报》2020 年 10 月 23 日,第 2 版。

[135]周翠:《德国司法的电子应用方式改革》,载《环球法律评论》2016 年第 1 期。

[136]郭文利、王丽慧、王霭雯、杨若瑶、裘滢珠:《域外在线纠纷解决机制发展新趋势(上)》,载《人民法院报》2019 年 2 月 15 日,第 8 版。

[137]郭文利、王丽慧、王霭雯、杨若瑶、裘滢珠:《域外在线纠纷解决机制发展新趋势(下)》,载《人民法院报》2019 年 2 月 22 日,第 8 版。

[138]张伟征、项凯丽、张丹青:《当解纷机制与互联网 + 时代在诉调衔接领域发生碰撞》,载《人民法院报》2019 年 12 月 20 日,第 5 版。

[139]刘潇:《〈新加坡调解公约〉与我国多元纠纷解决机制的衔接》,载《人民法院报》2020 年 2 月 21 日,第 6 版。

[140]王琼:《欧盟跨境电商在线纠纷解决机制研究》,载《人民法治》2019 年第 6 期。

[141]赵蕾、黄鹂:《eBay 在线纠纷解决中心的设计理念与机制》,载《人民法院报》2017 年 10 月 13 日,第 8 版。

[142]江和平、蒋丽萍:《域外在线纠纷解决系统简介》,载《人民法院报》2015 年 12 月 18 日,第 8 版。

[143]王贺猛:《英国在线纠纷解决机制的新发展及对我国电子商务立法的启示》,载《电子商务》2015 年第 11 期。

[144]傅郁林:《迈向现代化的中国民事诉讼法》,载《当代法学》2011 年第 1 期。

[145]疏义红、徐记生:《从在线争议解决到互联网法院》,载《人民法院报》2017 年 11 月 11 日,第 2 版。

[146]北明软件社会治理研究院课题组:《域外 ODR 发展态势》,载《人民法院报》2019 年 11 月 15 日,第 8 版。

[147]胡晓霞:《我国在线纠纷解决机制发展的现实困境与未来出路》,载《法学论坛》2017 年第 3 期。

[148]赵蕾、曹建峰:《法律科技:法律与科技的深度融合与相互成就》,载《大数据时代》2020 年第 5 期。

[149]贺小勇:《率先建立与国际运行规则相衔接的上海自贸试验区制度体系》,载《科学发展》2020 年第 3 期。

[150]王丽:《打造我国"一带一路"商事调解的中心地位》,载《人民法院报》2017 年 7 月 21 日,第 5 版。

[151]陈辽敏、杨丽:《在线矛盾纠纷多元化解平台的构建》,载《人民法院报》2017 年 9 月 20 日,第 8 版。

[152]李占国:《浙江省高级人民法院工作报告》,载《浙江日报》2020 年 1 月 20 日,第 4 版。

[153]王春:《切实把矛盾化解在基层》,载《法制日报》2020 年 5 月 24 日,第 7 版。

[154]赵蕾、郭文利:《ODR 智能化发展与数字生态系统的建立》,载《人民法院报》2019 年 12 月 6 日,第 8 版。

[155]郑世保:《ODR 裁决书强制执行机制研究》,载《法学评论》2014 年第 3 期。

[156]龙飞:《多元化纠纷解决机制立法的定位与路径思考——以四个地方条例的比较为视角》,载《华东政法大学学报》2018 年第 3 期。

[157]卢延林:《专业性行业性人民调解组织管理方法探析》,载

《中国司法》2014年第12期。

[158]《高站位谋划大格局统筹　奋力开创新时代调解工作新局面——在全国调解工作会议上的讲话》,载《人民调解》2019年第6期。

[159]何啸:《特邀调解制度的逻辑基础与实现路径》,载《人民法院报》2020年7月2日,第7版。

[160]张峥华:《让可调解信访案件能调尽调》,载《人民调解》2019年第7期。

[161]卢海燕、张晓辉:《商事纠纷解决体系构建视域下法院邀请调解再完善》,载《社会科学家》2019年第10期。

[162]范愉:《当代世界多元化纠纷解决机制的发展与启示》,载《中国应用法学》2017年第3期。

[163]廖永安、王聪:《人民调解泛化现象的反思与社会调解体系的重塑》,载《财经法学》2019年第5期。

[164]侯怀霞、晏亭:《我国制定统一调解法的必要性分析》,载《山西省政法管理干部学院学报》2020年第4期。

[165]廖永安:《关于我国统一"调解法"制定中的几个问题》,载《商事仲裁与调解》2020年第2期。

[166]高岩、李发展:《非诉讼多元化解机制研究——以法院外调解为视角》,载《社科纵横》2020年第10期。

[167]杜崇:《论律师调解协议的效力及其程序保障》,载《重庆科技学院学报(社会科学版)》2020年第1期。

[168]魏沁怡:《互联网背景下在线仲裁的适用机制研究》,载《河南社会科学》2020年第7期。

[169]陈健、蔡超静、王梦华、张奕婕:《ODR理论视域下在线仲裁模式研究》,载《北京仲裁》2019年第2期。

[170]曹培忠、周艳波:《"互联网+"时代的在线仲裁》,载《法治论坛》2018年第4期。

[171]郑世保:《论我国在线解决纠纷机制的完善》,载《中国社会科学院研究生院学报》2017年第4期。

[172]高薇:《论在线仲裁的机制》,载《上海交通大学学报(哲学社会科学版)》2014年第6期。

[173]邓杰:《论在线仲裁裁决的执行机制》,载《武汉大学学报(哲学社会科学版)》2008 年第 6 期。

[174]黄韬、陈儒丹:《网上仲裁法律问题研究》,载《仲裁研究》2005 年第 2 期。

[175]赵玲:《浅议在线仲裁的法律问题》,载《北京仲裁》2005 年第 2 期。

[176]郭玉军、肖芳:《网上仲裁的现状与未来》,载《法学评论》2003 年第 2 期。

[177]钟丽:《在线仲裁的界定及其仲裁地问题探讨》,载《社会科学》2002 年第 3 期。